Le siècle de sang

1914-2014

En coédition avec *L'Express*

Les Derniers Jours des dictateurs
sous la direction de Diane Ducret et Emmanuel Hecht
Perrin, 2012 ; Pocket, 2014

Sous la direction
d'Emmanuel Hecht et Pierre Servent

Le siècle de sang

1914-2014

Les vingt guerres qui ont changé le monde

L'EXPRESS/PERRIN

www.lexpress.fr
www.editions-perrin.fr

12, avenue d'Italie
75013 Paris
Tél. : 01 44 16 09 00
Fax : 01 44 16 09 01
www.editions-perrin.fr

ISBN : 978-2-262-04328-5

Sommaire

1

La Première Guerre mondiale : le baptême du siècle (1914-1918)

Ils n'ont pas voulu cela. Devant l'étendue des souffrances, les millions de morts, la ruine des économies et le naufrage de la civilisation, les responsables européens se sont récriés et ont refusé d'endosser la responsabilité de la catastrophe. Ils n'ont pas voulu cela, et tous ont prétendu que ce sont les autres qui ont voulu la guerre, qu'il a simplement fallu se défendre, répondre à l'agression et lutter pour sa survie dans un combat sans merci. S'il est juste de considérer qu'aucun gouvernement ne recherchait l'embrasement de façon délibérée, force est de reconnaître, avec Jules Isaac, que « l'obsession de la guerre les hantait tous, rôdait en eux et autour d'eux » et que chacun attribuait à l'autre des projets d'agression. En un mot, les Européens se jugeaient « en état de légitime défense », et la guerre pouvait apparaître, dans le climat de tension de l'année 1914, comme une solution, une solution terrible et radicale, certes, mais peut-être la meilleure des solutions. Qu'on en finisse ! Après un « court orage », pour reprendre les termes du chancelier allemand Bethmann-Hollweg, les nuages se dissiperaient, l'Europe serait remodelée et la paix régnerait pour toujours. « Nous ne désirons pas la guerre, mais nous la ferons pour en finir », prévenait le général Moltke à qui étaient confiées les rênes de l'armée du Reich. Raymond Poincaré lui répondait qu'« il n'est possible à un peuple d'être pacifique qu'à la condition d'être toujours prêt à la guerre ». C'est avec ce genre de raisonnement que les uns et les autres allaient se prendre à la gorge, persuadés du bien-fondé de leur cause et de la malignité de l'adversaire. Quand l'horreur s'est imposée, que la guerre s'est enlisée en engloutissant inlassablement les vies et les richesses du continent, les yeux se sont ouverts, mais il n'était plus possible de faire marche arrière. La machine infernale était lancée. Elle conditionnerait tout le XXe *siècle, un siècle de fer et de sang porté sur les fonts baptismaux des tranchées de Champagne, de Verdun et d'ailleurs. Non, les dirigeants n'avaient sans doute pas voulu une telle tragédie, mais ils n'avaient pas assez voulu la paix.*

Pourquoi ?

Des milliers d'ouvrages ont été consacrés aux causes de la Grande Guerre, et pourtant celles-ci demeurent largement énigmatiques et se dérobent à l'analyse. Autant la Seconde Guerre mondiale est simple à comprendre avec la responsabilité évidente du nazisme et de l'expansionnisme hitlérien, autant sa devancière est complexe et pour tout dire incompréhensible. Il est vrai que, longtemps, en se plongeant dans les origines du drame, les historiens eux-mêmes n'ont pas voulu comprendre mais seulement identifier des responsables. Poser la question en ces termes, c'était inévitablement y répondre en pointant la culpabilité de l'Allemagne pour les Français, et des Russes pour les Allemands. L'article 231 du traité de Versailles[1] faisait naturellement de Berlin le berceau du mal, mais cette affirmation nationaliste issue d'une paix de vainqueurs n'avait pas de sens historique. Et la Serbie, qui n'avait eu de cesse d'exciter le taureau autrichien en aspirant au dépeçage de l'empire des Habsbourg ? Et l'Autriche, qui utilisa l'attentat de Sarajevo comme prétexte pour en finir avec son insupportable voisin slave, au risque d'entraîner toutes les puissances dans un incendie que les cerveaux bouillants croyaient pouvoir circonscrire aux Balkans ? Et la Russie, qui prit la responsabilité de mobiliser pour soutenir la Serbie, entraînant par là la mobilisation de l'Allemagne venant au secours de son allié austro-hongrois ? Et la France, qui ne fit rien pour retenir la Russie et lui donna l'impression qu'elle couvrait ses décisions les plus brutales ? Bien sûr, l'Allemagne a sa part, et elle est déterminante. Après avoir retenu le bras de l'Autriche, qui, en 1913 déjà, voulait régler son compte à la Serbie – « Vous faites trop de bruit avec mon sabre », avait répondu Guillaume II aux diplomates autrichiens –, Berlin avait donné carte blanche à Vienne en juillet 1914 pour en finir une bonne fois pour toutes avec l'agitation serbe qui menaçait l'Empire de désagrégation. Le Kaiser n'imaginait pas que la guerre européenne pourrait survenir : il pensait que

1. L'article 231 stipule que l'Allemagne est seule responsable de la guerre et qu'elle doit donc en supporter le coût en payant des réparations aux vainqueurs.

la Triple-Entente reculerait au dernier moment, et, sur cette conviction, jouait la paix aux dés.

Le système des blocs d'alliance – Triple-Entente contre Triplice – était donc pointé du doigt comme l'engrenage fatal qui avait avalé toutes les puissances dès lors que l'une d'elles était impliquée dans le conflit. Mais cette explication ne tient pas : cette mécanique des blocs, que des esprits paresseux identifient comme la cause de la guerre, est plutôt une conséquence qu'un déclencheur. En effet, depuis 1908, à de multiples reprises, cet engrenage avait pu être interrompu. Toutes les crises qui ont précédé celle de 1914 se sont de fait réglées pacifiquement. La question est plutôt celle-ci : pourquoi, en 1914, n'a-t-on pas voulu éviter la confrontation ? Le choix de la guerre a été fait, sciemment ou non, mais il a été fait. Plus personne, à part les Britanniques, ne croyait à la possibilité de sauver la paix, et personne, à part Londres, n'a levé le petit doigt pour trouver une solution. Il n'y a pas là non plus fatalité, inéluctabilité, ou encore inévitable destinée, tout simplement des choix assumés, mais qui, devant la précipitation des événements, ont donné l'impression qu'ils étaient arrachés aux dirigeants qui ne maîtrisaient plus rien des forces qu'ils avaient déchaînées et qu'ils étaient finalement incapables de maîtriser. Guillaume II le bluffeur était pris à son propre jeu, les militaires remplaçaient les diplomates, la boîte de Pandore était en train de s'ouvrir.

Toutes les autres considérations sur les origines du conflit sont également insatisfaisantes. L'Alsace-Lorraine ? En vérité, les Français n'y pensaient plus avant que l'affrontement ne fasse naturellement resurgir la vieille blessure. La compétition coloniale ? Mais celle-ci avait d'abord opposé la France à la Grande-Bretagne ! La confrontation des ambitions économiques à l'âge du capitalisme impérial ? Mais c'est oublier que les milieux libéraux prônaient la paix comme plus profitable aux affaires et aux échanges. Finalement, les facteurs objectifs sont insuffisants pour comprendre comment l'Europe s'est jetée dans la fournaise entre le 28 juillet et le 4 août 1914. Peut-être convient-il d'évoquer des facteurs subjectifs, trop peu mis en avant par les historiens, en particulier cet étouffant climat de peur, de suspicion mutuelle, à la lumière duquel sont interprétés les moindres faits et gestes des voisins que l'on redoute. Quand la France décide d'allonger de deux à trois ans la durée de son service militaire en 1913, c'est parce qu'elle est terrorisée par l'Allemagne, qui compte 25 millions d'habitants de plus qu'elle. Or Berlin voit dans cette mesure la preuve que la France prépare la guerre, ce qui renforce peu à peu l'idée que le conflit est inévitable. Finalement, c'est ce sentiment d'inéluctabilité, progressivement construit de 1911 à 1914, qui a rendu la guerre irrésistible.

La grande illusion

La guerre ? Au fond, les contemporains ne savaient pas ce que c'était. Après plus de quarante ans de paix armée entre les grandes puissances, personne n'imaginait la violence d'un conflit à l'ère industrielle. Une grande illusion préside ainsi à la mobilisation : de tous côtés on croit à une guerre courte, rude et brutale sans doute, mais qui ne devrait pas excéder trois à six mois. Au-delà, tous les spécialistes, civils comme militaires, sont d'accord pour considérer que cela signifierait la ruine totale des belligérants, perspective apocalyptique jugée inconcevable. Il y aura donc une ou deux grandes batailles, de formidables chocs frontaux qui décideront de l'issue du conflit. On part tout simplement avec le modèle de la guerre héroïque du XIXe siècle, les généraux rêvant de furieuses charges de cavalerie sabre au clair, et d'assauts de fantassins baïonnette au canon. « Donnez-moi 700 000 hommes et je fais le tour de l'Europe », prétend alors le général de Castelnau, quand l'Ecole de guerre ne jure que par la stratégie de l'offensive à outrance, de l'attaque permanente qui dicte sa volonté à l'adversaire, de l'élan courageux qui fait primer la valeur morale sur la valeur matérielle. En croyant que la guerre se gagne avec les jarrets des soldats, les stratèges français, qui continuent à s'émerveiller au récit des campagnes napoléoniennes, ont tout simplement un siècle de retard. Pourtant, les guerres de Crimée, de Sécession et de 1870-1871 ont annoncé ce nouvel âge industriel de la guerre assis sur la technique conjuguée à la rapidité croissante des déplacements. Les stratèges français, trop légers, trop confiants, vont bientôt découvrir la puissance du feu, celle de l'artillerie en général et de l'artillerie lourde en particulier, capable de clouer sur place une armée des kilomètres avant qu'elle n'atteigne le champ de bataille. Tout le courage du monde est inopérant contre le feu industriel. Les fantassins français, lancés en avant, seront sacrifiés en pure perte avant que le commandement ne comprenne l'inanité de ses positions. Plus de 350 000 soldats français meurent ainsi dès 1914.

L'enlisement

Pour tenir le terrain, les armées s'enterrent. La tranchée, pour tout dire, n'est pas une invention de 1914-1918, mais si on l'a déjà vu apparaître lors de plusieurs conflits localisés – et notamment durant les guerres balkaniques de 1912-1913 –, les généraux ont estimé prétentieusement que cette fixité des fronts ne pouvait concerner des armées modernes. Et pourtant, dès octobre 1914, le front se bloque, s'enlise, se fige, presque définitivement. Un nouveau mythe remplace alors le rêve de la guerre courte, celui de la percée des lignes ennemies. En réalité, le haut commandement est désemparé par ce nouveau type de conflit auquel il n'est pas préparé et dissimule son désarroi en évoquant une nouvelle stratégie fondée sur l'usure ou le « grignotage ». Les multiples attaques, qu'elles soient restreintes ou de « grand style », brusquées ou méthodiquement préparées, locales ou plus largement développées, aboutissent toutes à l'échec. Après les grandes hécatombes de 1914, l'année 1915 voit la mort vaine et inutile de 320 000 poilus. Sortir des tranchées, c'est affronter le barrage d'artillerie de l'ennemi, s'empêtrer dans les réseaux de fil de fer barbelé et se faire faucher par les mitrailleuses. Et quand les premières lignes sont conquises, l'ennemi s'est déjà replié sur ses tranchées de seconde position et il faut tout recommencer ! Il faut cependant attendre la fin de l'année 1915 pour que le général Joffre décide de changer de méthode, renonce aux attaques « poussées à fond » et aux objectifs à atteindre « coûte que coûte », près de dix-huit mois pour réaliser que l'artillerie conquiert et que l'infanterie occupe. On venait tout simplement de comprendre que la victoire n'était plus une question de jarrets, de cœur ou d'estomac, mais plutôt d'obus, de canons et d'acier.

Les batailles de Verdun et de la Somme inaugurent alors, en 1916, une nouvelle façon de faire la guerre, cherchant à écraser l'adversaire sous un déluge de projectiles, à annihiler toute résistance et, comme l'affirme le général Falkenhayn, qui conduit l'armée allemande, à « marcher sur des cadavres ». Or cette stratégie de la destruction absolue à coups de canon n'a pas mieux fonctionné. La résistance opiniâtre et acharnée des hommes à Verdun, la défense élastique des Allemands sur la Somme et leurs abris bétonnés en profondeur ont eu raison des « orages d'acier ». Le plus curieux, dans ces grands massacres à répétition, est encore la détermination des hommes. L'examen du contrôle postal montre en effet que les soldats, s'ils maudissent la guerre, espèrent toujours que la prochaine offensive sera la bonne, celle qui libérera enfin le pays et bousculera l'envahisseur. Ce n'est qu'à la fin de l'année 1916, après l'échec sur la Somme[2], le retour à l'immobilité sur le front russe et la défaite de la

2. De juillet à novembre 1916, les Franco-Britanniques lancent une grande offensive sur la Somme. En termes de

Roumanie, que le moral s'effondre véritablement parce qu'il n'y a plus de perspectives. Lorsque le nouveau généralissime, Robert Nivelle, échoue sur le Chemin des Dames en avril 1917, les poilus manifestent leur mécontentement sinon leur colère d'être sacrifiés en vain, et il faut toute l'habileté du général Pétain, qui se substitue à Nivelle, pour ramener le calme en abandonnant tout projet d'offensive jusqu'à nouvel ordre. Pétain sait alors, depuis que les Etats-Unis ont décidé d'entrer dans la danse en avril, que les Alliés sont appelés à se renforcer matériellement quand l'Allemagne, victime du blocus naval britannique, est condamnée à une lente asphyxie. Cette nouvelle stratégie d'attente est sans doute payante sur le long terme, mais en comptant sur le potentiel américain, elle entérine aussi le déclassement du Vieux Continent, qui devra désormais compter avec une puissance qui, jusqu'ici, se désintéressait de tout ce qui ne touchait pas le Nouveau Monde mais qui entend désormais prendre sa place au soleil.

Guerre totale

Avec cette intervention américaine, la guerre devient proprement mondiale. Certes, par la sollicitation des dominions britanniques et des empires coloniaux, elle l'était incontestablement déjà, mais il s'agissait avant tout d'une affaire européenne.

---

pertes, évaluées à 1,2 million d'hommes, la bataille de la Somme est la plus violente de toute la guerre.

En 1917, la guerre échappe bel et bien à l'Europe. D'une part, les principes universalistes du président Wilson troublent le jeu du Vieux Continent, d'autre part, la révolution bolchevique, qui survient en Russie en octobre, achève de transformer la guerre nationale en un conflit idéologique. Le XXe siècle est né, et l'Europe, jusque-là centre du monde, découvre sa marginalisation par deux messianismes antagonistes qui ont l'intention de se poser en modèles.

Ce n'est toutefois pas uniquement par son extension ni par l'avènement du combat idéologique que la Première Guerre mondiale est originale. Premier conflit de l'âge industriel et démocratique, il inaugure aussi l'ère des guerres totales. Le mot n'existe pas encore, on lui préfère alors l'expression de « guerre intégrale » que l'on trouve par exemple sous la plume de Clemenceau, mais la signification est la même. Toute la société est en guerre, les fronts sont partout, et le combat se joue autant dans les tranchées, contre l'ennemi, qu'à l'arrière, dans les usines de guerre. Sans doute les soldats livrent-ils bataille à l'avant, mais l'arrière – le *« home front »* comme disent les Britanniques – est également engagé sur le front de la production. Par ailleurs, le combat se déroule aussi sur le front financier, car il est bien entendu que l'argent est le nerf de la guerre et qu'il est nécessaire, en conséquence, de drainer l'épargne des peuples vers les bons de la défense nationale et les emprunts de guerre. Enfin, il existe un front psychologique chargé d'entretenir le bon moral des populations qui permet de cultiver une sorte de mobilisation permanente. Même les enfants n'y échappent pas : leurs jeux, leurs jouets, leurs lectures, leurs dessins et leurs leçons sont entièrement tournés vers la guerre. A la différence des conflits précédents, il n'est donc plus possible de vivre en dehors de la guerre.

Puisque les civils sont des combattants à part entière, les ouvriers à leur poste de travail comme les soldats dans les tranchées, il devient légitime pour les belligérants de frapper les premiers comme les seconds, afin d'atteindre le moral de l'ennemi et de faire fléchir sa détermination. La guerre totale débouche ainsi sur la guerre terroriste. Celle-ci commence très tôt, dès le 30 août 1914, quand Paris essuie trois bombes lancées par un avion allemand. Ce désir de semer la panique n'a pas été couronné de succès : loin d'être effrayée, mais plutôt fascinée par l'aviation, la population est dangereusement sortie dans les rues pour suivre le parcours de l'intrus dans le ciel de la capitale. Au printemps 1918 en revanche, quand des escadrilles de Gotha viendront déverser régulièrement leurs cargaisons de bombes sur Paris, qui n'est pourtant pas un objectif militaire, les habitants n'auront d'autres ressources que de se terrer dans les caves, les abris et les stations de métro. Les conventions de La Haye de 1899 et 1907, qui s'étaient échinées à encadrer le droit de la guerre, interdisaient bien ce genre de frappes contre les civils, mais en temps de guerre, il n'y a plus de règles qui tiennent. Paris n'est d'ailleurs pas l'unique cible de l'aviation allemande : en décembre 1914, un raid de zeppelins cause la mort de 90 personnes à

Varsovie, et durant toute l'année 1915 ces aérostats géants sont dirigés contre la Grande-Bretagne où ils déversent 40 tonnes de bombes. Avec 200 morts, dont de nombreux femmes et enfants, le bilan n'est peut-être pas glorieux, mais il s'agit de créer un choc psychologique et, en ce qui concerne les Britanniques, de leur faire sentir que leur insularité ne les protégera plus.

Devant l'apparition de cette forme de terrorisme, à l'instar des paquebots coulés en haute mer par les sous-marins allemands, les Alliés n'ont pas manqué de protester avec véhémence en se drapant dans le droit, la morale et la civilisation et en fustigeant la barbarie de l'ennemi, mais, au final, ils ont fait la même chose. Au départ, les raids aériens français ont été dirigés vers des objectifs stratégiques, des hangars à zeppelins de Metz aux usines de produits chimiques de Ludwigshafen. Ce n'était pas assez. Très vite, le démon des représailles a incité les aviateurs à larguer leurs bombes sur Karlsruhe, Stuttgart ou Trèves, c'est-à-dire sur des objectifs uniquement civils. La presse en a peu parlé, la mauvaise conscience des gouvernements ne poussait pas vraiment à assumer ce genre d'actions peu reluisantes, mais, après tout, c'était l'autre qui avait commencé… Aussi, le 31 janvier 1916, au lendemain d'un nouveau raid de zeppelins sur Paris, *Le Figaro* n'hésitait pas à justifier une barbarie qui, pourtant, n'avança pas l'armistice d'une heure ni même d'une seconde : « A l'heure où nous en sommes, toutes les règles, la casuistique et les scrupules ne seraient que de lâches façons de tendre la gorge aux gladiateurs. » On pouvait, on devait tuer.

Même des civils, même des femmes et des enfants. « Plus d'humanitaireries », tonnait *Le Journal*, qui appelait lui aussi à « répondre immédiatement à la barbarie »... par la barbarie.

Au front, l'utilisation pour la première fois des gaz asphyxiants par les Allemands en avril 1915 suscite les mêmes débats. Contre cette nouvelle atteinte aux conventions de La Haye, il ne se trouve personne pour camper sur les principes et fustiger la nouvelle inhumanité sans avoir l'intention de l'imiter. « Désormais tout est permis contre l'armée allemande », s'emporte le modéré *Figaro*, qui appelle au devoir de « haine » et à oublier les « abstractions » que sont la justice et le droit. Même *La Croix* en oublie la charité chrétienne et crie vengeance : « Le cas de légitime défense est introduit dans nos lois. Nous avons tous les droits d'arracher des mains de nos assassins déguisés en guerriers leurs armes traîtresses pour les en frapper. » Et puis, après tout, l'arme chimique n'est-elle pas une arme comme les autres ? Et pour justifier les plus basses actions, on verra même des sophistes prétendre qu'il ne faut pas craindre d'être atroce et barbare afin que dans l'avenir l'humanité, prise de dégoût, se détourne pour toujours de la guerre.

L'horreur et la terreur étaient devenues en quelque sorte une forme cynique de pédagogie pacifiste. Bismarck ne disait-il pas que « la véritable philanthropie consiste bien souvent à savoir verser le sang » ? Pour le député catholique allemand Matthias Erzberger, tous les moyens étaient bons pour hâter la fin de la guerre : il était donc légitime de tuer des civils si ce mauvais coup pouvait mettre un terme à la grande tuerie. Dans le *Tag* du 21 octobre 1914, celui qui aurait la lourde tâche de signer l'armistice écrivait : « Si l'on trouvait un moyen d'anéantir la ville de Londres tout entière, il y aurait plus d'humanité à l'employer qu'à laisser couler sur le champ de bataille le sang d'un seul soldat prussien. »

Tandis que les Alliés parlent de barbarie allemande et de légitime défense de leur part, Berlin prétend exactement le contraire. Soumise au blocus naval, l'Allemagne dénonce la sauvagerie britannique qui réduit un peuple à la faim, et considère qu'elle est dans son bon droit en torpillant tout ce qui navigue en direction d'un port français ou anglais. L'entrée en guerre des Etats-Unis, horripilés par cette guerre sous-marine[3], est donc pour elle un scandale, car elle n'a fait que répliquer à l'inhumanité de l'adversaire. A aucun moment les Allemands n'ont eu le sentiment de provoquer mais seulement de se défendre. Il est vrai que dans cette guerre, les pires horreurs se commettent avec l'idée que l'on est dans son bon droit et que c'est l'autre qui est coupable. En refusant le rôle de victime, en décidant d'appliquer une guerre sous-marine à outrance en 1917, les généraux Hindenburg et Ludendorff, les nouveaux chefs de l'armée allemande, ont cependant commis une erreur : certes,

3. Le 7 mai 1915, le torpillage du paquebot *Lusitania*, qui faisait la liaison entre New York et Liverpool, provoque la mort de 1 200 personnes dont 128 Américains. Dès lors, l'opinion américaine est très hostile à la guerre sous-marine en général et à l'Allemagne en particulier.

ils savaient que Washington prendrait ce prétexte pour sortir de la neutralité, mais les experts leur garantissaient qu'en six mois à peine, le commerce britannique serait paralysé et Londres hisserait le drapeau blanc. La sous-estimation de la résistance britannique a coûté cher aux stratèges du Reich. A la fin de l'année 1917, ils savent que leurs calculs sont déçus, mais la révolution bolchevique et le retrait de la Russie du rang des belligérants leur donnent la dernière occasion de vaincre, avant que la supériorité alliée ne soit définitivement trop forte. Débarrassés de toute menace à l'Est[4], les Allemands peuvent ramener l'ensemble de leurs forces à l'Ouest pour une série d'offensives de la dernière chance au printemps 1918.

Le dernier tournant

Le coup de bélier lancé le 21 mars 1918, à la charnière des fronts français et anglais, a bien failli changer le cours de la guerre. Le général Ludendorff a donné pour consigne de se lancer à l'attaque alors même que le bombardement est encore vif, afin de surprendre les défenseurs et de contourner les points de résistance au lieu de perdre du temps à tenter de les réduire. Des petits groupes lourdement armés ont ouvert la voie avec pour mission d'avancer le plus vite et le plus loin possible. Durant quelques jours, un vent de

---

4. Les Allemands ont signé la paix avec les bolcheviks à Brest-Litovsk le 3 mars 1918.

pessimisme a soufflé sur les Alliés, alimenté par Pétain en personne qui craignait que les Anglais ne se replient vers la Manche et ne soient battus en rase campagne avant que les Français, repliés sur Paris, ne soient à leur tour vaincus. Les dissensions entre les Alliés et les flottements dans la prise de décision sont cependant réglés par l'unité de commandement dont le général Foch est investi le 26 mars. C'est dans cette situation de crise que l'on mesure l'opportune autorité du président du Conseil, Georges Clemenceau, déterminé à ne pas céder aux Allemands comme à imposer son point de vue au haut commandement. Celui pour qui la guerre est une chose trop sérieuse pour être confiée aux militaires prétendra même avoir tenu les chefs « par la peau du cou » au cours de cette semaine tragique de mars 1918.

Si l'esprit offensif de Foch est souvent mis en avant pour expliquer la mise en branle du rouleau compresseur allié au cours de l'été 1918, il convient de remarquer que l'armée allemande n'a pas été enfoncée, que son front n'a pas été percé, mais qu'elle ne pouvait que reculer parce qu'elle se trouvait en situation marquée d'infériorité. Moins d'hommes, de canons, d'obus, d'avions, un ravitaillement difficile : l'Allemagne est tout simplement arrivée au point de rupture, elle ne peut pas aller au-delà en matière de mobilisation économique et sociale. Bref, comme le souligne l'écrivain Jean Guéhenno, « il vint un temps où l'argent, le fer, le pétrole, les hommes [...] vinrent à bout du manque d'argent, de fer, de pétrole, d'hommes ».

Depuis le mois d'août, Ludendorff sait la partie perdue et pousse les politiques à demander l'armistice afin d'éviter la bataille qui, un jour, ne manquera pas d'étriller ses forces déclinantes. Ainsi, il pourra toujours prétendre que celles-ci n'ont pas été vaincues et que ce sont les politiques qui portent la responsabilité de la défaite. La situation est dramatique, néanmoins il pense pouvoir tenir encore une année, et mener une bataille d'anéantissement sur le sol de l'Allemagne, celle-là même qu'Hitler livrera en 1945. La défection brutale des Bulgares (29 septembre), puis des Turcs (30 octobre) et enfin des Austro-Hongrois (3 novembre) bouscule les plans des politiques et des militaires, qui croyaient avoir un peu de temps pour négocier la paix la plus favorable possible. De surcroît, il faut compter avec la population allemande qui a tenu patriotiquement et enduré toutes les privations tant qu'elle a cru à la victoire, mais qui, depuis qu'elle n'y croit plus, s'insurge contre les mauvais bergers qui l'ont conduite au désastre. Les soldats désertent, se rendent aux Alliés, « oublient » de rentrer de permission, se mutinent, la révolution gronde. Le Kaiser abdique le 9 novembre et fuit prudemment vers les Pays-Bas, l'Allemagne glisse dans le chaos. Il est temps d'arrêter les frais. Le 11 novembre, à 5 h 12, les plénipotentiaires allemands signent le texte de l'armistice, les larmes aux yeux. C'en est enfin fini de la grande boucherie. A 16 heures, Clemenceau, désormais surnommé le « Père la Victoire » est acclamé à n'en plus finir à la Chambre des députés. Les mots qu'il prononce, improvisés, entrent dans l'histoire : « Honneur à nos grands morts qui nous ont fait cette victoire… Grâce à eux, la France, hier soldat de Dieu, aujourd'hui soldat de l'Humanité, sera toujours le soldat de l'idéal. »

Une victoire défaite

Gagner la guerre est une chose, gagner la paix en est une autre. En réalité, cette dernière est mal partie puisque les armes continuent de parler bien après le 11 novembre 1918 : en Russie, la guerre civile bat son plein jusqu'en 1921 et la victoire définitive des Rouges sur les Blancs ; la Pologne, à peine ressuscitée, s'est également jetée contre son voisin russe en rêvant de lui arracher l'Ukraine ; enfin il faut attendre 1922 pour que la guerre gréco-turque cesse définitivement. Et partout les frustrations, la haine, la désillusion, jusque chez les vainqueurs. N'avait-on pas promis aux peuples que ce serait la dernière des guerres, qu'il n'y en aurait plus d'autres, que l'on verrait la formation des Etats-Unis d'Europe sur le cadavre des empires militaristes, que l'avenir serait radieux ? La situation est tout autre : avec 10 millions d'hommes disparus – 15 si l'on englobe les morts de la guerre civile russe –, l'Europe est ravagée. La victoire a coûté trop cher pour que l'on puisse s'en réjouir. Vingt millions de blessés et d'amputés, 4 millions de veuves, 6 à 8 millions d'orphelins : la victoire a mauvaise mine, une gueule cassée. L'Europe est également ruinée. Autrefois banquier du monde, la voilà devenue débitrice : le service de la dette absorbe 40 % des dépenses publiques françaises, et l'étalon-or, qui assurait la stabilité monétaire, a laissé la place à une économie d'inflation – et même d'hyperinflation dans le cas allemand. Alors que Victor Hugo prédisait que le XXe siècle serait heureux, le cataclysme de 1914-1918 a balayé toutes les assurances positivistes et substitué l'absurde et le déclinisme à l'idée du progrès. La science qui devait affranchir l'humanité ne s'est-elle pas elle-même placée au service de la mort de masse ? Entrant dans l'avenir à reculons, les contemporains, nostalgiques de l'avant-guerre – désormais rebaptisé Belle Epoque –, ont perdu la foi jusque dans la démocratie. Quant à la paix de Versailles, signée le 28 juin 1919, elle ne satisfait personne : ni les Allemands qui la trouvent trop dure et hurlent au « Diktat » puisqu'ils n'ont pas pu la négocier, ni les nationalistes français qui la trouvent trop molle et sans garanties. C'est qu'il a fallu trouver un compromis entre vainqueurs, entre un Clemenceau qui voulait carrément démembrer le vaincu et des Anglais qui souhaitaient maintenir une Allemagne puissante pour équilibrer la France. Le président américain Wilson, qui se voyait en ange de la paix, avec ses généreux principes de parlement des nations et d'Europe des nationalités, a compliqué un peu plus cette « drôle de paix » à laquelle les Etats-Unis n'apporteront finalement pas leur garantie, le Sénat ne trouvant pas de majorité pour ratifier le traité. A la désillusion des vainqueurs répond la colère ou la frustration des vaincus, la vague révolutionnaire qui, venue de Russie, ébranle l'Allemagne, submerge la Hongrie, déstabilise l'Italie. Ainsi s'achève le rêve d'une guerre menée au nom de la démocratie et qui voit se multiplier les dictatures comme autant de remparts au bolchevisme. De tous les pays nés du démembrement des empires, seule la Tchécoslovaquie accède à la démocratie, une bien maigre consolation. Au final, l'Europe est encore plus divisée qu'en 1914, ses nouvelles frontières contestées, comme cet incroyable corridor de Dantzig qui coupe l'Allemagne en deux ; travaillée par les aigreurs des minorités nationales ; traversée non par un rideau de fer mais par un cordon sanitaire qui isole la Russie bolchevique ; gangrenée par le ressentiment et le revanchisme. Oui, les empires autoritaires russe, allemand, austro-hongrois, ottoman s'étaient écroulés, mais la démocratie ne l'emportait pas. La balkanisation de l'Europe centrale et du Proche-Orient triomphait, la puissance américaine était révélée, le communisme et bientôt le fascisme annonçaient l'entrée dans l'ère du totalitarisme, fille de la guerre totale. Seul dans le désert, l'économiste J. M. Keynes proposait en 1919 d'oublier la haine et de former un marché commun pour réunir vainqueurs et vaincus dans une solidarité de prospérité. Dans le cas contraire, il prédisait que l'esprit de revanche des vaincus « ne se ferait pas attendre » : « Rien alors ne pourra retarder, entre les forces de réaction et les convulsions désespérées de la Révolution, la lutte finale devant laquelle s'effaceront les horreurs de la dernière guerre et qui détruira la civilisation. » En 1919, dans les replis d'une paix mal ficelée, se dessinait donc déjà le spectre d'un nouveau conflit qui viderait définitivement la querelle des pays européens au prix de leur anéantissement, laissant place nette à l'affrontement américano-soviétique quarante années durant. Le XXe siècle était décidément un enfant de la Grande Guerre.

Jean-Yves LE NAOUR

Bibliographie sélective

Eric Alary, *La Grande Guerre des civils*, Perrin, 2013.

Stéphane Audoin-Rouzeau, Annette Becker, *14-18, retrouver la guerre*, Gallimard, coll. « Folio », 2003.

Nicolas Beaupré, *La France en guerre. 1914-1918*, Belin, 2013.

Jean-Jacques Becker, *La Première Guerre mondiale*, Belin, 2003.

Jean-Baptiste Duroselle, *La Grande Guerre des Français*, Perrin, coll. « Tempus », 2003.

Marc Ferro, *La Grande Guerre*, Gallimard, coll. « Folio », 1990.

Jean-Yves Le Naour, *1914. La grande illusion*, Perrin, 2012.

—, *Dictionnaire de la Grande Guerre*, Larousse, 2008.

André Loez, *La Grande Guerre*, La Découverte, coll. « Repères », 2010.

Frédéric Rousseau, *La Guerre censurée. Une histoire des combattants européens*, Seuil, coll. « Points », 2003.

Jay Winter (dir.), *La Première Guerre mondiale*, Fayard, 2013.

2

La guerre civile russe (1918-1920)

Dès le lendemain de la révolution d'Octobre éclate en Russie une guerre civile entre le nouveau régime et une opposition armée plus ou moins unie derrière le drapeau blanc des nostalgiques de l'Empire déchu. Grâce au « communisme de guerre » (terreur, propagande, premiers goulags...), Lénine et Trotski en sortent vainqueurs, au terme d'un conflit de trois ans qui fait des centaines de milliers de victimes et permet au pouvoir soviétique d'asseoir sa légitimité. Dans le sang.

L'embrasement

« Il faut les tuer, les exterminer sans pitié. Eux n'auront pas pitié de nous, d'ailleurs nous n'avons pas besoin de leur pitié et ça ne sert à rien de leur faire grâce. Ah ! Bon Dieu ! Il faut nettoyer la terre de cette vermine. En règle générale, pas de sentimentalité quand le destin de la révolution est en jeu. Ils ont raison, ces gars-là. »

« Ces gars-là », dont parle le bolchevik Bountchouk, un des héros du *Don paisible* de Mikhaïl Cholokhov, prix Nobel de littérature en 1965, sont deux gardes rouges qui viennent d'abattre froidement un officier « contre-révolutionnaire » prisonnier. La scène, inspirée de faits réels, se déroule fin février 1918 dans la ville de Rostov-sur-le-Don, qui, comme bientôt Novotcherkassk, vient de tomber aux mains des troupes communistes. Avec la chute de ces deux métropoles de la région du Don vient de céder l'ultime poche de résistance au triomphe de la révolution d'Octobre. A Petrograd (ex-Saint-Pétersbourg, future Leningrad), Lénine jubile. « La guerre civile est terminée », annonce-t-il à ses proches. Elle vient de commencer.

Avant l'ultime assaut de l'Armée rouge, 3 423 soldats et officiers de l'ex-armée tsariste ont quitté Rostov. Sous des bourrasques de neige, éclairés par la lueur des incendies allumés dans la ville, ils entament une retraite dans les steppes blanches du Don pour rejoindre le Kouban. Ils se font appeler le « corps des volontaires ». Avec eux, des centaines de civils : tous ces dépossédés du nouveau régime – ex-députés de la Douma, médecins, bourgeois, aristocrates, paysans un peu aisés, chefs d'entreprise, religieux – fuyant les horreurs dont ils ont été témoins avec la crainte d'être à leur tour ces femmes enceintes éventrées, ces popes torturés, ces cadets jetés dans les hauts-fourneaux d'usines métallurgiques qui ont eu le malheur de croiser le regard ou le chemin des nouveaux maîtres de la Russie. Ils ont tout perdu, n'ont plus rien à perdre. Leur errance épique sera baptisée « la campagne de glace ». Elle durera quatre-vingts jours. L'histoire se souviendra d'eux comme des premiers combattants de la liberté antisoviétique.

A la tête de cette troupe disparate, le général Kornilov. Né d'un père cosaque et d'une mère bouriate, héros de l'armée impériale rallié aux principes républicains, il a tenté de renverser l'été précédent le gouvernement Kerenski parvenu au pouvoir après la révolution de Février, pour imposer un régime autoritaire nationaliste mais débarrassé des Romanov. Arrêté, il a réussi à s'échapper et a rejoint, dès le lendemain de la révolution d'Octobre fatale à Kerenski, le groupe de volontaires contre-révolutionnaires constitué dans le Don par le général Alexeïev : « Nous partons dans la steppe allumer le flambeau pour qu'il y ait au moins un point lumineux dans l'obscurité qui a recouvert la Russie. » Ancien chef d'état-major de l'armée russe, Alexeïev a préféré abandonner à cette recrue de prestige le commandement militaire des troupes afin d'incarner, de son côté, l'âme politique et spirituelle du mouvement. Un des premiers ordres de Kornilov est de faire coudre à ses hommes (36 généraux, 2 320 officiers, 437 élèves officiers et seulement 630 hommes de troupe) une bande blanche sur leurs casquettes et leurs couvre-chefs. En référence aux chouans de Vendée, qui, cent vingt ans plus tôt, s'étaient levés, eux aussi, contre l'horreur révolutionnaire. Mais aussi afin de les distinguer lors des combats qui émaillent leur retraite : la plupart des villages qu'ils traversent leur sont hostiles et les obligent à livrer bataille. Et à laisser dans leur sillage des centaines de victimes.

Fin mars, les Blancs parviennent devant Iekaterinodar, capitale de la toute nouvelle République soviétique caucasienne du Nord. Trois mille Cosaques du Kouban ont rallié la petite troupe. Assez pour affronter les 18 000 Rouges qui tiennent la ville ? C'est ce que pense Kornilov. L'assaut est donné et il devient vite évident qu'il est voué à l'échec. Mais Kornilov s'entête. Jusqu'au matin fatal où un obus tombe sur la ferme où il a installé son QG. Son second est nommé à la tête des volontaires et ordonne un repli immédiat vers le nord. Le général Denikine a en effet appris que le Don, las de la terreur bolchevik, des pillages, des réquisitions et des massacres, s'était soulevé à son tour. Avec l'appoint des 40 000 Cosaques de l'ataman Krasnov, les Blancs peuvent caresser l'espoir d'une reconquête. A condition de s'organiser.

D'un point de vue militaire, la chose paraît très envisageable. Probable, même. Outre les Cosaques du Don, les Blancs disposent de plusieurs corps d'armée : à l'est, l'amiral Koltchak, futur numéro deux du mouvement blanc, avance depuis Omsk en direction de l'Oural et de la Volga ; à la tête des forces de cavalerie de l'Armée des volontaires, le général Wrangel progresse dans le Caucase ; dans le Grand Nord, le général Miller, appuyé par les Anglais et les Français inquiets des risques de contagion idéologique que provoquerait en Occident une victoire totale des communistes, occupe Mourmansk et Arkhangelsk. Partout les troupes soviétiques reculent. Sous la pression des Blancs mais pas seulement. Sur le front ouest, profitant de la paix de Brest-Litovsk (mars 1918) signée entre l'Allemagne et le gouvernement soviétique, les Austro-Allemands et les nationalistes ukrainiens occupent les régions de Minsk et de Pskov. Aidés dans un premier temps par les corps francs allemands, les pays Baltes ont repoussé l'Armée rouge jusqu'à Petrograd. Au sud, la Géorgie a proclamé son indépendance sous l'autorité d'un gouvernement menchevik[1]. Une unité motorisée britannique a conquis les rivages de la mer Caspienne et s'approche de Bakou. En Asie centrale et orientale, outre l'irruption de troupes japonaises lorgnant sur la Mandchourie, une Légion tchécoslovaque composée de 70 000 anciens prisonniers de guerre austro-hongrois qui devaient être acheminés par le Transsibérien jusqu'à Vladivostok pour rejoindre l'Europe s'est retournée contre les soviets locaux et s'est lancée à son tour dans la bataille. Dans les mêmes régions, un fantasque baron balte, Roman von Ungern-Sternberg, a réussi à persuader les Mongols qu'il était une réincarnation de Gengis Khan et qu'il fallait, sous ses ordres, combattre la menace de soviétisation des steppes locales. Horrifiés par les exactions prêtées aux bolcheviks, les gouvernements occidentaux, quant à eux, parlent

1. Au congrès de Londres de 1903, le Parti ouvrier social-démocrate de Russie se divise sur la stratégie de conquête du pouvoir entre mencheviks, favorables à un parti de masse ouvert à plusieurs tendances, et bolcheviks, adeptes, comme Lénine, d'un mouvement fermé et semi-clandestin. Après leur participation au gouvernement provisoire « bourgeois » né de la révolution de février 1917, les mencheviks sont chassés du pouvoir par la révolution d'Octobre. Désormais ennemis des bolcheviks, ils n'hésiteront pas, parfois, à s'allier aux Blancs.

d'envoyer de véritables contingents pour aider à la contre-révolution.

Résultat ? A l'automne 1918, malgré le massacre de la famille impériale en juillet, supposé galvaniser le peuple et lui faire comprendre qu'aucun retour vers le passé n'est plus possible désormais, les dirigeants soviétiques peinent à cacher leur inquiétude. En dépit de petites victoires en septembre (Kazan, Simbirsk, Samara), ils ne contrôlent plus guère qu'un territoire de la taille du grand duché de Moscovie du XVe siècle, et encore : à l'intérieur de ces frontières, la révolte gronde. Affamées, lassées des combats et des promesses de réformes qui tardent, les populations paysannes ne voient plus les Rouges comme des sauveurs. Les désertions se multiplient, des mutineries éclatent, des grèves sont lancées, des insurrections se font jour. Vidées aux trois quarts de leurs habitants, les grandes villes ne soutiennent plus la révolution que du bout des lèvres. Ou plutôt de la pointe des baïonnettes chatouillant le dos de leurs derniers citoyens. Il en faut peu pour que s'achève, moins d'un an après son déclenchement, l'expérience soviétique.

Forces et faiblesses

Menacés et presque condamnés militairement, les Rouges disposent pourtant d'une arme décisive dont sont dépourvus leurs adversaires : un sens politique. Très vite, Lénine et Trotski ont compris comment vaincre : par un effort de propagande efficace (l'appel à s'engager est un succès auprès des ouvriers et des paysans, qui, faute de travail, trouvent là un moyen provisoire mais sûr de s'habiller et de se nourrir) ; par une centralisation du pouvoir implacable ; en s'appuyant, économiquement, sur le « communisme de guerre » (réquisitions, fin du commerce privé) dont il apparaîtra qu'il ne fut pas seulement une réponse à la guerre civile mais « un moyen de faire la guerre civile » (Orlando Figes) ; et surtout par une pratique de la terreur permanente – n'est-ce pas la voie la plus rapide vers la société socialiste, comme le professait Karl Marx ? Envoyé sur le front qu'il parcourt dans un train blindé (105 000 kilomètres en trois ans, soit l'équivalent de deux fois et demie le tour de la Terre !), l'intellectuel Trotski organise avec une efficacité (et une férocité) redoutable ses troupes en bolchevisant les structures militaires. Chaque soldat ou presque de l'Armée rouge est flanqué d'un commissaire politique chargé de le surveiller : l'assurance d'une troupe obéissante et disciplinée. Afin d'encadrer ces hommes, des milliers d'anciens officiers de l'armée tsariste sont invités à rejoindre les Rouges – ils seront bientôt 75 000. Les uns sont motivés par la seule volonté de survivre, les autres par un réel patriotisme teinté de légalisme, la plupart parce que leurs familles ont été prises en otage à l'arrière… Dans chaque unité, des membres de la nouvelle police politique, la Tcheka, arrêtent, torturent, condamnent et exécutent espions et traîtres. Supposés ou réels.

Pendant ce temps, les Blancs se déchirent, minés par leurs oppositions internes entre nostalgiques de l'Empire, nationalistes antisémites (les Cents-Noirs[2]), démocrates modérés, autonomistes cosaques, partisans d'une dictature militaire, aristocrates allergiques aux droits paysans. Si l'autorité politique et militaire de Denikine – le général Alexeïev est mort en octobre 1918 – est à peu près reconnue par tous, personne ne prend conscience de la nécessité absolue d'une mobilisation de masse pour répondre à la conscription obligatoire ordonnée par les Rouges. De même, nul ne saisit véritablement combien la révolution a modifié en profondeur l'état d'esprit du peuple russe. Plus aucun petit paysan ne saurait envisager un retour vers les structures d'Ancien Régime. Or, faute de garantir le maintien de la réforme agraire mise en place par Lénine, les autorités blanches paraissent ambiguës sur le sujet, se privant d'un élan d'enthousiasme populaire qui leur permettrait de disposer de troupes à encadrer. Car là réside un autre grave problème : les Blancs sont et demeurent une armée de cadres qui manque cruellement de soldats. Et que peut, à terme, une troupe d'élite (par surcroît désunie sur ses objectifs de guerre) face à une masse de combattants ? Autre caillou dans les bottes fourrées

2. Organisation nationaliste de choc créée au lendemain de la révolution manquée de 1905. Son but : renforcer le pouvoir du tsar, menacé, selon ses chefs, par des complots francs-maçons, juifs et étrangers. Egalement connus sous le nom de « Centuries noires », les Cents-Noirs (plusieurs milliers de membres) se signaleront par leur participation à des pogroms antisémites. Par leurs méthodes et leur idéologie, ils sont considérés par certains historiens comme les précurseurs russes des mouvements fasciste et nazi.

des contre-révolutionnaires : les Cosaques. Fiers de leur indépendance, ceux-ci rejettent le centralisme dont se réclament la plupart des généraux blancs. Pis : hors de leurs propres terres, ils se comportent en conquérants et se laissent aller à des pillages plus souvent qu'à leur tour – surtout dans les villages juifs où ils se livrent parfois à de véritables pogroms.

Début 1919, l'espoir grandit néanmoins chez les Blancs : les Alliés ont promis d'accroître leur aide. C'était une façon de parler. Hormis l'amiral Koltchak, qui bénéficie d'un soutien matériel important, ce sont tout au plus quelques centaines d'armes et d'uniformes kaki, des pots de confiture par milliers et des chapelets de grandes paroles qui leur sont envoyés. A la vérité, Paris, Londres et Washington hésitent. Par méconnaissance de la situation et des enjeux (un Lloyd George pense par exemple que Kharkov est le nom d'un général !) ; par cynisme (au contraire de Churchill, déjà partisan d'une croisade contre le bolchevisme, certains craignent un renforcement de la puissance russe s'ils aident les Blancs !) ; ou pour ne pas heurter leurs opinions publiques, qui, après quatre ans de guerre, aspirent à la paix et à la reconstruction et se moquent comme de l'an 10 du destin des moujiks barbus des bords de la Volga. L'intervention française en Crimée est à ce titre exemplaire. Envoyé par Clemenceau en décembre 1918, un corps expéditionnaire dirigé par le général Berthelot débarque à Odessa afin de se substituer aux troupes allemandes rentrées au pays et chasser les Rouges de Crimée. Mais au bout de plusieurs semaines, après des centaines de morts et plusieurs mutineries, Paris ordonne le retrait de ses troupes.

Tandis que les chefs blancs peinent à harmoniser leurs stratégies sur le terrain, l'Armée rouge grossit (3 millions d'hommes fin 1919) et se structure. De grands chefs de guerre s'affirment : Toukhatchevski, Frounzé, qui repousse les 100 000 hommes des armées sibériennes de Koltchak au-delà de l'Oural. Malgré les désertions massives, les épidémies de typhus, de grippe, de petite vérole et de choléra – qui font plus de victimes que les batailles elles-mêmes –, l'émergence de contre-guérillas locales (nationalistes ukrainiens de Petlioura[3], anarchistes libertaires de Makhno[4]), les chefs bolcheviks se félicitent de la poursuite de la guerre civile. Parce que la notion de conflit est un élément ontologique de la pensée communiste (Lénine le répète d'ailleurs volontiers dans tous ses discours). Parce que laisser penser que le pays est divisé en deux camps, celui favorable à la dictature du prolétariat

3. Simon Petlioura (1879-1926) est le fondateur du Parti révolutionnaire ukrainien. Après la proclamation, en janvier 1918, d'une Ukraine indépendante dont il deviendra le président en février 1919, il combattra les Rouges, les Blancs, les anarchistes de Makhno et les Polonais avant de s'enfuir en exil. Il sera assassiné en 1926 à Paris par un anarchiste juif l'accusant d'avoir perpétré des pogroms antisémites en Ukraine.

4. Nestor Makhno (1888-1934) est le fondateur de l'Armée révolutionnaire insurrectionnelle ukrainienne qui, après s'être opposée aux armées blanches, se retourna contre l'Armée rouge. Ses partisans seront appelés les Verts, en référence à leur origine paysanne. Vaincu, Makhno s'enfuira en 1921 pour Paris.

(le peuple) et celui favorable à la dictature militaire (l'ancienne élite impériale), ne peut que pousser un peu plus les Russes du côté des défenseurs du peuple – eux. Parce qu'ils se savent plus déterminés que leurs adversaires, n'ayant rien à perdre et tout à gagner. Parce qu'ils sont intellectuellement prêts à accomplir des massacres d'une ampleur inédite : « Tuons nos ennemis par milliers, noyons-les dans leur sang, faisons couler à flots le sang des bourgeois : plus de sang, le plus possible », proposait la *Krasnaïa Gazeta* dès le lendemain de l'attentat de Fanny Kaplan contre Lénine, le 30 août 1918… Jamais, du côté des Blancs (et ce fut leur honneur autant que leur faiblesse), ne fut envisagée l'utilisation de méthodes aussi expéditives que celles de la Tcheka : plonger les mains d'un prisonnier dans l'eau bouillante jusqu'à ce que se forment des cloques, puis retirer la peau comme s'il s'agissait d'un gant (à Kharkov) ; le rouler dans un tonneau rempli de clous (à Voronej) ; fixer une cage sur son torse avec, à l'intérieur, un rat affamé pour l'inciter à dévorer ses entrailles (à Kiev) ; l'enfermer vivant dans un cercueil au côté d'un mort, etc. Tous les historiens s'accordent sur ce point : finalement, il y eut, durant les trois ans de la guerre civile, bien plus de victimes de la terreur ordonnée par Lénine que lors des confrontations militaires directes entre Rouges et Blancs.

Et Staline ? Chargé d'une mission d'approvisionnement de l'Armée rouge sur le front Sud, le commissaire de 40 ans n'est pas en reste dans l'usage de la violence. Il n'hésite pas à ordonner qu'on brûle les villages qui rechignent à livrer leur production de blé aux vaillants combattants révolutionnaires. Installé à Tsaritsyne, il n'oublie pas, en même temps, d'alimenter auprès de Lénine une cabale contre Trotski dont il rappelle, dans ses lettres, le « passé antibolchevique ». En lui il voit un Napoléon Bonaparte en puissance, susceptible de confisquer la révolution à son profit. En dépit des apparences, l'unité de commandement des Rouges est une façade : en coulisses se prépare déjà le duel Trotski-Staline…

L'éradication

Les derniers mois de l'année 1919 sont décisifs. Jusqu'alors souvent réduite à une succession d'escarmouches locales, la guerre civile russe s'est mise à ressembler aux combats de la Grande Guerre. Tanks, avions et voitures blindées sont entrés en action. Des centaines de milliers de soldats sont impliqués. Le vent tourne en faveur des communistes. Au sud, éperonnée par le slogan de Trotski : « Prolétaires, à cheval ! », la cavalerie rouge de Boudienni, Timochenko et Joukov fait des miracles. Après s'être approchées à moins de 30 kilomètres des murs de Petrograd, les troupes blanches de Ioudénitch sont repoussées jusqu'en Estonie après que l'entêté général tsariste a refusé de reconnaître l'indépendance de la Finlande toute proche qui lui aurait, en ce cas, apporté une aide sans doute décisive. Cette victoire est due au seul génie militaire de Trotski, dépêché sur place par un Lénine paniqué. Au point que la ville de Gatchina, lieu des principaux combats, sera débaptisée pour porter, la première, le nom d'un communiste vivant : Trotsk.

Sur le front nord, à la même époque, le général Miller est abandonné par les Anglais, qui ont rembarqué sur leurs bateaux mouillant à Mourmansk et Arkhangelsk. Encore plus grave, Koltchak, le « régent suprême de Russie » qui rêvait, il y a peu, d'opérer une jonction avec les forces de Denikine à Tsaritsyne, sur la Volga, est obligé de quitter Omsk dont il avait fait sa capitale provisoire. Si l'amiral blanc a pu monter dans le train impérial en compagnie de son état-major, des milliers de militaires et de civils doivent, eux, s'élancer, vers l'est, par un hiver glacé, le long de la ligne du Transsibérien. Raison : décidés à abandonner au plus vite le théâtre des opérations, les dizaines de milliers d'hommes de la Légion tchécoslovaque ont interdit aux familles des officiers blancs l'accès aux wagons du convoi ferroviaire. Ce sont désormais eux qui font la loi dans la région, prêts, s'il le faut, à vendre aux Rouges les Blancs et leur train rempli d'or en échange d'un passage garanti jusqu'à Vladivostok. Ils le feront. Alors qu'il pensait être recueilli par les Alliés à Irkoutsk, conformément à une promesse du général français Janin, Koltchak, épuisé, malade, isolé, est livré par les Tchèques au soviet de cheminots de Polovina le 13 janvier 1920. Après une semaine d'interrogatoire, il est condamné à mort et conduit au bord de la rivière gelée Angara. Un trou a été creusé dans la glace, derrière lui. Le 7 février 1920, l'amiral blanc tombe sous les balles d'un peloton d'exécution de Sibérie. Il a refusé qu'on lui bande les yeux.

Avant d'être arrêté, Koltchak a eu le temps de désigner Denikine, déjà commandant suprême des armées blanches, pour lui succéder comme « régent de la Russie libre ». Il n'occupera cette symbolique fonction que quelques semaines. Harcelé par les guérilleros ukrainiens aux ordres de Makhno, abandonné par les Cosaques du Don, refoulé par la 1re armée rouge de cavalerie, affaibli au sein de son propre état-major par sa roideur, son absence de charisme et sa maladresse politique, Denikine ordonne le repli général des Blancs vers les ports de la mer Noire où les attendent des bateaux qui les emmèneront en Crimée ou hors de Russie, vers la région des détroits. Problème : seront embarqués prioritairement les soldats, ont prévenu les autorités alliées qui encadrent l'évacuation ; 60 000 Blancs sont ainsi laissés à l'arrière, dans le Kouban, livrés aux représailles des Rouges. A Novorossisk, le spectacle est dantesque : empêchés de monter sur les navires alliés, des femmes et des enfants de vieilles familles aristocratiques s'agenouillent en pleurant sur les quais, s'accrochent aux capotes des poilus d'Orient, supplient en se roulant sur le pavé, se battent comme des chiffonniers, plongent dans l'eau noire, préférant à leur exécution probable le suicide public… La retraite vire à la déroute. Denikine, sous la pression de ses officiers, abandonne ses fonctions à son vieil ennemi, le général Wrangel, qu'il avait envoyé à Constantinople quelques semaines plus tôt. C'est le même bateau britannique ramenant celui-ci en Russie qui emportera celui-là vers l'exil.

L'illusion Wrangel dure quelques semaines. Reprenant en avril 1920 les rênes d'une armée de

25 000 hommes démoralisés, affamés, sans armes ni chevaux ou presque, ce baron au port majestueux, au regard intense, à l'énergie débordante, orateur de talent et stratège confirmé, redonne des couleurs à l'armée blanche. Après avoir proclamé (et fait reconnaître par les capitales européennes un peu honteuses) « la république blanche de Crimée[5] », il organise une contre-offensive de grande ampleur. Occupés à une reprise des combats en Ukraine contre les Polonais, les Rouges ont alors allégé leur dispositif dans le Sud. Appuyé par quelques tanks bringuebalants et deux ou trois vieux coucous, Wrangel chasse les communistes de Tauride du Nord, fait 11 000 prisonniers et récupère des centaines d'armes et 3 000 chevaux. L'espoir renaît. Pas pour longtemps. Après sa déroute polonaise[6], l'Armée rouge est de retour en Crimée. En masse. Le rapport de force est de quatre contre un. Mi-novembre, après plusieurs de semaines de résistance héroïque sur l'isthme de Perekop, le général

5. Fait remarquable et méconnu, le général Wrangel parviendra en quelques semaines à mener avec succès en Crimée, outre des opérations militaires parfois victorieuses, une grande réforme paysanne et une refonte en profondeur des institutions locales.

6. Après avoir campé aux portes de Varsovie, l'Armée rouge est repoussée le 15 août 1920 (« le miracle de la Vistule ») par une contre-offensive des troupes du général Piłsudski, épaulées par la mission militaire du général Weygand (à laquelle participe un certain Charles de Gaulle). Les Rouges reculent à plus de 200 kilomètres de la ligne Curzon, la ligne de démarcation proposée quelques semaines plus tôt par les Alliés pour délimiter les frontières entre la Russie et la Pologne.

ordonne, la mort dans l'âme, l'embarquement de ses hommes (environ 150 000 !) dans plusieurs ports de la mer Noire. Quelques bateaux français participent à l'évacuation – parfaitement organisée celle-là. Le 16 novembre 1920, le croiseur *Général-Kornilov*, sur lequel a pris place le dernier des commandants blancs, quitte Sébastopol. A son côté, le *Waldeck-Rousseau*, sur ordre de l'amiral Dumesnil, commandant de la flotte française en Méditerranée, tire 21 coups de canon pour saluer une dernière fois « le dernier drapeau russe dans une mer russe ». La guerre civile est officiellement terminée, même si quelques petites Vendée, à Tambov et dans le bassin de la Volga notamment (sans oublier l'ultime cavalcade asiatique du baron Ungern[7], à l'été 1921), éclateront dans les mois suivants. Elles seront bientôt, à leur tour, écrasées dans le sang.

Des dizaines de milliers de victimes, des villages et des villes pour partie ou entièrement détruits ou brûlés, une économie dévastée, un territoire amputé de régions entières (notamment sur sa façade ouest), un isolement diplomatique quasi total : à première vue, la jeune Russie soviétique a beaucoup perdu avec la guerre civile. Et si c'était le contraire ? Et si, au fond, ces trois années de violence sur plusieurs

7. Ayant abandonné Urga pour une hypothétique reconquête de la Sibérie orientale, « le baron fou » se retrouva en mai 1921 coupé de sa capitale et encerclé, avec ses 4 000 fidèles, par une troupe de soldats rouges mongols et russes quatre fois plus nombreuse. Sans doute trahi par ses lieutenants, il est capturé, jugé et exécuté le 15 septembre 1921.

fronts (face aux Blancs, aux soulèvements paysans spontanés, aux armées étrangères) avaient permis au nouveau régime et à son armée de s'affirmer et de s'affermir plus rapidement et plus efficacement que s'ils avaient dû le faire « naturellement », en une période moins troublée ? Le même phénomène ne s'était-il pas produit en France, cent vingt-cinq ans plus tôt ? La lutte armée (contre les Vendéens, les jacqueries locales, les armées étrangères coalisées) n'avait-elle pas permis, là déjà, d'ancrer la Révolution – comme Robespierre avait fini par l'admettre ?

Expérimentant des principes qui deviendront caractéristiques du régime communiste, Lénine, Trotski et Staline n'ont sans doute pas remporté qu'une victoire militaire en 1920. Ils ont éprouvé la pertinence d'une règle politique dont ils useront et abuseront pour se maintenir au pouvoir : désigner des ennemis. Extérieurs ou intérieurs. Ils ont aussi et surtout inventé une nouvelle manière de gouverner appelée à se développer au XXe siècle : par la propagande et la terreur.

Jean-Christophe BUISSON

Bibliographie sélective

Jean-David Avenel, *Interventions alliées pendant la guerre civile russe, 1918-1920*, Economica, 2010.

Isaac Babel, *La Cavalerie rouge*, Gallimard, coll. « Folio », 1983.

Mikhaïl Boulgakov, *La Garde blanche*, Robert Laffont, 2012.
Jean Bourdier et Marina Grey, *Les Armées blanches*, Dualpha, 2004.
Yves Bréhéret, *Les Cosaques*, Balland, 1972.
Général Broussilov, *Mémoires*, Hachette, 1928.
Mikhaïl Cholokhov, *Le Don paisible*, Omnibus, 1999.
Orlando Figes, *La Révolution russe*, Gallimard, coll. « Folio Histoire », t. II, 2009.
Peter Fleming, *Le Destin de l'amiral Koltchak*, Plon, 1967.
Roland Gaucher, *L'Opposition en URSS, 1917-1967*, Albin Michel, 1967.
Marina Grey, *Mon père, le général Denikine*, Perrin, 1985.
—, *La Campagne de glace*, Perrin, 1998.
Alexandre Jevakhoff, *Les Russes blancs*, Tallandier, coll. « Texto », 2011.
Peter Kenez, *Civil War in South Russia, 1918 : The First Year of the Volunteer Army*, University of California Press, 1971.
—, *Civil War in South Russia, 1919-1920 : The Defeat Of The Whites*, University of California Press, 1978.
Vladimir Maximov, *L'Amiral blanc*, Orban, 1989.
Sergueï Melgounov, *La Terreur rouge en Russie, 1918-1924*, Editions des Syrtes, 2004.
Pierre Pascal, *En communisme, mon journal de Russie, 1918-1921*, L'Age d'Homme, 1976.
Nicolas Ross, *Aux sources de l'émigration russe blanche : Gallipoli, Lemnos, Bizerte (1920-1921)*, Editions des Syrtes, 2011.
—, *La Crimée blanche du général Wrangel (1920)*, Editions des Syrtes, 2014.
Robert Service, *Trotski*, Perrin, 2011.
—, *Lénine*, Perrin, 2012.
—, *Staline*, Perrin, 2013.
Léon Trotski, *Ma vie*, Gallimard, coll. « Folio », 1973.
Dominique Venner, *Les Blancs et les Rouges*, Pygmalion, 2010.
Gustave Welter, *La Guerre civile en Russie, 1918-1920*, Payot, 1936.
Général Pierre Wrangel, *Mémoires*, Tallandier, 1930.

3

La guerre civile espagnole (1936-1939)

Rarement conflit armé fut aussi étroitement associé à un « prélude » – les guerres, en général, sont plutôt considérées comme des aboutissements. Prélude à la Seconde Guerre mondiale, au duel entre Hitler et Staline, à l'opposition entre fascisme et communisme. Avant-goût de l'alliance des dictatures contre les démocraties. Début de la geste héroïque d'une résistance française dont certains membres participèrent aux Brigades internationales avant de combattre l'occupant nazi. Préfiguration, pour d'autres, des démocraties populaires tombées sous la coupe de Staline après sa victoire sur l'Allemagne : la satellisation des républicains espagnols par l'Union soviétique n'annonçait-elle pas le sort réservé aux pays de l'Est pendant la guerre froide ? Prises dans le jeu déformant de mémoires concurrentes, ces explications tendent à figer les acteurs du drame espagnol dans un déterminisme trompeur. Or les uns et les autres ont fluctué au gré de circonstances extraordinairement complexes. Leurs motivations immédiates n'étaient conditionnées ni par l'éventualité d'une guerre mondiale, ni par celle d'un affrontement manichéen entre fascisme et communisme. Si ses répercussions sur les relations internationales furent considérables, le drame espagnol fut d'abord et surtout un conflit national, opposant une révolution et une contre-révolution.

L'engrenage

Les racines du conflit plongent dans un XIXe siècle fait de violence et de *pronunciamientos*, marqué par l'intervention répétée des militaires dans les affaires politiques et la montée des antagonismes sociaux. A l'anticléricalisme forcené qui gagne en amplitude dans les milieux ouvriers et les classes moyennes répond un catholicisme crispé sur la défense de l'« hispanité ». La restauration de la république en 1931 n'a fait qu'exacerber les tensions entre une gauche déjà débordée par ses éléments les plus radicaux et une droite hétéroclite que la menace du « péril rouge » va contribuer à souder.

Marquées par la victoire des forces conservatrices, les élections de novembre 1933 déclenchent en retour un mouvement insurrectionnel qui culmine avec la révolte des Asturies, écrasée dans le sang par un certain général Franco. Bien des aspects concourent à faire de cet épisode le « premier acte » de la guerre civile : répression aveugle de l'armée, crimes commis par les insurgés contre les religieux, union réalisée, pour la première fois, entre les mouvements révolutionnaires – socialistes de l'UGT (Union générale des travailleurs), Parti communiste, marxistes antistaliniens du POUM

(Parti ouvrier d'unification marxiste), anarchistes de la CNT (Confédération nationale du travail). A Madrid, Barcelone, Séville, la rue devient le théâtre d'affrontements sanglants entre militants d'extrême gauche et membres de la Phalange, la formation d'inspiration fasciste fondée par José Antonio Primo de Rivera. Le président de la République, Alcalá Zamora, choisit ce contexte explosif pour annoncer en janvier 1936 la dissolution des Cortes et la tenue de nouvelles élections. Décision aventureuse, dont les conséquences vont se révéler dramatiques. En dépit des tensions accumulées, la guerre d'Espagne n'avait aucun caractère de fatalité. Sans le coup de force présidentiel d'Alcalá Zamora, aurait-elle jamais eu lieu ? Sitôt informée de cette mesure, la droite agite en tout cas la menace d'une guerre civile et prête une oreille de plus en plus bienveillante aux militaires tentés par une solution armée. Par jeu mimétique, les forces de gauche se radicalisent également, aiguillonnées qu'elles sont par les communistes, qui affirment tout haut leur volonté de transformer l'Espagne en république des soviets.

La courte victoire du Front populaire aux élections de février 1936 creuse un peu plus le fossé entre les deux camps. Soutenue par les socialistes, les communistes, le POUM et les anarchistes, la coalition emmenée par Manuel Azaña a fait campagne sur la défense de la laïcité, l'accélération de la réforme agraire et le statut d'autonomie de la Catalogne. Un programme en deçà des attentes exprimées par les forces révolutionnaires qui se lèvent dans le pays au lendemain du scrutin. D'abord nommé chef du gouvernement, Azaña se fait élire en mai président de la République. Le déferlement de violence qui secoue l'Espagne après la victoire de la gauche souligne son impuissance. Incendies d'églises et de couvents, viols de religieuses, occupations illégales des terres par les paysans, assassinats politiques : l'Etat se révèle incapable de maintenir l'ordre. Aux Cortes, l'échauffement des esprits est tel qu'Angel Galarza, député socialiste, lance au conservateur José Calvo Sotelo, leader du Bloc national et bête noire du nouveau gouvernement : « La violence, à certains instants, est une réaction légitime. Et quand je pense à vous, monsieur Calvo Sotelo, je la crois parfaitement justifiée, y compris par un attentat qui vous priverait de la vie ! » Le 13 juillet, l'assassinat de l'intéressé, en représailles à celui d'un militant antifasciste, lève les dernières hésitations des généraux factieux.

Depuis le coup d'Etat raté du général Sanjurjo en 1932[1], l'armée n'a cessé de conspirer, moins contre les institutions de la Seconde République[2] qu'en réaction aux excès commis par les « rouges ». Pour ces généraux horrifiés par les grèves insurrectionnelles et les atteintes à la propriété, l'institution militaire constitue le dernier bastion de la vieille

1. Passé à la postérité sous le nom de *Sanjurjada*, le *pronunciamiento* tenté le 10 août 1932 à Séville par le général Sanjurjo est motivé par son hostilité aux forces de gauche et à la réforme militaire. Arrêté après l'échec du soulèvement, il est condamné à mort. Sa peine est ensuite commuée en prison à perpétuité. Libéré en 1934, il s'exile au Portugal.

2. Proclamée en avril 1931 à la suite des élections municipales, la Seconde République espagnole remplace la monarchie d'Alphonse XIII, qui s'exile en France.

Espagne, le rempart de la tradition contre les forces déchaînées du communisme et de l'anarchisme. Sous l'autorité du général Sanjurjo, alors exilé au Portugal, un nouveau plan d'insurrection est élaboré. Son principal artisan est le gouverneur militaire de Pampelune, Emilio Mola, rompu aux méthodes de police depuis qu'en 1930 il commanda la terrible répression contre les révolutionnaires d'extrême gauche. Esprit politique ombrageux, pétri de culture catholique, Mola ne ménage pas ses efforts pour rallier aux conjurés « le plus jeune général de l'armée espagnole », Francisco Franco y Bahamonde, alors cantonné aux îles Canaries. Contrairement à une image tenace, Franco n'a pas attendu le dernier moment pour basculer du côté des rebelles. Son extrême prudence, doublée du souci de ne pas compromettre une carrière prometteuse, la prise en compte réaliste des forces en présence et ses doutes quant aux chances de succès du soulèvement ont certes pu donner l'impression qu'il tergiversait. Dès le 11 juillet, pourtant, soit deux jours avant l'assassinat de Calvo Sotelo, Franco est déjà décidé à intervenir, comme le prouve son intention de rejoindre le Maroc espagnol où sera déclenchée l'insurrection. Loyaliste par tempérament, mais profondément hostile au socialisme, homme d'ordre et de tradition, pugnace et volontiers brutal, le futur dictateur aurait pu se contenter d'une république conservatrice ménageant les intérêts des classes possédantes. La victoire du Front populaire et les troubles qui s'ensuivent enterrent ses derniers scrupules. Dénué de cruauté personnelle, mais manifestant un mépris total pour la vie humaine, logique, terne, ambitieux,

Franco va démontrer son exceptionnelle capacité à tirer froidement profit des circonstances.

Coup d'Etat et répression

Arrivé au Maroc espagnol, Franco lance l'insurrection le 17 juillet 1936. La rébellion s'étend en métropole le lendemain. A Séville, le général Queipo de Llano engage ses troupes dans un combat de rues acharné contre les quartiers ouvriers. Une semaine après le coup d'Etat, la carte de l'Espagne renvoie assez fidèlement à celle des élections du mois de février, dessinant un clivage entre forces républicaines et bastions conservateurs tombés sous la coupe des militaires. Les putschistes sont maîtres des hautes terres de Castille, de la Galice, de la Navarre carliste, de l'Aragon, avec quelques têtes de pont en Andalousie, dans les Canaries et au Maroc espagnol. Le reste du territoire, soit les deux tiers du pays, reste fidèle au gouvernement. Les républicains gardent le contrôle des grandes villes industrielles, Madrid, Valence et Barcelone, où le soulèvement des garnisons nationalistes fait long feu. Les rebelles ont néanmoins pour eux les deux tiers des cadres de l'armée, des troupes disciplinées et les 30 000 soldats de l'armée d'Afrique, que Franco – vers lequel tous les regards se tournent depuis la mort de Sanjurjo, le chef de la rébellion, tué accidentellement le 20 juillet – s'apprête à faire passer en métropole grâce au soutien logistique de l'Allemagne et de l'Italie.

Dans les deux camps, les règlements de comptes se multiplient, avec une férocité également partagée entre nationalistes et gouvernementaux. Dans les zones passées sous le contrôle des rebelles, les officiers soupçonnés de sympathie à l'égard du Front populaire sont impitoyablement passés par les armes. Bernanos a décrit dans *Les Grands Cimetières sous la lune* la sinistre pratique des *paseos* (littéralement « promenades »), conduisant vers la mort les républicains ou supposés tels. En Navarre, dans la foulée de l'offensive nationaliste, quelque 7 000 personnes sont froidement exécutées, parmi lesquelles un contingent de prêtres restés fidèles au gouvernement… Plus de 4 000 autres subissent le même sort après la prise de Séville le 19 juillet 1936. Du côté républicain, les représailles sont prises en main par les syndicats et les partis ouvriers. Le simple soupçon d'appartenir aux classes « bourgeoises » suffit bien souvent à justifier une exécution ; des milliers de prêtres et de religieuses sont assassinés. Dans le diocèse de Barbastro, en Aragon, Mgr Asensio Barroso est émasculé avant d'être fusillé. La violence des persécutions anticléricales incite de nombreux catholiques, qui, par scrupule loyaliste autant que méfiance vis-à-vis des solutions de force, s'étaient d'abord montrés sceptiques vis-à-vis de l'insurrection, à prendre fait et cause pour les insurgés. « Ici, on fusille comme on déboise », écrira Antoine de Saint-Exupéry. Dans les deux camps, on se prépare dès lors à une guerre longue…

En lançant les militaires à l'assaut de la République, les factieux croyaient empêcher la révolution. Ils vont au contraire la déclencher. Touché en plein cœur par le soulèvement, frappé d'inertie sous la violence du choc, le gouvernement de Front populaire abandonne de fait la résistance armée aux milices ouvrières. Un peu partout surgissent des comités révolutionnaires qui ferment les églises, occupent les terres et collectivisent les entreprises, comme en Catalogne où les militants anarchistes de la CNT sont depuis longtemps majoritaires au sein du mouvement ouvrier. En Andalousie, des comités d'autogestion vont jusqu'à décréter l'abolition de la propriété et de la monnaie. Cet « été anarchiste » marquera durablement la mémoire libertaire, même si, déjà, une fracture se dessine entre les partisans d'une révolution sociale immédiate et une branche plus modérée, laquelle considère la défaite de Franco comme un préalable à la révolution. Précipitée par l'internationalisation du conflit, l'entrée en jeu des communistes soutenus par Moscou va redistribuer les cartes et faire pièce à l'ensemble du mouvement anarchiste.

L'internationalisation du conflit

Dès juillet 1936, en effet, les puissances étrangères s'invitent dans la guerre civile, nouveau brandon de discorde sur l'échiquier européen. Une lecture sommaire voudrait que l'Allemagne et l'Italie, d'un côté, l'Union soviétique et la France, de l'autre, aient prémédité leur intervention, comme si le conflit, dès l'origine, devait préfigurer la Seconde Guerre mondiale. Cette reconstruction *a posteriori* ne résiste pas à l'analyse. Elle fait l'impasse sur l'improvisation des cabinets face à une conflagration qui prend de court toutes les chancelleries.

En France, le gouvernement du Front populaire se montre spontanément disposé à venir en aide aux républicains. Dès le début des hostilités, il va acheminer vers l'Espagne plusieurs dizaines de bombardiers. Si du côté franquiste des contacts solides laissent augurer d'un appui de Berlin et Rome, cette intervention française a pour effet de libérer Hitler et Mussolini de leurs derniers scrupules. Dès lors, ils ne vont plus lésiner sur leur aide, le premier en envoyant sur place des instructeurs militaires, une force aérienne ultra-équipée et une dizaine de milliers de soldats, le second en fournissant aux nationalistes quelque 50 000 hommes, 900 chars et presque autant d'avions. Si la proximité idéologique des deux dictateurs avec Franco a évidemment joué, leur aide n'est pas désintéressée. L'Allemagne obtient d'importants avantages dans les sociétés minières espagnoles, sources de matières premières indispensables à son réarmement. Pour sa part, Mussolini espère profiter du conflit pour établir de nouvelles bases stratégiques en Méditerranée.

Tandis que l'aide allemande et italienne se précise, le gouvernement Blum se heurte à une double pression qui l'oblige à réviser sa politique : celle de la droite française, échauffée par la campagne de *L'Echo de Paris* qui a révélé l'aide du Front populaire au camp républicain ; celle de la Grande-Bretagne, où les conservateurs au pouvoir et les milieux d'affaires craignent l'avènement d'une dictature marxiste en Espagne et se montrent opposés à toute idée d'intervention. Le dilemme, au moins en apparence, est vite surmonté par un Léon Blum soucieux de préserver l'entente franco-britannique face au réarmement allemand. C'est le début de la politique dite de « non-intervention », approuvée par la plupart des pays européens et destinée, sur le papier, à empêcher toute livraison d'armes en Espagne. Le bal des hypocrites peut commencer : si l'Allemagne et l'Italie tenteront à peine de dissimuler leur ingérence dans la guerre civile, la France pensera trouver la parade par une série de montages financiers facilitant le passage des armes en Espagne *via* le Mexique et l'Union soviétique…

Quant à Staline, il n'avait guère misé jusqu'alors sur l'Espagne, où le parti communiste restait marginal. Les premiers jours de la guerre civile ne semblent guère devoir modifier son attitude. Quel intérêt aurait-il à soutenir une révolution menée par les anarchistes et les marxistes antistaliniens du POUM ? Quel profit aurait-il à s'opposer au pacte de non-intervention officiellement proposé par la France et la Grande-Bretagne ? Face aux ambitions hitlériennes, le Kremlin ne cherche-t-il pas à briser l'isolement diplomatique de l'Union soviétique en Europe ? L'aide fournie à Franco par Hitler et Mussolini, mais aussi le formidable élan de solidarité suscité dans le monde, et plus particulièrement dans les milieux communistes occidentaux, par la résistance de la République espagnole finissent par avoir raison des réserves du Kremlin. La manne russe sera facturée au prix fort. Au nom de la « lutte antifasciste », et en contrepartie de ses avions, chars d'assaut, canons, mitrailleuses, Staline exige et obtient en octobre 1936 le transfert à Moscou des 510 tonnes d'or de la Banque d'Espagne.

La vassalisation du camp républicain par le Komintern est en marche. Staline déverse sur l'Espagne des milliers de « conseillers » qui supervisent la lutte armée et surveillent le gouvernement légal. Pas question, pour Moscou, de soutenir un processus révolutionnaire dans la péninsule. L'objectif est de vaincre Franco et de conforter un gouvernement de Front populaire où l'influence du parti communiste serait prépondérante. Manière de rassurer la France et la Grande-Bretagne en maintenant la fiction d'un Etat de droit démocratique. Volonté, aussi, de rétablir les prérogatives du pouvoir central pour coordonner la lutte armée, et donc de fermer la parenthèse révolutionnaire des premières semaines. La quadrature du cercle passe par l'élimination des forces d'extrême gauche antistaliniennes…

Les Brigades internationales : mythe et réalités

L'ingérence soviétique inaugure l'épopée des Brigades internationales, recrutées, organisées et acheminées vers l'Espagne par les services du Komintern. Ces volontaires antifascistes venus d'une cinquantaine de pays vont prendre part à toutes les grandes batailles de la guerre civile. Contrairement à la légende, les intellectuels ne seront qu'une poignée parmi ces combattants venus défendre la République. La plupart sont d'origine ouvrière et – précieux apport pour le camp gouvernemental –

ont déjà fait leur service militaire. Encensés par la mémoire antifasciste, le courage et l'idéalisme des Brigades ne doivent pas conduire à occulter une réalité plus sombre. Pièce maîtresse du dispositif stalinien, les brigadistes font les frais de la paranoïa de leur chef, le communiste français André Marty. Ils vivent sous la menace permanente des purges qui décimeront des centaines d'entre eux. Arrivé à Albacete, le quartier général des Brigades, le Polonais Sygmunt Stein laissera un témoignage saisissant sur l'atmosphère de peur et de délation entretenue par Marty, la brutalité des commissaires politiques, l'amertume et le désespoir de milliers de volontaires qui, comme lui, verront disparaître leurs illusions dans le bourbier de la guerre civile espagnole. Une réalité bien éloignée de la geste internationaliste chantée par Malraux dans *L'Espoir* (1937), qui a tant contribué à élever la lutte antifranquiste au rang de mythe universel. Un Malraux qui, à en croire Antony Beevor, aurait usurpé sa réputation d'aviateur intrépide à la tête de l'escadrille *España*. L'historien britannique cite des rapports soviétiques décrivant un mercenaire grassement payé, soutirant au gouvernement républicain des salaires exorbitants pour ses pilotes, lesquels auraient pris soin de se tenir à l'écart des combats...

Les opérations militaires et la défaite de la République

La mainmise croissante des communistes sur l'appareil d'Etat porte à incandescence leur rivalité avec les autres mouvements révolutionnaires. Les commissaires soviétiques poussent ainsi aux affrontements de mai 1937 à Barcelone, véritable guerre civile dans la guerre civile : les forces gouvernementales éliminent par les armes l'opposition des anarchistes et du POUM dont le chef, Andrés Nin, sera exécuté par la police politique de Staline. Le rétablissement progressif de l'Etat central s'accompagne de l'éradication des forces révolutionnaires non communistes. Chef du gouvernement depuis septembre 1936, le socialiste Largo Caballero est remplacé en mai 1937 par Juan Negrín, jugé plus docile par Moscou. La satellisation de la République par Staline n'est pourtant pas synonyme de retour à l'ordre. Malgré la reprise en main de l'Etat sur la conduite de la guerre, l'indiscipline et le manque de cohésion handicapent lourdement la conduite des opérations. La direction communiste est elle-même traversée de querelles intestines tandis que le gouvernement légal tente, lorsque c'est encore possible, de préserver le peu d'autonomie qui lui reste.

Après avoir mené une offensive éclair vers la capitale depuis Séville, volé au secours des insurgés de l'Alcazar de Tolède, échoué aux portes de Madrid et subi de très lourdes pertes à Guadalajara, le commandement nationaliste adopte la stratégie des « petits pas ». Au sud, il se concentre sur les poches de résistance républicaines d'Andalousie ; au nord, sur celles du Pays basque, de Cantabrie et des Asturies. Malaga tombe le 17 février 1937, Bilbao le 19 juin, Santander le 26 août, bientôt suivies de Gijón et Oviedo. A la fin de l'année, les armées républicaines reprennent l'offensive à Teruel, terrible bataille menée dans un froid glacial. La manœuvre d'enveloppement semble d'abord couronnée de succès ; la ville est prise, puis reprise, avant que les lignes républicaines ne cèdent brutalement face à la supériorité aérienne du camp adverse. L'armée nationaliste poursuit son offensive vers la Méditerranée qu'elle atteint le 6 avril 1938. La zone contrôlée par le gouvernement républicain se trouve désormais coupée en deux.

Par ce mélange de ruse et de brutalité qui le caractérise, Franco s'est imposé comme le chef incontesté de la rébellion. Investi des pleins pouvoirs depuis le 1er octobre 1936, débarrassé de son principal rival, Emilio Mola, qui meurt dans un accident d'avion en juin 1937, le Généralissime jette les fondements d'une dictature dont les deux principaux piliers resteront l'armée et l'Eglise. Sur le plan militaire, il profite du bon entraînement des colonnes motorisées italiennes et des Junkers de la légion Condor, qui se livre à un bombardement en règle sur la petite ville de Guernica le 26 avril 1937. Le martyre de ce haut lieu de l'identité basque, qui sera immortalisé par Pablo Picasso, suscite une énorme émotion à l'étranger. Ce drame fait basculer l'opinion internationale en faveur de la République, mais trop tard…

Avec l'énergie du désespoir, les forces gouvernementales lancent une ultime offensive d'envergure sur la vallée de l'Ebre le 25 juillet 1938. Guerre d'usure et de tranchées, ce « Verdun espagnol » épuise la puissance militaire de la République. La crise de Munich, en septembre, parachève le

« lâchage » du camp républicain par la France et la Grande-Bretagne. L'Union soviétique songe elle aussi à abandonner la partie. La victoire des nationalistes sur l'Ebre, le 15 novembre, prépare la défaite des républicains en Catalogne. Barcelone est investie le 26 janvier 1939, Madrid le 27 mars. Le 1er avril, Franco annonce que la guerre est finie. Entre-temps, le gouvernement républicain a pris la route de l'exil. Manuel Azaña et Juan Negrín se sont réfugiés en France, bientôt suivis par des milliers de fuyards qui affluent vers la frontière des Pyrénées. La dictature franquiste ne prendra fin qu'avec la mort du « Caudillo » en 1975.

Le drame espagnol a-t-il été le « premier acte » de la Seconde Guerre mondiale ? Pour les Soviétiques comme pour l'Allemagne et l'Italie, ce conflit fut en effet un laboratoire, précieux terrain d'expérience dont ils sauront retenir les leçons. En faisant encadrer par ses instructeurs militaires les percées motorisées conduites par les nationalistes, le Reich teste en Espagne sa stratégie du *Blitzkrieg*. Le bombardement de Guernica inaugure également la stratégie de la terreur sur les populations civiles par une aviation moderne. L'Espagne est aussi pour Staline le terrain d'expérimentation d'armes nouvelles, et lui fait notamment prendre conscience de la nouveauté que constituent les blindés.

Conclu cinq mois après la victoire de Franco, le pacte germano-soviétique invite néanmoins à relativiser les intentions belliqueuses d'Hitler et de Staline : les deux dictateurs n'auront alors aucun mal à faire preuve d'amnésie concernant leur opposition en Espagne. A partir de l'été 1938, le désengagement progressif des puissances étrangères dans la guerre civile montre aussi que, pour elles, ce conflit est passé au second plan, loin derrière les préoccupations relatives aux ambitions allemandes en Europe de l'Est. Quant à la France et à la Grande-Bretagne, elles n'ont jamais perçu les nationalistes de Franco comme une menace directe. Comme le souligne Philippe Nourry, la guerre civile « n'a pas mis aux prises une démocratie et un fascisme mais une révolution et une contre-révolution dans le cadre primordial d'un conflit interne dont les causes comme les enjeux restaient prioritairement nationaux ». Reste qu'en soulevant les passions de l'opinion internationale, et parce qu'elle fut théâtralisée aussi bien par les acteurs du drame que par des écrivains comme Hemingway, la guerre d'Espagne, avec son cortège de ruines et d'exactions, fut immédiatement investie d'une forte charge mythique, encore aujourd'hui disputée par des mémoires concurrentes, et sans doute irréconciliables.

Grégoire KAUFFMANN

LA GUERRE CIVILE ESPAGNOLE

Bibliographie sélective

Antony Beevor, *La Guerre d'Espagne*, Calmann-Lévy, 2006.

Bartolomé Bennassar, *Franco*, Perrin, 1995, rééd. « Tempus », 2002.

Jean-François Berdah, « Épuration et répression politique en Espagne pendant la guerre d'Espagne et la post-guerre (1936-1945) », *Amnis*, 3/2003.

Philippe Nourry, *Histoire de l'Espagne des origines à nos jours*, Tallandier, 2013.

Benoît Pellistrandi, *Histoire de l'Espagne, des guerres napoléoniennes à nos jours*, Perrin, 2013.

Rémi Skoutelsky, *L'espoir guidait leurs pas. Les volontaires français dans les Brigades internationales, 1936-1939*, Grasset, 1998.

Sygmunt Stein, *Ma guerre d'Espagne*, Seuil, 2012.

4

La guerre sino-japonaise (1937-1945)

La soif de puissance du Japon issu de la rénovation Meiji (1868) avait déjà conduit à son attaque victorieuse de 1894-1895 contre la Chine, ce qui lui avait valu la grande île de Taïwan. Tokyo essaya ensuite de profiter de la Première Guerre mondiale pour transformer son grand voisin en protectorat. Puis, en 1928, le Japon tenta militairement de l'empêcher de se réunifier. En 1931, le coup de force de Moukden lui arrachait la vaste Mandchourie, bientôt érigée en Etat fantoche du Japon. Les années suivantes, l'armée nippone mit la main sur une partie du nord de la Chine et appuya les menées séparatistes en Mongolie-Intérieure. Jusqu'en 1937, le régime dirigé à Nankin par Tchang Kaï-chek ne réagit que mollement, alors que l'hostilité au Japon grandissait dans tous les secteurs de la population chinoise. Le choc des nationalismes concurrents devenait inévitable.

La plus grande des guerres oubliées

La guerre proprement dite fut déclenchée en juillet 1937, à la suite d'un incident mineur dans la banlieue de Pékin. Elle se traduisit en quelques mois par la conquête de la plupart des grandes villes du nord et de l'est de la Chine (dont Pékin, Tianjin et Nankin), la plus grande bataille s'étant livrée à Shanghai. Le million de soldats japonais ne parvenait cependant à contrôler que les grands axes de communication, entre lesquels d'immenses zones de guérilla – communistes ou nationalistes – se mirent bientôt en place. Et le front se stabilisa dès la fin de 1938, sans que l'armée impériale parvienne à conquérir Chongqing, où s'était replié le gouvernement national chinois. Les Japonais relancèrent la guerre de mouvement début 1944 et parvinrent à établir un corridor ferroviaire avec le Vietnam et l'Asie du Sud-Est, alors que leur flotte de commerce avait été presque complètement coulée par les Américains. En 1945, les forces chinoises – régulières et de guérilla – avaient partout repris l'offensive, mais sans parvenir à un succès décisif. Ce fut la capitulation japonaise – conséquence d'Hiroshima et Nagasaki – qui mit fin à la guerre. Elle laissait face à face nationalistes et communistes chinois, qui allaient s'entre-déchirer dès 1946, jusqu'à la victoire de Mao Zedong en 1949.

Le volet asiatique et pacifique de la Seconde Guerre mondiale, au cœur duquel s'inscrivit l'affrontement sino-japonais, en fut une composante essentielle. Il en causa quelque 40 % des pertes humaines – soit sans doute environ 27 millions de morts. De ceux-ci, les Occidentaux (Australiens, Britanniques, Néerlandais et surtout Américains) ne représentèrent que 1 %, et les Japonais 12 %. On mesure ainsi à quel point l'usuelle réduction de l'affrontement à deux événements iconiques (Pearl Harbor, Hiroshima) est trompeuse : l'immense majorité des victimes furent indonésiennes, philippines, vietnamiennes, malaysiennes, birmanes, et surtout chinoises. Les quatre cinquièmes des morts furent des civils – massacrés, bombardés, épuisés de travail, affamés. C'est dire l'atrocité de cette guerre totale, qui mobilisa à l'extrême hommes et ressources, à l'échelle d'une partie du monde plus peuplée que l'Europe (l'Empire japonais s'étendait alors sur quelque 400 millions de personnes, contre 300 pour l'*imperium* nazi, ses alliés inclus).

Il n'est guère contestable que les batailles décisives opposèrent Japonais et Américains, et qu'elles eurent lieu sur les mers et dans les îles du Pacifique. Cependant, c'est sur le continent asiatique, et plus précisément en Chine, que les combats furent les plus durables, et au total les plus meurtriers. Quatre cent mille soldats du Japon impérial perdirent la vie dans ce pays, soit un peu moins du quart de ses pertes militaires totales (1 800 000 morts), contre une quinzaine de millions de Chinois – chiffre très approximatif, diffusé peu après la guerre par le gouvernement chinois du Guomindang[1]. Pékin revendique aujourd'hui 35 millions de morts, civils inclus, ce qui laisse sceptiques la plupart des historiens.

1. Ou Kuomintang, parti nationaliste chinois au pouvoir de 1927 à 1949, dirigé par Tchang Kaï-chek.

Les pertes militaires chinoises (guérillas exclues) sont plus assurées : environ 3 millions d'hommes. La très forte dissymétrie entre les adversaires (sept ou huit soldats chinois tués pour un japonais) doit être nuancée par la grande déficience du service de santé de l'armée de Chongqing : quelque 40 % des morts eurent lieu hors des combats, du fait de maladies, de blessures mal soignées, voire de la faim. Les militaires nippons étaient considérablement mieux traités, sauf cas de rupture des approvisionnements, qui concernèrent certains théâtres d'opérations du Pacifique, mais pas de Chine.

Si ce pays subit des pertes humaines très vraisemblablement inférieures à celles de l'URSS, aucun autre ne connut de tels déplacements de populations, estimés à 95 millions de personnes, sur 400 millions d'habitants. L'extrême brutalité du comportement japonais, dans les premiers mois de la guerre surtout, explique cette fuite éperdue. Il s'agissait de se mettre à l'abri, que ce soit en gagnant les zones de guérilla, en se réfugiant à l'écart des voies de communication et des grandes villes, ou en gagnant l'ouest ou le sud du pays, largement demeurés hors d'atteinte.

Ce conflit constitua donc un théâtre majeur – mais généralement sous-estimé – de la Seconde Guerre mondiale. On peut ainsi considérer que les premiers coups de feu de celle-ci furent tirés au moins autant près du pont Marco-Polo, le 7 juillet 1937, que sur la frontière germano-polonaise, le 1er septembre 1939. En effet, le duel sino-japonais se confondit après Pearl Harbor avec l'affrontement généralisé, ce dont témoigne l'élévation en 1945 de la Chine au rang de l'un des cinq Grands dotés d'un siège permanent au Conseil de sécurité de la toute jeune ONU. Bien plus, c'est sur l'exigence américaine d'un calendrier de retrait des forces japonaises en Chine que se rompirent fin novembre 1941 les négociations nippo-américaines de la dernière chance. L'abcès chinois fut donc à l'origine de la mondialisation de la guerre, puisque l'attaque japonaise contre les Etats-Unis, le Royaume-Uni et les Pays-Bas (en Indonésie) fut suivie de la déclaration de guerre de Berlin contre Washington.

Il faut dire que les opinions, en Occident, s'inquiétaient depuis longtemps de l'avancée japonaise en Chine. Ce fut le cas en France où, malgré la plus grande proximité de la guerre civile espagnole, Edouard Herriot, maire de Lyon, président de la Chambre des députés, prenait en novembre 1937 la tête d'une Association des amis du peuple chinois, qui protestait contre l'agression nippone. Celle-ci suscitait davantage encore d'émoi aux Etats-Unis, en particulier quand, en décembre 1937, l'aviation japonaise bombarda la canonnière américaine *Panay*, sur le fleuve Yangzi Jiang (Yang-tsê kiang), lors d'un incident demeuré inexpliqué. Simultanément, la prise et le massacre de Nankin s'étalaient en première page de certains quotidiens, qui y avaient leurs reporters. L'opinion prit massivement parti pour la Chine, ce qui la prépara à l'entrée en guerre de 1941.

Pourquoi alors ce durable quasi-oubli en Occident depuis 1945 ? Tout d'abord, il est plus délicat de se sensibiliser à une guerre demeurée sans date, et sans nom. En effet, s'il est aisé de dire quand elle finit (le 15 août 1945, avec l'annonce de la capitulation du Japon), son point d'origine reste controversé. Nous en tenons pour 1937, car c'est alors que les opérations de grande ampleur débutèrent, à l'échelle d'un pays-continent. Mais beaucoup, au Japon, parlent d'une « guerre de Quinze Ans », commençant avec la mainmise nippone sur la Mandchourie chinoise en septembre 1931. On pourrait même remonter jusqu'à 1928, première démonstration de l'activisme de l'armée japonaise, qui fit alors sauter le train du « seigneur de la guerre » de Mandchourie Zhang Zuolin (Chang Tso-lin). D'un autre côté, c'est seulement en décembre 1941 que la guerre fut officiellement déclarée, les belligérants tenant jusque-là à ne pas provoquer l'embargo commercial automatique des Etats-Unis sur les pays en guerre. Officiellement, de 1937 à 1941, il ne s'agissait pour Tokyo que de l'« incident de Chine ». Quant au nom du conflit, en sus de ceux déjà mentionnés, le gouvernement impérial usa de la « guerre de la Grande Asie de l'Est », les Américains l'associèrent à la « guerre du Pacifique », les Chinois (nationalistes comme communistes) optèrent pour « guerre de résistance à l'agression japonaise », et, depuis les années 1980, beaucoup d'historiens préfèrent parler de la « guerre de l'Asie-Pacifique ».

Seconde difficulté : à la différence de la guerre en Europe, ce qui se passa alors en Asie est loin d'être établi et de faire l'objet d'un large consensus, tout particulièrement, on l'a dit, en ce qui concerne le nombre des victimes et la nature des exactions. L'influence du révisionnisme japonais, d'un côté, du maximalisme chinois, de l'autre, complique la recherche de la vérité. La controverse est particulièrement vive à propos du massacre de Nankin qui suivit la prise presque sans combat de cette ville (13 décembre 1937), alors capitale de la Chine ; la soldatesque japonaise se déchaîna tant contre les prisonniers de guerre que contre les civils qui avaient eu le malheur de ne pas s'être enfuis à temps. Certains, au Japon, réduisent l'affaire à une grosse bavure et à quelques milliers de victimes, tandis que le Mémorial de Nankin porte en lettres géantes et en toutes les langues le chiffre de 300 000 morts. Sortir de ces évaluations fait courir le risque d'être considéré comme traître à la patrie.

Enfin, le qualificatif à apporter aux violences de guerre japonaises n'a rien d'évident. Pour le nazisme, la cause est entendue : il commit un génocide, et sa brutalité était d'abord raciste. Pour le Japon, on ne sait trop comment choisir le qualificatif primordial : militarisme, fascisme, colonialisme, impérialisme, ou, là encore, racisme ? On s'accorde en tout cas – même en Chine – sur l'absence d'une politique pleinement génocidaire. Comme, par ailleurs, l'archipel fut seul à subir le feu nucléaire, beaucoup au Japon continuent à se considérer avant tout comme des victimes, le pire (le seul ?) crime contre l'humanité du conflit ayant été commis à leur encontre. Alors, à chacun sa vérité ?

Des meurtres innombrables

Les certitudes ne manquent pourtant pas, et elles sont accablantes pour le Japon des années de guerre. Tout d'abord, et même si cela ne contrevenait pas formellement au droit international de la guerre, il procéda à ce qu'on peut appeler des « massacres de bataille », comme à Nankin où des milliers de soldats chinois furent mitraillés par l'aviation et la flottille nippones, alors qu'ils tentaient de s'enfuir vers l'autre rive du Yangzi Jiang. Surtout, il fut le premier pays à recourir à aussi grande échelle aux bombardements aériens anti-villes, qui visaient à terroriser la population civile. Certes, la légion allemande Condor procédait simultanément à l'anéantissement de la cité basque de Guernica, dans le cadre de la guerre d'Espagne, mais les raids meurtriers contre Shanghai, Canton et surtout Chongqing – bombardée sans relâche des années durant – furent d'une autre ampleur. Le reste du monde, qui n'y était pas encore habitué, vit alors dans ce nouvel art de la guerre la plus grande abomination du conflit sino-japonais. Il y eut pourtant pire.

Le Japon avait signé la convention de 1929 qui humanisait le traitement des prisonniers de guerre. Ne l'ayant pas ratifiée, il promit cependant en 1942 d'en respecter les grandes lignes… ce qu'il ne fit aucunement, pas plus avec ses captifs occidentaux qu'avec les Chinois capturés. Le sort de ces derniers fut encore aggravé par l'absence d'état de guerre entre les deux pays jusqu'en 1941, ce qui rendait flou le statut juridique des combattants.

Aucun dispositif de prise en charge (camps, ravitaillement, etc.) n'avait été prévu pour les dizaines de milliers de Chinois qui s'étaient rendus sous Nankin, par unités entières. L'armée ne savait pas quoi en faire, et elle entendait poursuivre l'offensive au plus vite. La décision fut donc prise de les exécuter en masse, ce à quoi l'on procéda en quelques jours, à proximité des lieux de capture – à la mitrailleuse, les corps (et certains blessés) étant ensuite incinérés au kérosène. On sait moins clairement ce qui se passa lors des autres batailles, où il fut cependant plus difficile de capturer des soldats qui savaient désormais à quoi s'attendre. Les exactions y furent assurément nombreuses, mais sans doute moins systématiques qu'à Nankin. Beaucoup de prisonniers furent en effet intégrés à l'effort de guerre nippon, soit comme coolies (porteurs) au service d'unités manquant de moyens logistiques, soit comme travailleurs forcés au Japon, soit encore comme troupes auxiliaires « collaboratrices ». Quelques-uns furent utilisés comme cobayes par les « médecins maudits » japonais, la majeure partie de leurs victimes étant cependant des civils enlevés au hasard. On y reviendra.

Plus encore qu'aux militaires, l'armée nippone fit la guerre aux civils. Partout où on lui résistait – et les guérillas chinoises prirent rapidement une ampleur énorme, mobilisant des centaines de milliers de combattants –, la répression fut massive, indiscriminée, impitoyable. Elle effara les (rares) témoins étrangers, pourtant accoutumés à une Chine ravagée par les conflits civils et le brigandage généralisé. Selon un Américain, résident de longue date, « toute ville, tout village est susceptible d'être bombardé, brûlé, mitraillé, pas seulement parce qu'on y trouve des guérilleros, mais aussi parce qu'il y en a eu un jour, ou parce qu'on les soupçonne d'y être, ou parce qu'un pont a brûlé, ou parce qu'un soldat japonais a été tué dans le voisinage. Et cela s'est produit non pas une fois, mais des myriades de fois ». Il précise encore que, pour chaque soldat japonais tué par la guérilla, cinq à dix paysans sont exécutés. Le sommet de la violence fut atteint lors des opérations dites *sankô* (les « trois tout » : « tout tuer, tout brûler, tout détruire ») en Chine du Nord, qui entendirent à partir de 1940 éradiquer les bases de la guérilla. On « ratissait », ce qui passait souvent par l'exécution des hommes en âge de porter les armes, puis on regroupait les civils derrière des barrières fortifiées, gardées par des collaborateurs chinois souvent plus violents encore que les Japonais. L'historien japonais Himeta Mitsuyoshi a évalué à 2,7 millions de morts les victimes des « trois tout ».

Mais c'est l'ensemble de la Chine occupée qui vécut alors dans une atmosphère de terreur. Partout où passent les militaires nippons, il faut faire la courbette, leur céder vivres et filles, leur obéir en tout, sous peine de coups, ou de mort. Les soldats tirent sur ceux qui s'enfuient ou se cachent, tirent pour s'amuser sur des passants ou des bateliers, testent leur sabre (en dotation dans toutes les unités) sur le cou du premier venu. Les crimes sexuels, rarement réprimés par la justice militaire, sont innombrables. La chasse aux femmes accompagne le déplacement des unités, avec son sinistre cortège de viols (8 000 à 20 000 en dix semaines à Nankin, soit entre 10 % et 30 % des femmes âgées de 15 à 40 ans), de meurtres des parents et voisins qui tentent d'y résister, de kidnappings, de prostitution forcée, « régularisée » dès 1938 par la mise en place d'un vaste réseau de « stations de réconfort », où des prostituées plus ou moins séquestrées sont converties en une manière de troupe auxiliaire, gérée conjointement par l'armée et par des proxénètes japonais ou coréens. Les paysans en sont réduits à cacher tant bien que mal filles et épouses, ou à les couvrir de suie et de haillons pour les rendre repoussantes.

Les expériences monstrueuses de l'« Administration de fourniture d'eau et de prophylaxie de l'armée du Kwantung » (près de Harbin, en Mandchourie occupée), plus connue sous le nom d'unité 731 de l'armée impériale, sont aujourd'hui aussi largement dévoilées qu'elles ont longtemps été dissimulées. Là, et dans d'autres unités du même type mises en place ultérieurement, quelque 10 000 cobayes humains sont morts après qu'on leur eut inoculé des bacilles préparés pour la guerre bactériologique, épuisés par la faim, ou soumis à des froids et des dépressurisations extrêmes. Il s'agissait de savoir ce qu'un soldat pouvait endurer. De manière tout aussi cynique, les grandes unités opérant en Chine organisaient régulièrement des séances de vivisection, où l'on apprenait aux médecins militaires à extraire une balle (préalablement logée dans l'abdomen de la victime), à amputer un membre, etc. Il est plus douteux que les bombes chargées de peste ou d'anthrax aient été utilisées lors des combats, en tout cas à une échelle significative. La difficulté à protéger les Japonais de la contamination expliqua sans doute cette prudence.

Surexploitation et pillage

Dès 1941 – deux ans avant l'entrée en jeu du Service du travail obligatoire en France –, le travail forcé fut introduit en Mandchourie et en Chine du Nord ; il concerna jusqu'en 1945 2,5 millions de travailleurs dans la première, 3 millions dans la seconde. Plusieurs dizaines de milliers de ceux-ci furent envoyés dans les mines et les usines du Japon, les autres demeurant sur le continent. Partout la discipline était militaire, les conditions esclavagistes, et très meurtrières. Le reste de la Chine était trop imparfaitement occupé pour qu'un système analogue fût mis en place, mais les populations furent parfois requises pour diverses corvées, en particulier sur les routes et voies ferrées.

Le pillage des maigres biens des habitants fut généralisé. Dans les villages, la livraison forcée des stocks vivriers, poules et cochons inclus, brisa le fragile équilibre alimentaire de millions de paysans. Suivant le missionnaire américain John Magee, dans la région très peuplée de Nankin, les quatre cinquièmes des habitations situées sur les grands axes avaient été détruites par le feu, près de la moitié des outils agricoles et 90 % des buffles avaient disparu. A Nankin même, où le centre-ville n'avait que peu souffert des bombardements, les boutiques furent systématiquement vidées, leurs gardiens (souvent des femmes âgées, dont on escomptait que les Japonais les respecteraient) assassinés, et des Chinois furent contraints de charger de biens en tous genres les convois de camions militaires, qui enlevaient jusqu'aux pianos. Les officiers supérieurs ne furent pas les derniers à se servir. Quelque 63 % des 40 000 maisons furent pillées ou vandalisées, et 24 % incendiées. Il s'agissait à la fois de dissimuler les divers forfaits et de dévaster la capitale de l'ennemi. Même quand les soldats faisaient mine de payer ce qu'ils requéraient, c'était en monnaie militaire, vite dévaluée, et impossible à convertir. Pour les Chinois, le passage des militaires nippons s'apparentait à un typhon dévastateur.

Ces exactions jouèrent aussi un rôle essentiel dans les famines de grande ampleur de la période, particulièrement sensibles dans les zones où passait la ligne de front. Les Japonais n'en furent pourtant pas les seuls responsables. Il y eut également la dislocation des voies de communication par la guerre elle-même, ce qui entraîna des conséquences dramatiques dans les aires de cultures spécialisées, et dans certaines villes. Il y eut encore les dévastations opérées par des troupes chinoises pas mieux ravitaillées que les japonaises. Il y eut enfin des cas où les villageois massacrèrent indistinctement les soldats isolés des deux camps… Il reste que les Japonais furent seuls à piller et surtout à vandaliser de manière systématique, dans le but de terroriser la population.

Un dernier forfait consista pour les Japonais à se faire pourvoyeurs de drogue. Pour se rallier à bon compte les collaborateurs chinois, qui en tiraient de juteux bénéfices, ils encouragèrent et facilitèrent à leur intention le trafic d'opium et d'héroïne, auparavant combattu et largement éradiqué par les autorités chinoises. La consommation d'opiacés connut une véritable explosion, grâce à une armée japonaise qui alla jusqu'à convoyer la drogue ou patronner sa commercialisation. Hypocritement, il s'agissait, prétendait-on, de permettre aux opiomanes recensés de ne pas subir de crise de manque. En réalité, tout un chacun pouvait s'inscrire sur leur liste. Cela eut un impact social considérable dans des villes comme Nankin ou Shanghai, où la criminalité explosa, dans la mesure où la drogue demeurait coûteuse. Si l'opium venait en majeure partie d'Iran ou de Mandchourie, les « zones libérées » communistes du Nord en cultivèrent et en exportèrent aussi vers les régions occupées, de manière à surmonter la conjoncture difficile des années 1942-1943. Il n'y a cependant pas de preuve d'une intention maligne des Japonais, malgré les accusations émises dès 1938 par les Chinois comme par les Américains. Ils arguaient d'une volonté d'affaiblir par la drogue la résistance chinoise, voire de préparer l'inondation de l'Occident sous les stupéfiants.

Expliquer les violences japonaises

On remarque d'abord que les premiers mois de la guerre, marqués par les pires déchaînements, correspondent à un grand optimisme nippon dans une prochaine issue victorieuse. Les victoires furent considérables, et si l'armée chinoise se défendit parfois vaillamment, une large part de ses meilleures troupes fut taillée en pièces. Les massacres ne furent donc pas impulsés par un quelconque désespoir, mais plutôt par un sentiment de toute-puissance. Concrètement, il s'agissait de terroriser la Chine pour l'amener plus vite à capituler, et de briser toute possibilité de résistance, dans la poursuite d'une stratégie visant à la diviser en une série de protectorats.

Par la suite, l'attitude nippone fut plus contrastée : relativement modérée dans les zones solidement occupées, où elle s'appuyait sur des gouvernements de collaboration, elle resta terriblement brutale partout où l'on résistait. La terreur peut dans ce cas être considérée comme une manière de riposte du faible au fort, les troupes japonaises, certes aguerries, étant très inférieures en nombre à la conjonction des forces régulières et des guérillas chinoises. Il reste que dans d'autres pays occupés, où l'armée impériale ne se heurtait pas à aussi forte partie, le comportement fut à peu près le même. Tout résistant était systématiquement torturé et exécuté, ce que même l'armée nazie ne fit pas, du moins dans l'ouest de l'Europe. Il convient donc d'incriminer des phénomènes davantage structurels.

On ne rejettera pas complètement les explications d'ordre « culturel », que nous préférons rattacher à la longue durée historique. Il est certain que les guerres féodales nippones, terminées seulement au début du XVIIe siècle, au souvenir sans cesse ravivé par la littérature, le théâtre et le cinéma, furent caractérisées par l'absence de pitié à l'égard de l'adversaire, famille incluse (on ne connaissait pas la rançon), autant qu'à l'égard de soi-même, le suicide étant toujours préféré à la reddition. Par extension, l'ennemi qui ne professait pas les mêmes valeurs, et qui par exemple se laissait capturer, faisait l'objet du plus total mépris. Cela facilita le massacre des prisonniers de guerre de 1937. La loyauté à l'égard du supérieur hiérarchique, quels que soient ses ordres, était aussi valorisée, ce qui explique l'extrême rareté des actes de résistance, ou seulement de réticence, dans l'armée comme dans la société japonaises. La valorisation de la soumission et du sacrifice dégénéra en une véritable culture de mort – la sienne propre, et celle des autres.

Il reste que ces valeurs, exaltées au-delà de toute mesure entre 1937 et 1945, furent contrebalancées par d'autres tant avant (les nombreux prisonniers russes de la guerre de 1904-1905 avaient été très humainement traités) que depuis : la population japonaise se montre désormais l'une des plus pacifistes au monde.

Il convient donc de souligner la spécificité du deuxième quart du XXe siècle, marqué – comme au même moment dans une large partie de l'Europe – par le triomphe d'une idéologie (parfois résumée sous l'appellation de fascisme) mêlant le culte de l'Etat et du chef, le militarisme, l'expansionnisme appuyé sur un discours de l'« espace vital », l'exaltation de la force « virile », et un ultranationalisme prétendant restaurer un « ordre naturel », quel qu'en soit le prix. Avant même la conclusion, en septembre 1940, de l'alliance militaire entre Allemagne, Italie et Japon, connue sous le nom d'Axe, les régimes d'Hitler et de Mussolini étaient considérés comme des modèles par de nombreux hommes politiques et intellectuels nippons. C'est ainsi que le prince Konoe Fumimaro, Premier ministre de 1937 à 1939, avait jeté les bases d'un parti unique, appuyé sur la mobilisation de la grande masse des jeunes, des femmes et des résidents au sein d'« associations patriotiques » étroitement contrôlées par la police ou par l'armée. La gendarmerie militaire, aux pouvoirs presque illimités, avait acquis la stature d'une Gestapo, et ses sinistres méthodes. En août 1941, le texte de propagande *La Voie du sujet*, diffusé par le ministère de l'Education, évoquait le « brillant essor » du nazisme et du fascisme, et précisait : « Les théories à la base de ces nouveaux principes raciaux et du totalitarisme, en Allemagne et en Italie, visent à écarter ces méfaits que sont l'individualisme et le libéralisme. Que ces principes manifestent un grand intérêt pour l'esprit et la culture de l'Orient est digne d'être noté. » Quant à l'empereur, pourtant sans grands pouvoirs, son culte délirant, sans fondement dans l'histoire longue du Japon, n'avait rien à envier à ceux d'Hitler… ou de Staline. L'armée, se présentant comme son porte-parole et son glaive, transformait toute critique à son égard en crime de lèse-majesté.

Ce fut aussi l'heure de gloire des « pan… ismes » en tout genre (pangermanisme, panslavisme, panarabisme, pantouranisme – ou panturquisme –, panthaïsme[2]). Dans le cas du Japon, ce fut le panasiatisme, perverti en une vision d'une Asie accep-

2. Doctrine de la réunion de tous les groupes de langue thaïe autour du Siam, renommé Thaïlande en 1940.

tant Tokyo comme centre, son empereur comme maître, et son armée comme bouclier.

Du coup, ceux qui n'acceptaient pas d'être ainsi « libérés » de la domination occidentale étaient accusés de traîtrise à leur propre identité. D'où la sévérité extrême à leur encontre. D'où aussi, quand il s'agissait de peuples entiers (comme les Chinois), une manière de « racisme secondaire », profondément différent du racisme biologique des nazis, mais aux conséquences concrètes analogues. On en vint à haïr globalement les Chinois, non parce qu'ils auraient été génétiquement dissemblables, mais parce qu'ils refusaient d'admettre que le Japon fût leur enfant prodigue, modelé par leur culture, mais désormais plus avancé, et donc légitime à les diriger et les rééduquer. Dans ce contexte, il n'est pas surprenant que des Japonais qui, dans leurs jeunes années, avaient participé à la révolution chinoise républicaine de 1911 aient entériné les pires atrocités en 1937. Ce fut par exemple le cas du général Matsui Iwane, commandant en chef du corps expéditionnaire à Nankin, et pour cela condamné à mort lors du procès international de Tokyo (1946-1948) qui, comme son homologue de Nuremberg, entreprit à la fois de juger les principaux responsables militaires et civils des exactions japonaises, d'établir précisément celles-ci, et de jeter les bases d'un nouveau droit international.

Il n'y a donc pas de cause unique aux souffrances infligées à la population chinoise, souffrances qui continuent aujourd'hui de compromettre tout rapprochement sincère entre les deux pays – en particulier parce que le Japon n'a jamais véritablement mené à bien sa nécessaire introspection, se contentant d'émettre à répétition des excuses rituelles. Cependant, à tout prendre, les explications d'ordre politico-idéologique par quoi nous avons fini nous semblent les plus importantes. Ce n'est pas l'identité des Japonais qui fut par elle-même criminogène, mais leur adhésion, comme d'autres peuples très distants, à une conception totalisante – ou totalitaire – du politique et de la relation à l'autre. Il fallut la dévastation de leur propre pays pour leur faire admettre la perversité de ce choix.

Jean-Louis MARGOLIN

Bibliographie sélective

Ruth Benedict, *Le Chrysanthème et le Sabre*, Picquier, 1987 (1re édition américaine, 1946).

George Hicks, *Les Esclaves sexuelles de l'armée japonaise*, Jacques Grancher, 1996 (trad. de l'anglais *The Comfort Women*).

Michael Lucken, *Les Japonais et la guerre, 1937-1952*, Fayard, 2013.

Jean-Louis Margolin, *L'Armée de l'empereur. Violences et crimes du Japon en guerre*, Armand Colin, 2007 (réédition augmentée : *Violences et crimes du Japon en guerre [1937-1945]*, Hachette Littérature, coll. « Grand Pluriel », 2009).

Michaël Prazan, *Le Massacre de Nankin – 1937, entre mémoire et oubli*, Denoël, 2007.

Peter Williams et David Wallace, *La Guerre bactériologique. Les secrets des expérimentations japonaises*, Albin Michel, 1990.

H. P. Willmott, *La Guerre du Pacifique, 1941-1945*, Autrement, 1999.

5

Une brève histoire de la Seconde Guerre mondiale (1939-1945)

A l'heure où la France, l'Europe, sinon le monde, s'apprêtent à commémorer la conflagration de 1914, grande est la tentation de comparer la Seconde Guerre mondiale à la Première. Une tentation, autant le dire d'emblée, qu'il convient d'écarter prestement. Car à la différence de son illustre devancière, le second conflit mondial se distingua par l'étendue des territoires frappés, la pluralité des théâtres d'opérations, l'importance des forces engagées et le nombre hallucinant de victimes – civiles au premier chef. En revanche, l'embrasement de l'univers ne fut en rien une surprise.

Veillées d'armes

Car si, en 1914, les peuples furent surpris par l'enchaînement soudain qui conduisit de Sarajevo aux mobilisations, les opinions publiques, aux marges du Pacifique comme sur les rives de l'Atlantique, ne nourrissaient guère d'illusions durant les années 1930 sur l'inéluctabilité du conflit à venir. Dès 1931, le Japon, hanté par sa démographie et sa pauvreté en matières premières, rechercha dans une expansion impériale en Asie la solution aux problèmes qui le rongeaient. Accédant au pouvoir en janvier 1933, Adolf Hitler, pour sa part, ne dissimulait pas ses ambitions. Reprenant les vieilles lunes du pangermanisme – la volonté de rassembler, dans le Reich, l'ensemble du peuple allemand –, il entendait offrir à l'Allemagne son *Lebensraum*, l'espace vital nécessaire à la croissance de sa population. Chemin faisant, le Führer promettait d'abolir les clauses du traité de Versailles, un traité que ni les élites ni la société allemande n'avaient jamais accepté. Ce programme s'assortissait d'un projet darwiniste. Les Aryens devaient dominer les peuples conquis en fonction de la place qu'ils occupaient sur l'échelle raciale. Juifs et Slaves seraient voués sinon à la disparition, du moins à l'esclavage ; les peuples dégénérés pourraient tout juste survivre dans l'Europe nouvelle. Seuls les Nordiques et les Germains auraient droit de cité, à condition toutefois qu'ils se soumettent à la *lex germanica*. Dans cette optique, la guerre constituait, aux yeux d'Hitler, un moyen autant qu'une fin. Elle permettrait d'assurer, par le fer et par le sang, l'expansion territoriale ; mais, loin d'être redoutée, cette épreuve salutaire était attendue avec ferveur : dans ce monde d'airain, le fracas des armes éliminerait les faibles et assurerait le triomphe des forts.

Durant l'entre-deux-guerres comme après 1945, un violent débat a opposé dirigeants et historiens quant aux rôles respectifs qu'avaient joués les Puissances dans le déclenchement de la Grande Guerre, un conflit dont l'article 231 du traité de Versailles rendait Berlin responsable. Autant le préciser, ce débat n'a, pour la Seconde Guerre mondiale, aucun sens. La volonté expansionniste du Japon et de l'Allemagne rendait l'affrontement d'autant plus inéluctable que ces deux Etats s'engagèrent résolument dans la voie d'un conflit armé. Au mépris du traité de Versailles, le Reich rétablit ainsi le service militaire en 1935 et procéda à la remilitarisation de la Rhénanie l'année suivante. S'il fit mine de négocier à Munich en septembre 1938, afin de s'emparer à moindre coût des Sudètes, il envahit en mars 1939 la Tchécoslovaquie au mépris de la parole donnée. A l'unisson, le Japon, après avoir créé en 1932 un Etat fantoche en Mandchourie dont il confia la direction toute théorique au dernier empereur de Chine, Puyi, saisit le prétexte de l'incident du pont Marco-Polo pour envahir la Chine en 1937. Les Etats-Unis répliquèrent à cette politique expansionniste en bloquant le 26 juillet 1940 les avoirs nippons et en imposant le 4 octobre un embargo sur le pétrole. Le 28 novembre, Washington exigea le retrait de Chine des troupes japonaises, ce qui, loin de pousser Tokyo à la conciliation, le raidit dans son intransigeance.

Tokyo, Berlin, voire Rome, ont donc souhaité, préparé puis déclenché la guerre – ce qui ne signifie pas pour autant qu'elle dût suivre le cours qu'elle emprunta. Bien des événements, imprévisibles ou imprévus, en infléchirent la marche. Ainsi, les puissances occidentales auraient pu contrer l'expansion de l'Allemagne nazie en 1936, puis en 1938, et non attendre la dernière heure – les revendications du Reich sur le port polonais de Dantzig dont le corridor isolait la Prusse-Orientale du territoire allemand. De même, rien n'indiquait que Staline conclurait le pacte germano-soviétique le 23 août 1939 alors qu'une partie de son personnel diplomatique, à commencer par son ancien ministre des Affaires étrangères Maxim Litvinov en tête, prônait une entente avec l'Occident et ne cessait de rappeler à son maître que l'Allemagne représentait pour la Russie le plus grand des périls. Dans la même veine, les Japonais, plutôt que d'affronter le titan américain, auraient pu déclarer la guerre à l'ours soviétique – ce dont ils s'abstinrent, préférant signer un traité de non-agression avec l'URSS le 13 avril 1941. Bref, bien des contingences informèrent le déroulement de la Seconde Guerre mondiale. On ne saurait pour autant en exagérer l'importance. Dès lors que le Japon, l'Allemagne nazie et l'Italie fasciste aspiraient à une forme d'hégémonie, les autres pays se trouvaient placés devant un choix binaire : accepter l'expansion de ces Etats au risque de voir leurs intérêts nationaux menacés ; ou répliquer par la force à ces entreprises impériales. Ils finirent par laisser les armes parler. Le Royaume-Uni puis la France déclarèrent la guerre à l'Allemagne le 3 septembre 1939 ; déclenchée le 22 juin 1941, l'opération *Barbarossa* obligea l'Union soviétique à entrer dans un conflit qu'elle espérait au moins pour un temps s'épargner ; l'attaque japonaise du 7 décembre 1941 contre la base américaine de Pearl Harbor suivie par la cobelligérance du IIIe Reich annoncée le 11 décembre de la même année précipita, malgré les réserves d'une opinion publique isolationniste, l'intervention américaine.

Blitzkrieg ?

La Première Guerre mondiale apparaît à bien des égards comme une guerre de positions, au point que l'image du fantassin pataugeant dans sa tranchée semble à elle seule incarner l'essence de ce conflit. A l'inverse, la Seconde Guerre mondiale semble se caractériser par de vastes offensives appuyées sur un outil militaire moderne associant entre autres le char et l'avion. Sans être infondée, cette vulgate appelle quelques correctifs.

Jusqu'en 1942, les forces de l'Axe furent en mesure de mener de vastes opérations combinées leur permettant de bousculer les défenses ennemies et/ou de s'emparer de vastes territoires. Déclenchée en juillet 1937, la guerre sino-japonaise se solda, côté chinois, par une série de désastres qui permirent à l'empire du Soleil-Levant de s'emparer de Pékin et de Tianjin dès le mois d'août puis de Shanghai et de Nankin dans les mois qui suivirent. De même, le Japon saisit l'avantage provisoire que lui offrait la neutralisation temporaire de l'US Navy – l'attaque contre Pearl Harbor détruisit, partiellement ou totalement, huit gros bâtiments de la marine yankee. L'armée de Hirohito s'empara d'une série de points stratégiques (Wake, Guam, Hong Kong...), se lança à l'assaut de la Birmanie, conquise en mai 1942, s'empara en février de la même année de Singapour puis d'une série de territoires riches en matières premières (Malaisie, Java et Sumatra, Philippines). Rondement menées, ces campagnes s'apparentent à une forme de guerre éclair. De fait, l'aviation joua un rôle déterminant puisque la maîtrise du ciel empêchait les marines adverses de manœuvrer – le naufrage du *Repulse* et du *Prince of Wales*, deux unités de la Royal Navy bombardées et torpillées par des avions japonais le 10 décembre 1941 au nord de Singapour en offrit un amer exemple. De même, les forces nippones employèrent parfois des chars en fer de lance – ainsi aux Philippines – ou des parachutistes – pour sécuriser les installations pétrolières de la Shell de Palembang par exemple. Mais ces opérations éclairs furent avant tout servies par l'effet de surprise et le rapport de forces qui bien souvent avantageait les agresseurs. Autant d'atouts qui, on le devine, ne dureraient pas.

La *Blitzkrieg* – ou guerre éclair – semble donc plutôt s'appliquer à la stratégie allemande. De fait, la Wehrmacht fut, durant les trois premières années de la guerre, capable d'emporter la décision en des délais étonnamment rapides. Attaquée à l'ouest le 1er septembre 1939, à l'est le 17 puisque les Soviétiques entendaient participer à la curée, la Pologne rendit les armes quatre semaines après le déclenchement des hostilités. De même, le Danemark abandonna le combat moins de quatre heures après que les armes eurent parlé, le 9 avril 1940, tandis que la

Norvège, agressée le même jour, capitula le 10 juin 1940, malgré le secours un temps apporté par les troupes anglo-françaises débarquées principalement à Narvik le 14 avril.

C'est cependant la campagne de France qui offre l'illustration la plus saisissante de cette nouvelle façon de faire la guerre. Conçu par le général von Manstein, le plan, il est vrai, ne manquait pas d'audace. La Wehrmacht devait, dans un premier temps, envahir la Belgique et les Pays-Bas ; mais cette opération n'était qu'une ruse destinée à attirer les troupes françaises, en suggérant que l'état-major allemand rééditait le plan Schlieffen de 1914. En fait, l'effort principal porterait sur la forêt des Ardennes qui présentait un double avantage : les généraux français la jugeaient infranchissable et la ligne Maginot ne la protégeait pas. Pour le plus grand malheur de la France, le plan fonctionna à la perfection. Lorsque l'offensive fut lancée, le 10 mai 1940, les meilleures unités du général Gamelin se portèrent imprudemment au secours de leurs alliés belges et néerlandais. Dans le même temps, toutefois, les Allemands attaquaient à Sedan, franchissaient la Meuse puis fonçaient sur Paris, déclarée ville ouverte le 14 juin 1940. Les Britanniques eurent tout juste le temps de rembarquer une bonne partie de leur corps expéditionnaire à Dunkerque (opération *Dynamo*, 27 mai-4 juin 1940). Cette guerre éclair fut ultérieurement appliquée en Yougoslavie – où le roi Pierre avait détrôné le régent Cvetković, favorable à l'Allemagne – et en Grèce – qui tenait en échec l'Italie mussolinienne depuis la déclaration de guerre du 28 octobre 1940. Le

27 avril 1941, la croix gammée flottait sur le Parthénon, et le 20 mai, les Allemands lançaient leurs parachutistes sur la Crète, contraignant les forces britanniques qui avaient été dépêchées au secours des Hellènes à rembarquer dans la hâte.

Plusieurs historiens ont affirmé que la guerre éclair avait permis d'ajuster la stratégie à l'économie allemande. Ne pouvant mobiliser « en profondeur » les facteurs de production, ce qui aurait épuisé les ressources du Reich et provoqué un mécontentement social qu'Hitler, souvenir de l'effondrement de 1918 oblige, ne pouvait accepter, les dirigeants nazis auraient procédé à un réarmement « en surface ». En s'appuyant sur un fer de lance blindé épaulé par l'aviation, ils créaient un outil militaire apte à emporter la décision dans les délais les plus brefs, ce qui évitait d'imposer aux civils de trop rudes privations. Ce schéma séduisant a pourtant été invalidé par les historiens économistes ou spécialistes des *war studies*. Les premiers observent que le réarmement, amorcé dès 1933, n'a pas renié le glorieux héritage de la Grande Guerre. Sur 445 000 tonnes d'acier allouées au deuxième trimestre 1940 à la Wehrmacht, 25 000 seulement furent attribuées aux chars et aux véhicules blindés, moins que les 26 000 tonnes prévues pour les fils barbelés, les obstacles ou la construction d'ouvrages défensifs ! Les seconds soulignent que la bataille de France fut perdue non en raison d'un rapport de force déséquilibré – les deux outils militaires étaient comparables à l'exception de l'aviation –, mais en raison de la conduite française des opérations.

Outre la désastreuse manœuvre Dyle-Breda, une série de hasards précipita la déroute : à Bulson, des unités françaises cédèrent à la panique, croyant voir arriver des chars qui n'existaient pas ; et ni la RAF ni les ailes françaises ne bombardèrent les colonnes du général Kleist qui formaient pourtant un embouteillage de plus de 200 kilomètres. Si la *Blitzkrieg* fut une réalité, elle ne répondait donc pas à un plan préétabli (le terme ne fut d'ailleurs employé qu'après la campagne de France et non avant). Ajoutons que les opérations engagées entre 1940 et 1941 furent coûteuses. La guerre contre la Pologne mit hors service un quart des blindés allemands, en raison des pannes et des destructions ; 6 000 hommes et 146 avions furent détruits lors du raid contre la Crète (165 appareils endommagés s'ajoutant à ce total). Enfin, et peut-être surtout, la Grande-Bretagne refusa de s'incliner. Certes, la Luftwaffe s'efforça de la faire plier, en engageant à l'été 1940 la bataille d'Angleterre. Elle espérait détruire la chasse britannique puis annihiler les défenses côtières afin d'ouvrir la voie à un débarquement (opération *Otarie*). Mais les attaques, menées contre des objectifs stratégiques d'abord, sur Londres ensuite, tournèrent au désastre. Grâce aux 52 stations radar, au verbe churchillien et au courage des 2 917 pilotes engagés (dont 20 % étaient étrangers), la RAF infligea de telles pertes qu'Hitler dut, le 17 septembre 1940, ajourner *Otarie* avant de l'annuler le 12 octobre. Malgré les substantiels gains territoriaux obtenus, la *Blitzkrieg* avait échoué et le dictateur devait envisager le pire : le passage à une guerre longue.

Or, l'Allemagne n'était absolument pas en mesure de relever économiquement ce défi. En 1939, les PIB cumulés de la France et de la Grande-Bretagne dépassaient de 60 % les PIB cumulés du Reich et de l'Italie. Si la production de guerre allemande doubla entre janvier et juillet 1940, elle restait notoirement insuffisante. Sur 105 divisions, 34 restaient sous-équipées à la veille des hostilités. Certes, la conquête d'une large partie de l'Europe offrit des richesses bienvenues. Elles ne suffisaient cependant pas pour rivaliser avec les potentiels britannique, américain et soviétique. Si malgré les bombardements l'industrie réussit à passer de la base 100 en février 1942 à l'indice 322 en juillet 1944, ces résultats restaient insuffisants pour contrer l'arsenal américain ou soviétique : avant même l'arrivée des convois chargés du matériel allié, l'économie de l'URSS alignait des performances spectaculaires. En produisant peu de modèles, mais en série, en redéployant les hommes et les machines employés dans l'agriculture ou les biens de consommation vers les industries d'armement, Staline assura la victoire – en imposant à sa main-d'œuvre des conditions de vie effroyables.

Si les généraux allemands avaient appréhendé la campagne de France, ils se lancèrent avec confiance à l'assaut de la steppe russe. Méprisant les peuples slaves, ils imaginaient ne faire qu'une bouchée d'une Armée rouge que le maître du Kremlin avait, il est vrai, saignée lors des purges sanguinaires de 1937-1938. Pour la seule année 1937, 3 maréchaux sur 5, 14 commandants d'armée sur 16, 8 amiraux sur 9 avaient été éliminés... Les premiers mois de la campagne de Russie ne déçurent pas leur attente. L'attaque surprise lancée le 22 juin 1941 se solda, côté soviétique, par un désastre. En quelques semaines, la Wehrmacht captura plus de 3 millions de prisonniers, s'empara des Etats baltes, de l'Ukraine et de la Biélorussie et arriva aux portes de Moscou et de Leningrad. Pourtant, les Soviétiques parvinrent à stopper cette avance devant leur capitale et le berceau de la révolution d'Octobre. Car si les Allemands bénéficiaient d'un rapport de force favorable, leur armée restait sous-mécanisée (600 000 chevaux participaient à l'opération). De plus, leur état-major avait divisé les troupes en trois branches, se privant ainsi des bénéfices de la concentration qui aurait permis de prendre Moscou et donc de gagner la guerre en provoquant l'effondrement du régime. A l'inverse, les Soviétiques, décontenancés, se ressaisirent et, bien que mal à l'aise avec la défensive, surent l'apprivoiser avant de lancer à partir de novembre 1941 une contre-attaque victorieuse qui sauva le régime. Hitler comprit alors que l'Allemagne devait affronter une guerre longue, ce qui à terme le condamnait. Pourtant, ce contrecoup, loin de le fléchir, exacerba sa volonté d'appliquer son programme.

Les logiques de la domination

Dans cette optique, l'élimination du peuple juif constituait sa priorité absolue. Dès la conquête de la Pologne, les Juifs furent rassemblés dans des ghettos, souvent massacrés, à l'aide parfois de la population polonaise. Avec l'entrée en guerre contre la Russie, la logique génocidaire s'imposa. Des *Einsatzgruppen*, qui étaient déjà intervenus en Pologne, opérèrent derrière les lignes et procédèrent à des tueries de masse, dont la plus célèbre est celle de Babi Yar, dans les faubourgs de Kiev, où quelque 33 000 Juifs furent assassinés en quelques jours. Au total, ces tueries provoquèrent la mort d'environ 1,4 million d'hommes, de femmes et d'enfants. Le Reich implanta également des centres de mise à mort qui visaient à détruire, sur un mode industriel, les Juifs d'Europe. Au site de Chełmno, ouvert en décembre 1941, s'ajoutèrent bientôt Bełzec, Sobibor et Auschwitz. Si les populations vivant en Europe orientale furent les premières visées, les communautés de l'Europe occidentale furent à leur tour frappées à partir de septembre 1941, un rythme qui s'accéléra en 1942. Au total, de 5 à 6 millions d'êtres coupables d'être nés trouvèrent la mort dans cette entreprise barbare.

Mais si les Juifs furent les principales victimes du nazisme, ils furent loin d'être les seuls à être asservis par un Reich qui poursuivait des objectifs tant économiques qu'idéologiques puisque les territoires conquis devaient servir son effort de guerre. A cette aune, les autorités d'occupation firent flèche de tout bois, misant sur la contrainte (pillages, réquisitions, taux de change abusifs) ou sur l'appât du gain (fourniture généreuse de matières premières, salaires alléchants). Au total, la contribution extérieure représenta, dans ses bornes extrêmes, de 18 % (1940) à 25 % (1943) de l'effort de guerre allemand. Outre les produits agricoles, les matières premières et les biens industriels, le Reich rafla également une main-d'œuvre étrangère. Qu'ils fussent prisonniers de guerre, volontaires, ou requis, 7,9 millions de travailleurs œuvraient à l'automne 1944 dans les usines ou dans les champs, remplaçant ainsi les hommes mobilisés dans la Wehrmacht.

Mais les besoins économiques n'oblitérèrent jamais les impératifs idéologiques. De ce point de vue, l'occupant opta pour des régimes de sujétion différents en fonction de la place qu'il assignait sur l'échelle raciale aux peuples soumis. Les Norvégiens et les Danois furent relativement ménagés – au point que le Danemark conserva, jusqu'en 1943, un pouvoir régulier et put même tenir des élections législatives ! En revanche, les Slaves furent particulièrement malmenés. Une partie de la Pologne fut ainsi intégrée au Reich et la population fut soumise à des rations de misère qui ne dépassaient pas les 600 calories quotidiennes. De même, les élites intellectuelles ou politiques furent décimées, à l'instar des enseignants de l'université Jagellon de Cracovie, ou des cadres communistes du régime soviétique, passés sans vergogne par les armes. Un sort particulièrement cruel attendait les prisonniers de guerre de l'Armée rouge. Prétextant que Moscou n'avait pas ratifié les conventions de Genève, le régime hitlérien laissa littéralement mourir de faim les centaines de milliers de soldats capturés sur les champs de bataille : sur un total de plus de 5 millions, plus de 3 millions moururent en captivité. Entre ces deux extrêmes, certains pays occupaient une place intermédiaire, à l'instar de la France, en partie régie par le régime de Vichy, ou de la Belgique. Si l'occupation y fut moins rude et le rationnement moins drastique, l'occupant ne renonça jamais à ses objectifs idéologiques. Il pouvait compter sur l'appui de collaborateurs qui, embrassant avec fièvre la foi nazie, le soutenaient, à l'instar des affidés du Norvégien Quisling, des rexistes belges, ou des partisans français de Marcel Déat ou de Jacques Doriot. Berlin ne barguigna d'ailleurs pas quand il estimait que ses intérêts ou sa sécurité étaient en jeu. Ainsi, plus de 4 000 personnes furent fusillées à titre d'otages, de prisonniers politiques ou de résistants dans l'Hexagone entre 1940 et 1944 et plus de 88 000 furent envoyées dans les camps de concentration pour des motifs autres que raciaux.

Placés sous la botte, les peuples, pourtant, ne restèrent pas passifs. Une minorité s'engagea dans les organisations de résistance clandestines, mouvements ou réseaux, pour aider militairement les Alliés, informer les populations ou aider les proscrits. De même, des formes de résistance civile émergèrent. Usant de moyens protestataires variés (grèves, manifestations, pétitions…), elles obligèrent parfois l'occupant à reculer.

Si le Japon, pour sa part, ne commit pas de génocide, il multiplia les crimes de guerre qui connurent une ampleur inédite. Suivant la bataille de Nankin, les forces nippones, à partir de décembre 1937, se livrèrent dans la ville à un massacre qui provoqua de 40 000 à 300 000 morts (selon les estimations), auxquels s'ajoutèrent des milliers de viols visant femmes et enfants. Par la suite, les prisonniers de guerre alliés capturés sur les champs de bataille furent victimes de la faim, de la soif et de sévices cruels, ce qui aboutit dans les camps à un taux de mortalité inouï de 27 %. L'empire du Soleil-Levant se livra par ailleurs à de multiples expériences, notamment dans l'unité 731 qui, installée près de Harbin, en Mandchourie, les multiplia sur les prisonniers chinois pour préparer la guerre bactériologique. Ajoutons pour faire bonne mesure que 200 000 « femmes de réconfort » furent raflées, aux Philippines, à Taïwan, en Corée, en Chine et en Indonésie, pour être employées dans des bordels. Tout en affirmant défendre les couleurs des peuples asiatiques opprimés, Tokyo exploita en outre sans vergogne les territoires placés sous sa coupe. Entre 1942 et 1945, ils couvrirent environ 15 % de son effort de guerre. L'indépendance formelle consentie en 1943 aux Philippines et à la Birmanie arriva un peu tard pour farder cette logique prédatrice de couleurs plus amènes.

Le vent tourne

Au total, l'échec de la *Blitzkrieg* et le passage à une guerre longue scellaient le destin de l'Allemagne, de l'Italie et du Japon. Mais si le vent tourna en juillet 1942, il fallut aux Alliés trois longues années pour venir à bout de ces adversaires redoutables.

La première lueur d'espoir vint du Pacifique. Cherchant à éliminer les forces aéronavales de l'US

Navy qui y croisaient, le Japon déclencha en juin une bataille à Midway qui tourna à la déroute. Disposant du code nippon, les Américains avaient en effet percé les intentions de leur adversaire à qui ils infligèrent de lourdes pertes (quatre porte-avions et un croiseur). Tokyo perdait la suprématie dans la zone et les Américains pouvaient passer à l'offensive.

De bonnes nouvelles provenaient également de l'Afrique du Nord. Alors que l'*Afrikakorps* de Rommel était parvenu à dominer son adversaire britannique, au point de menacer le canal de Suez, Auchinleck (en juillet) puis Montgomery (fin octobre-début novembre) le battirent lors des deux batailles d'El-Alamein. Avec le débarquement en Afrique du Nord du 8 novembre 1942, l'étau se refermait sur les forces germano-italiennes. Non sans mal. Si les forces françaises loyales à l'Etat vichyste finirent par se rendre au Maroc et en Algérie, les Allemands dépêchèrent prestement des renforts en Tunisie. D'âpres batailles opposèrent alors les Anglo-Américains aux Italo-Allemands, qu'ils fussent refoulés d'Egypte puis de Libye ou acheminés par Bizerte et Tunis. Peu aguerries, les troupes de l'US Army se firent même étriller à Kasserine. En mai 1943 cependant, les forces de l'Axe constataient l'évidence : isolées dans le cap Bon, elles capitulaient, ce qui permettait aux hommes d'Eisenhower de faire plus de 250 000 prisonniers.

A l'est, le curseur se déplaçait également. Certes, Hitler n'avait pas renoncé, malgré ses échecs, à l'offensive. En mai 1942, il repartit donc à l'assaut. Après avoir frappé Kharkov et la Crimée, il chercha à capturer la ville industrielle de Stalingrad et à pousser en direction du Don pour s'emparer des champs pétrolifères du Caucase. Si ce plan Bleu donna de bons résultats au sud – un détachement s'offrant même le luxe d'escalader l'Elbrouz –, les choses ne tardèrent pas à se gâter dans le secteur de Stalingrad. Incapables de prendre l'intégralité de la ville, les troupes allemandes furent encerclées à partir de novembre 1942 puis réduite à capituler le 2 février 1943, perdant dans l'affaire une armée entière... et une large part de leur prestige. Stalingrad devint rapidement le symbole de l'héroïsme soviétique et marqua, non moins symboliquement, le tournant de la guerre. De même, les divisions parvenues aux marges du Caucase, attaquées par l'Armée rouge, se replièrent, annulant ainsi la quasi-totalité des gains obtenus à l'été. La Wehrmacht ne s'avoua pas pour autant battue. En juillet 1943, elle parvenait même à monter une offensive dans le saillant de Koursk. Mais elle perdit derechef la partie, abandonnant pour de bon l'initiative à une Armée rouge désormais puissante et bien commandée.

Guerre aérienne ?

Malgré ces succès, la position du Japon et de l'Allemagne restait forte. Tout suggérait que la conquête de l'archipel nippon comme celle de l'Europe continentale ne serait pas une mince affaire. Au vu de cette réalité, la guerre aérienne représentait une solution séduisante. En lançant de vastes raids destinés à détruire le potentiel industriel ennemi et en frappant les civils afin de les désolidariser des régimes qui les asservissaient, les Alliés briseraient, affirmaient certains chefs, la résistance de Tokyo et de Berlin. En 1942, la Royal Air Force comme l'US Air Force amorcèrent une impitoyable guerre aérienne qui, à partir du 14 février de la même année, s'attaqua aux populations. L'imprécision de la navigation et du largage des bombes comme la protection des bombardiers limitaient cependant son impact. Mais ces problèmes furent progressivement réglés. En août 1942, des unités d'éclaireurs *(pathfinders)* furent créées et des systèmes de guidage inventés. Leur vitesse et leur capacité à voler à haute altitude rendirent les Mosquito moins vulnérables à la défense antiaérienne allemande ; et les Mustang P-51B, dotés de réservoirs supplémentaires, étendirent le rayon d'action de la chasse, désormais capable d'escorter les bombardiers au-dessus de l'Allemagne. La RAF continua de privilégier les vols nocturnes, car les pertes étaient moins élevées (2,2 % contre 3,7 % pour les raids diurnes). Du coup, l'Allemagne reçut des tonnages de bombes allant croissant : 41 440 tonnes en 1942, 206 000 en 1943, 1 202 000 en 1944, 471 000, enfin, entre janvier et avril 1945. Le bombardement sur Dresde (13-14 février 1945) fut sans doute le plus célèbre puisqu'il provoqua la mort de 25 000 habitants sans que la ville ait pourtant représenté un objectif stratégique majeur. Au total, plus de 500 000 Allemands succombèrent sous les bombes entre 1939 et 1945. Mais le Japon ne fut pas plus épargné. A partir de juin 1944, l'archipel fut littéralement pilonné par les bombardiers américains. Si 10 % seulement des bombes déversées durant la Seconde Guerre mondiale y furent larguées, 58 % des 860 000 victimes civiles des bombardements furent nippones. Les 9 et 10 mars, le seul bombardement sur Tokyo provoqua une centaine de milliers de morts…

Ce déluge de feu et d'acier, pourtant, fut insuffisant pour faire plier les forces de l'Axe et du Japon. Il faudrait, de toute évidence, lancer de grandes opérations terrestres pour les défaire, stratégie qui divisait les états-majors.

Plans

De fait, les Anglo-Américains balançaient. Les Américains auraient aimé attaquer le Reich sur ses bastions, en Europe du Nord-Ouest, estimant qu'il fallait attaquer l'ennemi en son point le plus fort. Les Britanniques préféraient pour leur part frapper à la périphérie pour mener une guerre d'attrition plus conforme aux deux atouts dont ils disposaient : la marine et l'aviation. Dans un premier temps, Londres l'emporta. Un corps expéditionnaire débarqua en Sicile (10 juillet 1943), puis, en septembre, dans le sud de la Calabre et sur les plages de Salerne. Loin, pourtant, de bousculer les défenses ennemies, les Alliés se heurtèrent à forte partie. Certes, la débâcle militaire qui s'annonçait aboutit à la chute de Mussolini le 25 juillet 1943, prélude à un armistice conclu le 3 septembre. Anticipant le revirement de leur ancien partenaire, les

Allemands expédièrent cependant dans la botte plus de 30 divisions, compliquant la progression des forces dans la péninsule désormais divisée en deux. Si le Sud répondait à l'autorité du roi et de son Premier ministre, Badoglio, le Nord, soumis à Mussolini et au général allemand Kesselring, tenait. Il fallut attendre mai 1944 pour que la ligne Gustav, qui au nord de Naples barrait la route de Rome, cède, ouvrant la voie de la Ville éternelle conquise bien tardivement (5 juin 1944).

Au vu de ces échecs, les Américains s'impatientaient. Lors de la conférence de Téhéran (novembre 1943), ils s'appuyèrent sur les Soviétiques pour que le débarquement en Normandie, mollement soutenu par Churchill, se voie accorder une priorité absolue. Certes, l'Armée rouge, poursuivant sur sa lancée, connaissait de beaux succès. Attaquant en Ukraine en décembre 1943, elle atteignit la frontière de Galicie en février ; au sud, elle libérait Sébastopol puis Odessa au printemps 1944. La majeure partie du fardeau, cependant, reposait sur ses épaules : 80 % des forces allemandes furent déployées à l'est. C'est dire que le Kremlin attendait ardemment l'ouverture d'un second front !

L'hallali

Le 6 juin 1944, les Anglo-Américains débarquèrent – enfin – en Normandie. Mais s'ils réussirent dès les premiers jours à former une solide tête de pont, ils butèrent sur une résistance féroce dans le secteur de Caen, ce qui les obligea à lancer une offensive plus à l'ouest, dans le Cotentin. Déclenchée le 25 juillet 1944, la percée vers Avranches (opération *Cobra*) leur ouvrit alors la porte du continent. Tandis que les Britanniques et les Canadiens filaient plein nord, libérant Lille, Bruxelles puis le sud des Pays-Bas, les Américains fonçaient à l'est, s'emparant de Paris mais butant sur les Vosges. Staline, pour sa part, honorait la promesse souscrite et déclenchait le 23 juin l'opération *Bagration*. D'un bond, l'Armée rouge reprenait la Biélorussie et une partie des pays Baltes mais s'arrêtait aux portes de Varsovie, en août 1944.

A l'est comme à l'ouest, la progression des troupes était donc endiguée. Les armées pâtissaient en effet de graves problèmes logistiques. L'intendance devait acheminer des milliers d'hommes, des tonnes de matériel et des millions de litres d'essence ; de plus, les hommes, épuisés par les combats, devaient se reposer. La Wehrmacht, surtout, déployait une résistance étonnante. Elle eut même la force, en décembre 1944, de lancer une contre-offensive dans les Ardennes que les Anglo-Américains parvinrent difficilement à briser. A la différence de la Grande Guerre, le peuple allemand, il est vrai, ne s'effondrait pas. Il demeurait envers et contre tout loyal à son Führer – l'attentat qui frappa Hitler le 20 juillet 1944 sema la consternation ; il croyait, bien imprudemment, aux armes miracles que le régime promettait de déployer (mais les engins V1 et V2 lancés sur Londres firent un nombre relativement peu élevé de victimes) ; il craignait, surtout, les exactions de l'Armée rouge – et sur ce point ne se méprenait pas : près de 2 millions de femmes auraient été violées en Allemagne par les hommes de Staline. Les nombreux soutiens du régime, enfin, n'avaient pas renoncé à leurs objectifs meurtriers : les déportés, qu'il fallait évacuer face à l'avance alliée, furent soumis à d'éprouvantes marches de la mort qui causèrent sans doute plus de 200 000 victimes.

Il fallut donc une longue année pour obtenir la défaite du Reich. A l'ouest, les Anglo-Américains, échaudés par la bataille des Ardennes, agirent prudemment, ne lançant leur grande offensive qu'en février. La saisie miraculeuse du pont de Remagen, le 7 mars, leur permit de franchir le Rhin et d'avancer rapidement. Les Soviétiques, pour leur part, procédaient en trois temps. Ils attaquaient en décembre en Hongrie et se saisissaient de Budapest en février ; ils encerclaient les forces allemandes réfugiées en Prusse-Orientale ; surtout, ils prenaient le gros de la Pologne. En janvier, Joukov n'était plus qu'à 80 kilomètres de Berlin ! La bataille pour s'emparer de la capitale allemande ne fut pas pour autant une formalité. Déclenchée le 16 avril, elle mobilisa des moyens considérables (2,5 millions d'hommes côté soviétique, 1 million pour la Wehrmacht). Mais le 30 avril, le drapeau rouge flottait sur le Reichstag tandis que le même jour, Hitler, après avoir épousé sa maîtresse Eva Braun, se suicidait. La capitulation s'opéra en deux temps, le 7 mai à Reims puis le 8 mai à Berlin – pour lui donner plus de panache.

Restait à défaire le Japon. Les Alliés décidèrent d'attaquer en Birmanie pour épauler leur allié chinois tout en bondissant d'île en île dans le Pacifique.

En février 1945, les Américains libérèrent Manille, capitale des Philippines, puis s'emparèrent, après une lutte terrible, des îles d'Iwo Jima (mars 1945) et d'Okinawa (fin mars-juin 1945). Mais les sacrifices des GI furent tels qu'ils laissaient présager une conquête sanglante de l'archipel japonais. Succédant au président Roosevelt, mort le 12 avril 1945, Harry Truman décida donc d'employer l'arme atomique, à Hiroshima d'abord (6 août), à Nagasaki ensuite (9 août). Le 14 août, le Japon accepta de se rendre, la capitulation étant signée le 2 septembre 1945 sur le cuirassé *Missouri*.

Ainsi s'achevait la Seconde Guerre mondiale. Ce conflit, qui provoqua sans doute la mort de 60 millions d'êtres humains, fut assurément le plus meurtrier dans l'histoire de l'humanité. Phénomène inédit, la mort frappa, bien sûr, les soldats (plus d'un tiers des pertes), mais principalement les civils. Aux millions de Juifs exterminés s'ajoutèrent en effet les décès consécutifs à la famine, aux bombardements, aux sévices endurés dans les camps comme dans les usines. Par l'ampleur des pertes comme par sa folie génocidaire, le conflit se distingue assurément de la Grande Guerre. En va-t-il de même sur le plan militaire ? On peut légitimement en discuter. A l'exception du porte-avions, hormis l'arme nucléaire, employée en 1945 mais de façon classique, hormis également le renseignement, largement utilisé par les belligérants, ce qui fait certes beaucoup, l'outil militaire employé avait été testé en 1914-1918, qu'il s'agisse des chars ou de l'aviation. Rares, du coup, furent les inventions et, mis à part le radar, elles pesèrent peu dans la marche du conflit, comme le révèle l'incidence minime des chasseurs à réaction ou des V1 et autres V2 lancés sur l'Angleterre. Si les batailles de chars connurent une ampleur inégalée, la Seconde Guerre mondiale renoua avec des formes classiques que l'on aurait pu croire périmées, qu'il s'agisse des sièges (Leningrad) ou de la guerre de positions (Italie).

Le monde, en revanche, sortit profondément remanié de cette tourmente. La domination européenne multiséculaire s'effondrait : la France, la Grande-Bretagne, l'Allemagne et l'Italie ne joueraient plus qu'un rôle modeste dans un univers désormais entré en guerre froide et dominé par deux superpuissances, les Etats-Unis et l'Union soviétique – une réalité qui se pérenniserait jusqu'en 1989. Les empires craqueraient, obligeant les métropoles à renoncer à leurs desseins coloniaux. La mémoire de la guerre, surtout, hanterait les contemporains – souvenir sinistre dont ils peinent, aujourd'hui encore, à se défaire.

Olivier WIEVIORKA

Bibliographie sélective

Jean-Pierre Azéma et François Bédarida, *1938-1948. Les années de tourmente. De Munich à Prague*, Flammarion, 1995.

Antony Beevor, *La Seconde Guerre mondiale*, Calmann-Lévy, 2012.

Karl-Heinz Frieser, *Le Mythe de la guerre éclair. La campagne de l'Ouest de 1940*, Belin, 2003.

David M. Glantz et Jonathan M. House, *When Titans Clashed : How the Red Army stopped Hitler*, University Press of Kansas, 1995.

Paul Kennedy, *Le Grand Tournant. Pourquoi les Alliés ont gagné la guerre. 1943-1945*, Perrin, 2012.

Ian Kershaw, *La Fin : Allemagne 1944-1945*, Seuil, 2010.

Michael Lucken, *Les Japonais et la guerre. 1937-1952*, Fayard, 2013.

Henri Michel, *La Seconde Guerre mondiale*, Omnibus, 2001 (1re éd. 1968-1969).

Adam Tooze, *Le Salaire de la destruction. Formation et ruine de l'économie nazie*, Les Belles Lettres, 2012.

6

La guerre d'Indochine ou le crépuscule de l'Empire français

(1946-1954)

Perdue et mal aimée, la guerre d'Indochine a été rapidement balayée dans la mémoire collective par la déchirure algérienne, puis submergée par le Vietnam des Américains. Seule, ou presque, la bataille de Diên Biên Phu qui incarne son triste et poignant épilogue a échappé à l'indifférence dans laquelle la majorité des Français l'a d'emblée tenue. Mais, en dépit des cérémonies que la République a tardivement organisées pour rendre hommage aux combattants qui lui ont survécu comme à ses victimes, la greffe mémorielle n'a jamais pris.

La geste et l'oubli

Qu'en retiendra-t-on demain ? Telle qu'elle est enseignée aujourd'hui au collège, au lycée et même à l'université, l'histoire ne lui fait plus guère de place. Le seul lien qui subsiste, ténu, fragile et ambigu, c'est l'épopée exotique et nostalgique, véhiculée par une petite poignée d'anciens combattants, comme l'hypermédiatique général Bigeard ; de romanciers, journalistes ou cinéastes contaminés par le « mal jaune », admiratifs des « centurions », de Leclerc et du « roi Jean » (de Lattre), comme Jean Lartéguy, Lucien Bodard ou Jean Lacouture ; hantés par Diên Biên Phu, tels Jules Roy ou Pierre Schœndœrffer... Fascinés par la terre vietnamienne et ses habitants, ils ont décrit cette guerre de lieutenants et de capitaines abandonnés à eux-mêmes, chargés de mener, à la vie comme à la mort, des hommes souvent d'une autre couleur et d'une autre culture ; de bricoler des solutions de fortune dans un nouveau type d'affrontement dont les populations, plus que les territoires, constituaient le véritable enjeu. Pour ces dizaines de milliers de soldats professionnels isolés de tout, le quotidien voyait se succéder de longues heures d'attente et de combats épisodiques avec un adversaire trop souvent insaisissable, des cavalcades inoubliables et des raids de bombardements dévastateurs, des rencontres fantasmées et de tragiques exactions, des actions généreuses et de sombres trafics... Un *Art français de la guerre* que l'écrivain Alexis Jenni choisit comme trame de son roman couronné – en 2011, signe des temps – par le prix Goncourt. Pourquoi se battre aussi loin de chez soi ? Par goût de l'aventure ? Appât du gain et d'une promotion de carrière ? Pour fuir un quotidien raté ou trop banal ? Lutter contre le communisme ? Défendre ce morceau de la plus grande France, perle de l'empire ? Pour les populations vietnamiennes, cambodgiennes, laotiennes et minoritaires, qui avaient choisi l'Union française ? Un peu tout cela en même temps, sans doute. En face, soudés par des buts de guerre puissamment mobilisateurs – le renversement de la domination coloniale, l'indépendance et la réunification du Vietnam –, les soldats de la jeune Armée populaire du Vietnam (APV), *Bo Doi* soumis à une discipline de fer et à une instruction politique intensive, avaient foi en l'avenir. La guerre totale imposée par les dirigeants du parti communiste que le futur Hô Chi Minh avait fondé en 1930 ne fut pourtant pas une sinécure. Rapidement figée sous les traits d'une résistance unanime et héroïque, elle sécréta également son lot de privations, de maladies, de pertes et de souffrances, de doutes et de contestations, de répressions et de ruptures. Sous le masque d'un romantisme révolutionnaire que l'hyperviolence de la guerre du Vietnam a contribué à enraciner *a posteriori* dans les mémoires, elle a été la matrice d'un régime autoritaire, sinon totalitaire, qui hante encore aujourd'hui la société vietnamienne, comme le révèlent notamment les romans de Duong Thu Huong.

Tombeau, entre 1945 et 1954, de plusieurs centaines de milliers de militaires et civils vietnamiens, et de plus de 90 000 soldats du Corps expéditionnaire français d'Extrême-Orient (CEFEO), dont 25 000 Français métropolitains et près de 2 000 officiers (soit l'équivalent d'une promotion de saint-cyriens chaque année), cette guerre aura profondément marqué l'armée française, sonné le glas de l'empire colonial, précipité l'engagement militaire des Etats-Unis dans la péninsule indochinoise, et permis aux révolutionnaires vietnamiens de consolider leur contrôle total sur l'Etat et la société. Voilà pourquoi la guerre d'Indochine mérite plus que deux ou trois lignes expéditives dans nos manuels scolaires.

1945-1949 : une guerre néocoloniale de guérilla, isolée et incertaine

Cette guerre en réalité essentiellement franco-vietnamienne résulte du divorce progressif entre les aspirations indépendantistes des élites vietnamiennes, accaparées par le parti communiste, et la montée en puissance parmi les élites françaises d'un nationalisme impérial de compensation aux humiliations de la Seconde Guerre mondiale. L'année 1945, que l'on peut retenir comme début de la guerre d'Indochine, fut un tournant décisif. Après la défaite de la France face aux nazis en juin 1940, le Japon avait renforcé par étapes sa mainmise sur l'Indochine française, en dépit des efforts de l'administration vichyste de l'amiral Decoux pour y défendre la souveraineté de la France. Mais les plus déterminés et les plus actifs des nationalistes vietnamiens, regroupés en 1941 par Hô Chi Minh au sein d'un front politico-militaire dominé par les communistes – le Viêt-minh –, anticipaient déjà les profonds bouleversements qu'allait entraîner la fin de la Seconde Guerre mondiale dans la péninsule indochinoise, au détriment des puissances coloniales. Le général Võ Nguyên Giáp, auquel Hô Chi Minh avait confié la redoutable mission de créer *ex nihilo* l'instrument militaire de la libération, officialisa en 1944 la création des premières « brigades de propagande armée », embryon de la future APV. La quête de soutiens extérieurs conduisit les dirigeants du Viêt-minh à rechercher celui de la mission américaine de l'*Office of Strategic Services* (OSS), qu'elle obtint facilement au nom de la politique anticolonialiste du président Roosevelt.

La terrible famine de l'hiver 1944-1945, qui entraîna la mort de centaines de milliers de Vietnamiens, puis le coup de force japonais du 9 mars 1945 contre l'autorité politique et les troupes françaises d'Indochine, balayées en moins de quarante-huit heures, créèrent les conditions du changement tant attendu. Le Viêt-minh décida de déclencher le soulèvement après l'annonce de la capitulation nippone, le 10 août. Avec de faibles moyens mais une formidable célérité, il s'empara successivement des armes, des territoires, des cœurs et des esprits, et finalement du pouvoir, à Hanoi, le 19 août. Le 2 septembre – jour de la signature de la capitulation japonaise sur le pont du *Missouri* –, Hô Chi Minh proclamait solennellement la République démocratique du Vietnam (RDV) et avec elle l'indépendance du pays, dans l'enthousiasme populaire provoqué par le renversement de la domination coloniale. La détermination du Viêt-minh et de ses chefs avait pris de court les Français. Mais elle eut sa face sombre : la « révolution d'août » s'accompagna, entre 1945 et 1947, d'une politique d'élimination – physique, pour plusieurs milliers de membres – des principaux concurrents nationalistes et anticolonialistes des communistes, les deux partis *Dai*

Viet (selon l'ancienne appellation du Vietnam) : le VNQDD (*Viet Nam Quoc Dan Dang* ou Parti national du Vietnam) et le DVQDD (*Dai Viet Quoc Dan Dang* ou Parti national du Grand Vietnam). Elle signa le début d'une longue et impitoyable lutte non seulement entre Vietnamiens pour la conquête du pouvoir, mais aussi et surtout contre la France et pour la défense de l'indépendance reconquise. Car le général de Gaulle avait affirmé, comme président du Conseil et à l'unisson des autres partis politiques, sa volonté de restaurer d'abord la souveraineté française sur l'Indochine, fût-ce par la force, avant d'accepter toute négociation. C'est à l'amiral Thierry d'Argenlieu et à son subordonné, le général Leclerc, qu'il confia cette mission. A la tête d'un CEFEO de quelques dizaines de milliers d'hommes, Leclerc releva le défi, par la force des armes au sud, d'octobre 1945 à février 1946 ; par la négociation au nord, avec les communistes vietnamiens et l'armée chinoise (qui occupait provisoirement le Tonkin en vertu des accords de Potsdam), au printemps 1946. Le 18 mars, six mois après son arrivée à Saigon, douze jours après la signature d'un accord avec le Viêt-minh qu'il avait soutenu de toute son autorité, Leclerc faisait son entrée à Hanoi, présentée alors comme la « dernière étape de la Libération ». La reconquête du Vietnam a déjà coûté, à cette date, plus de 600 tués dans les rangs français. Leclerc a compris, à l'épreuve des difficultés rencontrées sur le terrain face à la vigueur de la résistance, que la France ne pourrait juguler militairement le réveil d'un authentique nationalisme vietnamien, et que la force ne serait utile que dans la perspective d'une négociation : « L'anticommunisme sera un levier sans appui tant que n'aura pas été donnée une réponse complète au problème national vietnamien, tel qu'il est posé », prophétisa-t-il en vain. Privé du soutien du général de Gaulle dans le différend personnel qui l'opposait à son supérieur, l'amiral d'Argenlieu, il préféra s'effacer et quitter l'Indochine en juillet 1946. Il ne devait plus y revenir. La paix non plus. Le « haut-commissaire et commandant en chef pour l'Indochine » d'Argenlieu venait de faire échouer la conférence franco-vietnamienne de Fontainebleau, en soutenant, contre le dogme unitaire du Viêt-minh, la création d'une République autonome de Cochinchine.

Dans les deux camps, la rage d'en découdre triompha par étapes des velléités de négociation. En novembre, un incident douanier servit de prétexte au déclenchement des combats dans le port de Haiphong et à de violents bombardements de l'aviation et surtout de la marine françaises dans lesquels périrent de nombreux Vietnamiens. Le sabotage de la centrale électrique de Hanoi, le 19 décembre, donna le signal de l'attaque surprise des milices révolutionnaires contre les postes du CEFEO et les maisons des civils français, à Hanoi comme dans plusieurs autres localités du Nord-Vietnam. Après deux mois d'une intense guerre urbaine qui vida la capitale d'une bonne partie de ses habitants, les stratèges vietnamiens – Giáp au nord, Nguyen Binh au sud, jusqu'à sa mort en 1951 – en revinrent à la pratique d'une forme de guerre à laquelle la culture stratégique des Vietnamiens les prédéterminait plus qu'aucun autre peuple : la guérilla, dans le cadre d'une « guerre du peuple » fondée sur un objectif d'unité nationale et de souveraineté territoriale. L'espoir d'une guerre courte s'envola après l'échec d'une dernière proposition de cessez-le-feu transmise en mai 1947 à Hô Chi Minh par le professeur Paul Mus, l'ancien conseiller politique de Leclerc revenu auprès du haut-commissaire Bollaert, puis celui de l'opération *Lea*, qui faillit aboutir, en octobre, à la capture du gouvernement de Hô Chi Minh.

Impuissantes à réduire militairement leur adversaire, les autorités françaises reprirent langue avec Bao Dai. L'ancien empereur avait abdiqué en mars 1945 pour devenir le conseiller suprême du président Hô, avant de rompre progressivement avec le régime communiste. Un petit nombre d'initiés savaient que de Gaulle avait déjà secrètement envisagé, en décembre 1945, de parrainer le retour sur le trône impérial du prince Vinh San, ancien empereur Duy Tân exilé en 1906 sur l'île de la Réunion pour avoir pris la tête d'une rébellion antifrançaise. Mais – sinistre présage – Vinh San avait disparu dans un accident d'avion quelques jours après sa rencontre avec le général de Gaulle à Paris. Bao Dai n'était pas habité par la même foi dans sa mission que Vinh San, mais les Français espéraient le voir fédérer sous son autorité l'opposition des nationalistes vietnamiens au régime communiste. Or, loin de régler le problème national, la politique française allait au contraire, comme Leclerc l'avait redouté, aggraver la guerre civile tout en accélérant l'internationalisation du conflit.

1949-1952 : le tournant de l'internationalisation

Officiellement, il n'y avait pas de guerre, seulement des « opérations de police » ou de « pacification ». Pour une frange minoritaire de l'opinion, cependant, c'était déjà une « sale guerre », selon l'expression d'Hubert Beuve-Méry, source de graves scandales politico-militaires et financiers, comme le juteux trafic des piastres. Un mouvement d'opposition commença même à se structurer, à partir de 1949, sous l'égide du PCF qui alternait campagnes de presse, manifestations, grèves et même sabotages. Les militaires en gardèrent une rancune tenace. Le mécontentement toucha aussi les milieux intellectuels et chrétiens progressistes : *Témoignage chrétien* dénonça le recours à la torture dès juillet 1949, puis en décembre sous la plume de Paul Mus, alors directeur de l'Ecole nationale de la France d'outre-mer. Les dirigeants français affectaient un optimiste de façade et promettaient le « dernier quart d'heure ». Mais, en coulisses, l'inquiétude était palpable. Si elle ne remportait pas encore de victoire, la guérilla menée par la jeune APV immobilisait un nombre croissant de troupes et provoquait des pertes de plus en plus lourdes. En Chine, les troupes communistes de Mao multipliaient les succès contre celles du Guomindang, le parti nationaliste chinois dirigé par Tchang Kaï-chek. Bien qu'elle ne dépassât jamais 10 % des dépenses publiques, la guerre coûtait cher (45 % du budget militaire en 1950), au moment où la France devait procéder à son réarmement dans le cadre européen. Le matériel était usagé, et les soldats dispersés et peu motivés. En mars 1949, les accords signés à l'Elysée reconnurent à l'ex-empereur Bao Dai ce qui avait été refusé à Hô Chi Minh : l'indépendance du Vietnam dans le cadre de l'Union française. Des conventions techniques organisèrent, le 30 décembre, les transferts de compétence de souveraineté interne aux nouveaux Etats associés du Vietnam, du Cambodge et du Laos, notamment dans le domaine militaire. La guerre n'était donc plus coloniale d'un point de vue strictement juridique, puisque le corps expéditionnaire français défendait désormais l'indépendance d'un Etat allié. Elle serait donc plus facile à « vendre » aux Américains, dont Paris espérait une aide matérielle et financière importante. Mais la construction politico-juridique ainsi élaborée était sinon artificielle, du moins fragile. Elle aggravait la guerre civile sans donner aux Etats associés les moyens de leur indépendance.

L'arrivée des troupes communistes chinoises aux frontières du Tonkin et la proclamation de la République populaire de Chine (RPC) par Mao Zedong, le 1er octobre 1949, précipitèrent l'inscription du conflit dans la guerre froide.

La RDV fut reconnue par la RPC le 18 janvier 1950, puis le 30 par l'URSS, suivie par la Corée du Nord et de nombreux pays d'Europe centrale et orientale. Ces premiers succès sur le front diplomatique accélérèrent la reconnaissance des Etats associés, le 7 février, par les Etats-Unis et la Grande-Bretagne. Le 21, Hô Chi Minh proclamait la mobilisation générale. Désormais, chacun des deux Vietnams s'identifiait à l'un des camps de la guerre froide : le Vietnam de Bao Dai, au « monde libre » ; le Vietnam de Hô Chi Minh, au bloc communiste. Le 25 juin débutait la guerre de Corée. Engagés dans un lobbying intensif auprès de leurs alliés américains, les Français n'eurent pas de mal à les convaincre de l'interdépendance entre les deux fronts : conditionnée par une surestimation de la menace chinoise, l'administration Eisenhower avait déjà reconnu à l'Indochine le statut d'une « région clé » dont la perte serait jugée grave pour les intérêts américains. En août débarquèrent à Saigon les premiers navires chargés de matériel américain... L'Asie paraissait s'enfoncer inexorablement dans la guerre froide, dont l'Indochine était l'un des fronts chauds. Bien que moins importante, quantitativement, que celle des Etats-Unis aux Français et aux Etats associés, l'aide chinoise se révéla déterminante pour la survie d'un régime dangereusement isolé depuis 1945. Le 3ᵉ plénum du Parti communiste indochinois (PCI), réuni du 21 janvier au 3 février 1950, mit fin à une relative neutralité extérieure et adopta une ligne orthodoxe nettement antititiste : c'était le prix à payer pour qu'Hô Chi Minh obtînt de Staline, très suspicieux à son égard, mais aussi de Mao, l'intégration complète de son parti au bloc communiste que dirigeait d'une main de fer le chef du Kremlin. A son retour de Moscou, Hô négocia secrètement à Pékin une aide politique, militaire, économique et médicale, identifiée comme la clé de la survie de la RDV. La concrétisation de cette aide diversifiée se doubla d'une influence politico-idéologique croissante – et source de tensions palpables – sur le Viêt-minh, d'autant que des conseillers militaires chinois de haut niveau furent envoyés auprès des dirigeants civils et militaires de la RDV. Elle permit cependant aux troupes de Giáp de disposer d'un vaste sanctuaire, d'accélérer la modernisation de l'APV, et d'introduire des doses croissantes de guerre conventionnelle dans la conduite des opérations. Le résultat ne se fit pas attendre : au début du mois d'octobre, les troupes françaises furent piégées dans une gigantesque embuscade qui les contraignit à une évacuation précipitée des grands postes frontaliers du Nord-Vietnam, de Lao Cai à Lang Son, en passant par Cao Bang. Une défaite très grave pour la France : non seulement le CEFEO perdait 5 000 hommes dans les combats de la route coloniale (RC) n° 4, mais son adversaire disposait désormais d'un vaste sanctuaire. Soucieux de pallier rapidement ce grave revers, le gouvernement fit appel, fin 1950, à un chef prestigieux, le général de Lattre, auquel il confia les pouvoirs civils et militaires. Son volontarisme, son audace et sa force de conviction – utiles, en particulier, pour achever de convaincre les Américains d'augmenter leur aide – facilitèrent quelques succès tactiques. Trop confiant, Giáp connut ses premiers grands échecs militaires à l'issue des offensives qu'il lança, en 1951, dans le delta du fleuve Rouge, là où la supériorité de l'artillerie et de l'aviation françaises pouvait créer la différence. Pour l'APV, la transition souhaitée vers la guerre moderne, permise par une mobilisation sans précédent de la population dans l'histoire des guerres au XXe siècle (environ la moitié des 10 millions d'habitants du Nord-

Vietnam), s'accompagna d'une augmentation très sensible des pertes.

Au bout du compte, néanmoins, « l'effet de Lattre », mis en scène par une propagande efficace, se révéla éphémère, voire illusoire. Faute d'avoir opéré à temps un choix clair entre une intensification de la guerre, qui eût impliqué l'envoi du contingent et de nouvelles dépenses sans garantie de succès, et la négociation avec Hô Chi Minh recommandée par Pierre Mendès France après le désastre de la RC 4, les dirigeants de la IVe République crurent ou affectèrent de croire que la vietnamisation et l'américanisation du conflit pouvaient conduire à la victoire. Seuls quelques observateurs furent assez lucides pour prédire, dès 1949-1950, qu'une telle politique prolongerait inutilement la guerre civile tout en préparant à terme la relève de la France par les Etats-Unis.

1952-1954 : le dénouement

Organisation puissamment structurée, le PCI céda la place, en 1951, à trois partis nationaux – cambodgien, laotien et vietnamien *(Lao Dong)* – soudés par une alliance qui reconnaissait aux Vietnamiens la primauté politique. La stratégie vietnamienne pouvait dès lors se développer à l'échelle indochinoise. Au printemps 1952, le bureau politique du *Lao Dong*, peut-être inspiré par son allié chinois, décida d'orienter la « contre-offensive générale » vers la haute région du nord-ouest du pays, pour reprendre un espace stratégique jusqu'alors tenu par les Français, menacer le Laos et contribuer à la dispersion du CEFEO. Mais, éloignée de ses bases et dépourvue d'artillerie, l'APV subit de lourdes pertes dans l'attaque, fin 1952, du puissant camp retranché établi à Na San par le général Salan. Giáp ne tarda pas à en tirer les leçons... A nouveau menacé par les incursions de l'APV au printemps 1953, l'Etat associé du Laos obtint de la France la signature d'un traité d'amitié et d'association, le 22 octobre 1953, tandis que Norodom Sihanouk, le roi du Cambodge, se lançait dans sa « croisade pour l'indépendance ». Quant à Bao Dai, il s'irrita de la décision unilatérale de la France de dévaluer la piastre en mai 1953. Chacun des Etats associés s'impatientait ainsi de ne pas pouvoir jouir encore d'une indépendance réelle. Or, le gouvernement Mayer semblait désormais décidé à trouver les voies d'une sortie honorable de la guerre pour accélérer le rapatriement du CEFEO en Europe, condition d'un rééquilibrage des forces avec l'Allemagne et de la ratification du traité instituant la Communauté européenne de défense (CED) signé en mai 1952. Aussi confia-t-il au général Navarre, homme « neuf » nommé commandant en chef en Indochine, le soin d'améliorer la carte de guerre en vue d'une négociation. Inspiré par celui que Bao Dai avait commandé au général Alessandri, le plan auquel aboutit Navarre consistait à adopter une posture défensive au Nord-Vietnam et à ne conduire des opérations d'envergure que dans le Centre-Vietnam, avant de transférer la responsabilité de la sécurité de cette zone à l'Armée nationale du Vietnam pour libérer des effectifs et reconstituer un corps de bataille mobile apte à engager l'offensive finale au Nord-Vietnam l'année suivante. Ayant conditionné une augmentation de leur aide à la définition d'une stratégie plus offensive, les Américains acceptèrent de financer 78 % du coût de la guerre pour l'année 1954 à venir, contre 40 % fin 1952. Un record lourd de conséquences… Mais, le « plan Navarre » subit bientôt une inflexion majeure.

Pour stopper l'avancée soudaine de plusieurs divisions d'élite de l'APV vers le nord-ouest du Tonkin en octobre-novembre 1953, Navarre décida d'implanter une base aéroterrestre dans la plaine de Diên Biên Phu, aux confins du Laos. Avec 4 500 parachutistes, l'opération *Castor* – la plus importante des quelque 400 opérations aéroportées de la guerre d'Indochine – en permit le réinvestissement rapide au mois de novembre. Bientôt surgit du sol le plus puissant des camps retranchés jamais bâtis par le CEFEO. Malgré un siège en règle, la confiance dans la puissance de feu et le soutien aérien était générale ; l'offensive de l'APV, attendue avec impatience. Lorsque celle-ci éclata finalement, le 13 mars 1954, après que Giáp eut repoussé sa date et modifié la tactique initiale d'attaque éclair au profit d'un minutieux grignotage des positions françaises, les 12 000 hommes du colonel de Castries (promu général en pleine bataille) découvrirent avec stupeur la terrible efficacité de l'artillerie et de la DCA de leur antagoniste. Le lieutenant-colonel Piroth, responsable de l'artillerie du camp, se suicida. En trois puissantes offensives – 13 mars, 30 mars et 1er mai – rythmées de part et d'autre par une succession d'actes héroïques, de moments de doute et de profond découragement, les 50 000 hommes de l'APV, forts de l'aide logistique d'environ 300 000 travailleurs civils dans le domaine logistique, s'emparèrent l'un après l'autre de ces pitons insuffisamment fortifiés et restés dans la légende par leurs prénoms féminins, de Gabrielle au nord à Isabelle au sud. Avec le souci de se présenter en position de force à la conférence de Genève, dont les travaux sur l'Indochine devaient commencer le 8 mai, le bureau politique du *Lao Dong* avait décidé de faire de Diên Biên Phu la bataille principale d'une offensive généralisée, grâce à une intense mobilisation populaire couplée avec l'accélération de la réforme agraire. Commandant en chef auquel Hô Chi Minh avait dévolu tous les pouvoirs en vue de la victoire, Giáp demeurait en liaison étroite avec le bureau politique et la mission militaire de la RPC, dont l'aide fut délibérément intensifiée. Pourtant informé du renforcement considérable des effectifs et des moyens de l'adversaire, le général Navarre continua de subordonner la « bataille du Nord-Ouest » à la pièce maîtresse de son plan, l'opération *Atlante* en Centre-Annam. Les renforts qu'il fit parachuter au compte-gouttes et l'aide aérienne qu'il consentit à solliciter auprès des Etats-Unis – sans autre succès que le renfort appréciable de matériels et de pilotes d'une compagnie écran de la CIA, la *Civil Air Transport* – n'y changèrent rien. Le 7 mai, après cinquante-sept jours de siège ininterrompu, de combats acharnés et de sacrifices inouïs, un commando de l'APV s'emparait du QG du général de Castries, fait prisonnier avec tout son état-major et plus de

10 000 soldats. Plusieurs milliers, réfugiés sur les bords de la Nam Youn, avaient déjà abandonné le combat depuis longtemps. Pour tous, héros, antihéros et « déserteurs internes » de cette place devenue mythique de Diên Biên Phu, un moment érigée en « capitale de l'héroïsme » par une partie de la presse, le cessez-le-feu sonnait le début d'un nouveau calvaire, tandis que les nationalistes de plusieurs autres pays encore sous domination coloniale, comme sur le territoire algérien, célébraient ce « 14 Juillet de la décolonisation ».

Victoire fondatrice pour l'Etat-parti vietnamien, qui en tirait une puissante source de légitimation, symbole du réveil de l'Asie et des peuples encore colonisés face à l'Occident, Diên Biên Phu solda le complexe de supériorité de la puissance coloniale et l'incapacité de ses dirigeants à coordonner efficacement le politique et le militaire dans la conduite de la guerre. Le 21 juillet, à Genève, les négociateurs aboutissaient enfin, un an après l'armistice de Panmunjom qui avait mis fin à la guerre de Corée. Les accords sanctionnaient la fin de la guerre franco-vietnamienne : cessez-le-feu, du Nord (27 juillet) au Sud-Vietnam (11 août) ; regroupement des forces et libération des prisonniers de guerre (67 700 Vietnamiens libérés par les Français contre seulement 13 700 de l'Union française par le Viêt-minh). Le pays fut divisé provisoirement en deux zones, de part et d'autre du 17e parallèle, que des « élections générales libres au scrutin secret », prévues en juillet 1956, devaient réunifier. L'espoir d'une paix durable en Asie prenait corps dans les milieux diplomatiques français, séduits par les progrès d'une certaine neutralité en Indochine. La France espérait y contribuer en se rapprochant notamment du gouvernement de la RDV, au Nord-Vietnam, où Jean Sainteny prit la tête d'une « délégation générale de France », et de la Chine communiste. Ces espoirs furent néanmoins rapidement déçus. En effet, la défaite de Diên Biên Phu avait levé les dernières préventions de Paris à la nomination de Ngô Dinh Diêm, que l'on savait être un nationaliste intransigeant et farouchement anticommuniste, à la tête de l'Etat associé du Vietnam. Or, son gouvernement, seul légalement reconnu par Paris, n'était pas partie aux accords de Genève dont il récusa d'emblée les dispositions politiques. Il bénéficiait en outre du soutien total de l'administration Eisenhower-Dulles, bien décidée dans le cadre de la guerre froide à transformer le Sud-Vietnam en bastion anticommuniste aussi solide que la Corée du Sud.

Ainsi la guerre d'Indochine avait-elle accouché d'une paix ambiguë qui ne tarda pas à être mise en cause, d'abord par la répression anticommuniste du régime diémiste au Sud-Vietnam, puis par la décision du *Lao Dong* d'apporter son soutien politique et militaire à l'insurrection qui en résulta. Confrontée à de nouveaux tourments en Algérie, où une partie des anciens d'Indo crurent nécessaire de mettre en œuvre une « doctrine de guerre contre-révolutionnaire » directement inspirée de leur expérience indochinoise et source de graves dérives, la France disparut au profit des Etats-Unis comme puissance politico-militaire dominante dans la péninsule indochinoise. La présence économique et culturelle qu'elle réussit à préserver tant bien que mal au Sud-Vietnam, au Cambodge et au Laos lui servit pour renouer avec une influence, une décennie plus tard, cette fois-ci au bénéfice de la paix.

Pierre JOURNOUD

Bibliographie sélective

Lucien Bodard, *La Guerre d'Indochine. L'enlisement, l'humiliation, l'aventure*, Grasset, 1997 (1re éd. Gallimard, 1963 à 1967).

Michel Bodin, *La France et ses soldats, Indochine 1945-1954*, L'Harmattan, 2000.

Laurent Cesari, *Le Problème diplomatique de l'Indochine, 1945-1957*, Les Indes savantes, 2013.

Jacques Dalloz, *Dictionnaire de la guerre d'Indochine, 1945-1954*, Armand Colin, 2006.

Bernard Fall, *Indochine 1946-1962. Chronique d'une guerre révolutionnaire*, Robert Laffont, 1962.

—, *Diên Biên Phu, un coin d'enfer*, Paris, Robert Laffont, 1968 (traduction française posthume).

Christopher Goscha, *Vietnam. Un Etat né de la guerre 1945-1954*, Armand Colin, 2011.

Pierre Grosser, *La Guerre d'Indochine*, Perrin (à paraître).

Pierre Journoud et Hugues Tertrais, *Paroles de Diên Biên Phu. Les survivants témoignent*, Tallandier, 2004, 2012.

Jean-Marc Le Page, *Les Services secrets en Indochine*, Nouveau Monde Editions, 2012.

Fredrik Logevall, *Embers of War. The Fall of an Empire and the Making of America's Vietnam*, Random House, 2013.

Paul Mus, *Viêt-Nam. Sociologie d'une guerre*, Seuil, 1952.
Hugues Tertrais, *La Piastre et le Fusil. Le coût de la guerre d'Indochine, 1945-1954*, CHEFF, 2002.
Maurice Vaïsse (dir.), *L'Armée française dans la guerre d'Indochine, 1946-1954*, Complexe, 2000.

7

La guerre oubliée : Corée

(1950-1953)

A l'aube du 25 juin 1950, l'artillerie nord-coréenne ouvre le feu le long du 38e parallèle qui sépare la Corée du Nord de sa voisine du Sud : la guerre de Corée vient de commencer. Elle va durer trois années et compter parmi les plus meurtrières du XXe siècle. Cette « guerre oubliée », comme elle est surnommée aux Etats-Unis, constitue pourtant un événement majeur de la guerre froide : pour la première fois de son histoire, l'Organisation des Nations unies (ONU) déploie une force chargée de faire respecter le droit international en son nom. Pour la première – et la seule – fois, également, les deux blocs qui ont émergé après 1945 s'affrontent directement au point de précipiter le monde au bord d'une nouvelle guerre mondiale. Au terme de ces trois années de guerre, plus de 2 millions d'hommes, de femmes et d'enfants auront trouvé la mort. Quant à l'armistice qui met fin aux hostilités au mois de juillet 1953, il ne règle en rien le problème de fond : aujourd'hui encore les deux Corées sont juridiquement en état de guerre et la Corée du Nord agite régulièrement le spectre de l'utilisation de l'arme atomique.

La montée des extrêmes 1945-1950

La décision prise lors de la conférence de Potsdam (17 juillet-2 août 1945) de faire procéder, une fois la capitulation du Japon signée, au désarmement des troupes japonaises en Corée conjointement par les troupes soviétiques et américaines est à l'origine de la scission du pays. En effet, le 10 août 1945, cinq jours avant la reddition d'Hirohito, deux officiers d'état-major – les colonels Rusk et Bonesteel – fixent, de manière arbitraire, à hauteur du 38e parallèle la délimitation des zones d'influence respectives entre les Etats-Unis et l'Union soviétique. Cette « frontière » provisoire, qui ne répond à aucune justification historique, économique ou militaire, porte en germe la division définitive de la Corée en deux Etats indépendants et annonce la guerre à venir. De fait, immédiatement après l'arrivée des divisions de l'Armée rouge au nord du 38e parallèle, la zone allouée aux Soviétiques tombe sous la coupe des communistes locaux, soutenus par Moscou, et voit l'émergence d'un jeune leader qui s'est fait un nom en prenant une part active à la résistance contre les Japonais : Kim Il-sung[1]. Si ce dernier donne en partie satisfaction aux classes populaires, en favorisant

1. Né Kim Song-ju dans la région de Pyongyang en 1912, il rejoint la résistance antijaponaise au début des années 1930 et change alors de nom. Après 1945, Kim Il-sung, appuyé

notamment la réforme agraire qui voit la redistribution d'une partie des terres aux paysans, sa gestion autocrate et totalitaire des affaires ne laisse bientôt plus de doute quant à la nature du régime qui se met en place. De son côté, connaissant mal la Corée, son histoire et sa culture, l'administration militaire américaine en charge de la zone située en deçà du 38e parallèle multiplie les erreurs et, par peur du communisme, s'oppose farouchement à toute velléité de réformes sociales comme politiques. S'appuyant sur les partis de droite, voire d'extrême droite, dont certains ont collaboré avec l'occupant japonais, les Américains se choisissent également un champion en la personne du vieux dirigeant nationaliste Syngman Rhee[2]. Comme son homologue Kim Il-sung, il fait preuve d'autoritarisme et la violente répression dont fait montre sa police envers ses opposants politiques, outre les milliers de morts qu'elle provoque, jette les partis modérés dans les bras du communisme. Un nombre important de leurs militants trouvent refuge dans la chaîne des monts Taebaek, au centre de la Corée, et dans le sud-ouest de la péninsule coréenne où ils entretiennent des guérillas armées. De 1945 à 1948, les rapports entre Américains et Soviétiques se dégradent sans cesse et la volonté affichée par ces deux « superpuissances » de faire

---

par les Soviétiques, s'affirme progressivement comme le leader des communistes nord-coréens.

2. Né en 1875 dans un milieu modeste, Syngman Rhee rejoint la lutte antijaponaise dès 1896. Emprisonné, il est obligé de fuir la Corée. Il passe une grande partie de sa vie en exil aux Etats-Unis.

accéder la Corée à l'indépendance après une période de mise sous tutelle *(trusteeship)* disparaît sous le poids des antagonismes. Le recours à l'ONU par les Américains au mois de septembre 1947 et la résolution adoptée le 14 novembre suivant portant création d'une Commission temporaire des Nations unies en Corée chargée de faciliter la création d'un gouvernement coréen ne change rien, l'Union soviétique déclarant qu'elle ne coopérera pas avec cette instance. Au printemps 1948, l'idée d'unifier la Corée a fait long feu et chaque camp s'évertue à mettre sur pied un Etat indépendant qui lui serait inféodé. Ainsi, le 12 juin, la zone administrée par les Américains avec l'aide et le « conseil » des partis de droite regroupés autour de Syngman Rhee se dote d'une Constitution. Le 20 juillet, ce dernier est élu président de la République de Corée, celle-ci étant, enfin, officiellement proclamée le 15 août 1948, trois ans jour pour jour après la fin de l'occupation japonaise. En zone communiste, le processus est identique : Soviétiques et autorités nord-coréennes, après avoir, au mois de février 1948, créé l'Armée populaire de Corée (APC), procèdent le 25 août à l'élection de l'Assemblée populaire suprême. Le 9 septembre suivant, la République populaire et démocratique de Corée est à son tour proclamée et Kim Il-sung, déjà commandant suprême de l'APC, est élu au poste de Premier ministre, avant de devenir également l'année suivante premier secrétaire général du Parti du travail de Corée. A la fin de l'année 1948, deux Etats aux idéologies radicalement différentes, tous deux à la recherche d'une légitimité et d'un statut international, ont donc vu le jour.

Les deux régimes mis en place ont par ailleurs en commun d'être chacun dirigé par un leader charismatique décidé à donner une réalité aux déclarations d'indépendance et de réunification prononcées à l'envi depuis 1945. Pour cette raison, les Américains – dont les derniers soldats quittent le pays au mois de juin 1949 à l'exception d'un demi-millier de conseillers – limitent les exigences de Syngman Rhee dans le domaine militaire et refusent de doter la jeune armée sud-coréenne d'avions, de blindés ou encore d'une artillerie digne de ce nom. Pour le président Truman et son administration démocrate, la Corée ne constitue pas à cette date un enjeu important comparativement à l'Europe de l'Ouest ou à la Chine, et les Américains ne veulent surtout pas se laisser entraîner dans un conflit pour les seuls intérêts de Syngman Rhee. Toutefois, en n'accordant pas à la Corée du Sud les moyens d'attaquer, Washington la prive également des moyens de se défendre. Les Soviétiques, eux, ne font pas montre de la même pudeur, et les 5 000 instructeurs que Moscou détache en Corée du Nord à partir de 1948 forment son armée à la maîtrise et à l'entretien d'un matériel de guerre moderne livré en abondance : chasseurs Yak-9, bombardiers Iliouchine-2, tanks T-34/85 viennent ainsi renforcer l'armée populaire, sans compter les centaines de mortiers et pièces d'artillerie de calibres divers, parmi lesquels les fameux automoteurs SU-76 et autres canons de campagne de 122 mm qui ont montré leur efficacité pendant la Seconde Guerre mondiale.

Les relations entre les deux Corées, dégénèrent encore au cours de l'année 1949. Les incidents de frontière le long du 38e parallèle, lancés tantôt à l'initiative des Sud-Coréens, tantôt à celle de leurs voisins du Nord, font des centaines de morts, tout comme la répression accrue dont sont victimes les populations sud-coréennes hostiles au gouvernement de Syngman Rhee. A la veille de l'ouverture des hostilités, cette guerre civile qui ne dit pas son nom a déjà fait plus de 100 000 morts.

Pyongyang attaque et prend l'avantage

Le 25 juin 1950, finalement, Kim Il-sung décide d'en finir et de réunifier la Corée par les armes ; il ordonne à ses divisions, appuyées par 150 T-34/85, de passer à l'offensive. La responsabilité du déclenchement du conflit, longtemps attribuée à Staline, revient bien à Kim Il-sung. C'est lui et lui seul qui prend en effet l'initiative de l'agression contre la Corée du Sud. Bien sûr, Mao Zedong – qui vient de remporter la victoire contre les troupes de Tchang Kaï-chek – et Staline ont été consultés, mais le premier, s'il donne son accord, est loin d'être enthousiaste et craint – l'avenir lui donnera raison – que cette guerre ne le contrarie dans ses plans contre Taïwan, dernier îlot nationaliste qu'il souhaite réduire ; quant au second, davantage préoccupé par la situation en Europe de l'Ouest, s'il donne finalement son accord à l'offensive nordiste, il a bien prévenu qu'en cas d'échec l'Armée rouge resterait l'arme au pied et que les Nord-Coréens ne recevraient aucune aide. L'assurance donnée par Kim Il-sung que le régime de Syngman Rhee s'écroulerait rapidement et que la guerre serait donc de courte durée, la faiblesse de l'implication soviétique comme la curiosité manifestée face aux réactions des Etats-Unis et la possibilité, enfin, de se poser en médiateur si les choses tournaient mal ont en effet levé les dernières réticences de Staline. Une fois encore, ce dernier s'est montré particulièrement roué et espère, quoi qu'il arrive, tirer avantage des événements.

Face aux 130 000 combattants nordistes, solidement encadrés idéologiquement et bien instruits, qui franchissent le 38e parallèle, les quelque 90 000 soldats sud-coréens, faiblement armés et beaucoup moins motivés que leurs adversaires, sont incapables d'opposer une résistance sérieuse et organisée. Au troisième jour de l'offensive, Séoul tombe, l'armée sud-coréenne se disloque et des centaines de milliers de réfugiés, fuyant les combats, commencent à encombrer les routes : à la fin du mois de juin 1950, la Corée du Sud est au bord du K.-O. Seule, désormais, l'intervention des troupes des Nations unies peut éviter un effondrement total et la victoire de Kim Il-sung. En effet, une fois connue l'ampleur de l'offensive nord-coréenne, les Etats-Unis ont réagi très tôt et, le jour même de l'attaque, leur représentant saisit le Conseil de sécurité de l'ONU. La résolution 82 invitant la Corée du Nord à retirer immédiatement ses troupes restant lettre morte, une nouvelle résolution – n° 83 – est votée le 27 juin 1950, autorisant cette fois le recours à la force pour faire respecter le droit international. Tous les Etats membres sont invités à participer à la coalition qui se met en place sous le drapeau de l'ONU pour rétablir la souveraineté de la Corée du Sud ; au total seize nations – dont la France – répondent à l'appel et envoient des contingents tandis que cinq autres acceptent d'apporter une assistance médicale mais refusent de participer aux opérations armées. Les Etats-Unis, en ayant recours à l'ONU pour légitimer leur intervention, marquent leur volonté de s'opposer fermement à l'expansionnisme communiste et se posent définitivement en champion du monde libre. D'ailleurs, ce sont eux qui fournissent l'essentiel des hommes et de l'armement employés dans la péninsule coréenne et le général en chef des troupes onusiennes, nommé le 7 juillet 1950, n'est autre que le général MacArthur qui occupe déjà les fonctions de commandant suprême des forces alliées au Japon et de chef des forces américaines en Extrême-Orient. A cette date, il est déjà auréolé de la gloire acquise sur les champs de bataille de la Première Guerre mondiale ou du Pacifique. Si son prestige et son charisme sont incontestables, son fort caractère et son indépendance d'esprit en font également un subordonné très difficile à commander.

Victoire américaine

Contrairement au pronostic de Staline, les Américains sont donc intervenus et le débarquement, à Pusan, des premières troupes de la 8e armée au début du mois de juillet suscite un immense espoir en Corée du Sud. Pour les Sud-Coréens, il est évident que la formidable machine de guerre américaine aura bientôt raison des communistes. En réalité, les premiers affrontements entre GI et soldats nord-coréens tournent à l'avantage des seconds et révèlent l'impréparation et l'inexpérience des combattants américains, dépassés par la qualité de l'adversaire comme par sa tactique. Cinq ans après la fin de la Seconde Guerre mondiale, il faut bien en convenir, l'armée américaine n'est plus que l'ombre d'elle-même et peine à s'opposer aux divisions de Kim Il-sung. Retranchés à partir de la fin du mois de juillet dans le périmètre défensif de Pusan, les Américains et leurs alliés résistent pourtant vaillamment, notamment grâce à l'action de l'aviation, à toutes les tentatives nord-coréennes de les rejeter à la mer. D'ailleurs, le rapport des forces est progressivement en train de s'inverser, car, toutes les semaines, des milliers d'hommes et de tonnes de matériels sont déversés dans le port de Pusan et sont désormais prêts à être jetés dans la bataille. Il revient à MacArthur de lancer la contre-offensive qu'il prépare depuis deux mois et qui vise à couper la logistique et le corps de bataille ennemis en procédant à un débarquement sur ses arrières, à Inchon, et en s'emparant de Séoul, nœud de communication stratégique par où transite l'essentiel des renforts et du ravitaillement des forces nord-coréennes. La manœuvre conçue par le général en chef rencontre pourtant de violentes oppositions au sommet de l'Etat et de la hiérarchie militaire et il faut toute l'opiniâtreté et la séduction de MacArthur pour parvenir à arracher l'autorisation de la mettre en œuvre ; le 23 août 1950, ce dernier déclare ainsi au général

Collins, chef d'état-major de l'armée américaine et à son homologue de la marine, l'amiral Sherman : « Nous débarquerons à Inchon, et je les écraserai. » De fait, le 15 septembre, la 1re division de Marines, mise sur pied pour les besoins de cette opération et intégrée à un nouveau corps d'armée – le 10e –, se lance à l'assaut d'Inchon et, contrairement aux préventions de nombreux officiers de haut rang, le succès est immédiat. Écrasés sous un déluge de fer et de feu, les défenseurs nord-coréens ne peuvent s'opposer au débarquement américain et les contre-attaques montées à la hâte échouent. Critiqué quelque temps plus tôt pour ses conceptions stratégiques, MacArthur devient du jour au lendemain le « sorcier d'Inchon », selon les propres mots du secrétaire d'Etat américain, Dean Acheson. Si la marche sur Séoul, les jours qui suivent, se révèle plus meurtrière pour les Marines et les combattants de la 7e division d'infanterie qui les ont rejoints, les Nord-Coréens ne sont plus en mesure d'arrêter la marche victorieuse des troupes des Nations unies, d'autant que, plus au sud, les forces de la 8e armée rompent le front du périmètre défensif de Pusan et entament leur progression afin de faire la jonction avec les hommes du 10e corps d'armée. Le 28 septembre, trois mois jour pour jour après sa chute, la capitale sud-coréenne est finalement libérée. Les divisions nord-coréennes, elles, sont considérablement affaiblies – certaines n'alignent plus qu'un millier d'hommes – et tentent d'échapper à la destruction totale en rejoignant la Corée du Nord. Au 30 septembre 1950, les forces onusiennes atteignent le 38e parallèle : la Corée du Sud est rétablie dans ses droits et les buts de guerre définis par les résolutions des Nations unies semblent atteints ; les opérations armées en Corée peuvent donc, logiquement, prendre fin. Toutefois, ce n'est pas l'option défendue par les Etats-Unis, qui voient dans les succès obtenus l'occasion de mettre un terme définitif au régime communiste de Kim Il-sung et d'envoyer par là même un message de fermeté à l'Union soviétique. Le 7 octobre 1950, l'Assemblée générale des Nations unies vote le texte inspiré par Washington – malgré les réticences britanniques – qui fournit un cadre d'action légal à l'unification de la Corée par les armes. A la grande satisfaction des militaires américains qui entendent bien remporter une victoire totale, ordre est donné aux troupes de l'ONU de reprendre leur marche en avant : le 1er octobre 1950, la 3e division sud-coréenne franchit le 38e parallèle, suivie une semaine plus tard par les GI de la 1re division de cavalerie américaine, la célèbre *1st Cav*. Après les combats furieux des semaines précédentes, l'avancée en territoire nord-coréen semble presque facile, l'armée de Kim Il-sung, en pleine déroute, n'opposant plus que des combats retardateurs. Le 19 octobre 1950, la capitale nordiste, Pyongyang, tombe aux mains de la coalition. Le fleuve Yalu, qui matérialise la frontière entre la Chine et la Corée, est en passe d'être atteint – il l'est même effectivement en divers endroits par quelques éléments motorisés –, et avec lui l'espoir d'une conclusion rapide de la guerre.

L'enlisement

Pourtant, les mêmes raisons qui ont poussé les Américains à entrer en guerre au profit de Syngman Rhee vont entraîner les communistes chinois à intervenir dans le conflit. Dans le contexte de guerre froide, il y va en effet de l'honneur de chaque camp de ne pas laisser détruire un allié. Ainsi, la chute du leader sud-coréen aurait ridiculisé Washington et celle de Kim Il-sung affaiblirait la position internationale du nouveau maître de la Chine rouge. De fait, les Chinois, comme ils l'annoncent régulièrement depuis la fin du mois d'août, ne comptent pas rester sans réaction à l'approche des Américains : il est hors de question pour Mao de laisser les troupes des Nations unies venir « planter leurs tentes » sur les rives du Yalu et de ses usines hydroélectriques, indispensables au développement industriel de la Mandchourie. Cette menace d'intervention n'est cependant pas prise au sérieux par les Américains, et notamment par MacArthur qui n'y voit qu'un « bluff » destiné à diviser les forces onusiennes et à les empêcher d'anéantir les débris du corps de bataille nord-coréen. Devant le refus soviétique d'intervenir ouvertement dans le conflit, c'est seul que Mao prend finalement la décision d'engager ses troupes : le 18 octobre 1950, il ordonne en conséquence à ses « volontaires » – le terme choisi évite l'implication officielle de la Chine communiste dans le conflit – de franchir le Yalu et de pénétrer en territoire coréen. Un mois plus tard, environ 300 000 soldats de l'Armée populaire de libération attendent, cachés dans les montagnes et forêts du

Nord de la Corée, l'occasion de passer à l'action. Celle-ci leur est donnée par MacArthur, qui, restant sourd aux renseignements alarmants qui lui parviennent quant à la présence des troupes chinoises, décide de déclencher l'offensive finale, celle qui doit voir le retour des *boys* aux Etats-Unis pour Noël. Peu avant minuit le 25 novembre 1950, et alors que les éléments américains ont progressé la veille sans rencontrer de résistance, les forces chinoises passent à l'attaque. Au son des trompettes, des sifflets et des explosions, les soldats de l'ONU se voient submergés par la masse des combattants adverses sur l'ensemble du front. Pour éviter la destruction totale de ses forces, MacArthur ordonne aux troupes de la 8e armée, sur la côte occidentale de la Corée, et à celles du 10e corps, sur la côte orientale, de procéder à une retraite générale. Pour couvrir ce repli, très coûteux en hommes et en matériels, l'utilisation de l'arme atomique est même pour la première fois évoquée dans le conflit coréen. Comme MacArthur l'écrit au président Truman, les Nations unies doivent désormais faire face à « une guerre totalement nouvelle ». De fait, il ne s'agit plus désormais de gagner mais bien d'éviter la catastrophe : le 4 janvier 1951, Séoul tombe de nouveau. Cependant, la puissance de feu de l'armée américaine, l'insuffisance logistique des Chinois et la nouvelle tactique développée par le général Ridgway – qui prend le commandement de la 8e armée à la fin du mois de décembre 1950 avant de remplacer MacArthur en avril 1951 – rétablissent la situation. Au cours du premier semestre 1951, toutes les offensives communistes sont brisées et se soldent par des dizaines de milliers de morts. Alors que les troupes de l'ONU atteignent de nouveau le 38e parallèle et reprennent Séoul pour la seconde fois depuis le début des hostilités, les Sino-Coréens, à bout de souffle, acceptent l'idée d'un dialogue afin de tenter d'obtenir par la négociation ce qu'ils n'ont pu obtenir par les armes. A compter du 10 juillet 1951, date à laquelle s'ouvrent les pourparlers de paix de Kaesong[3], la guerre change de nature. Les belligérants, profitant de l'arrêt des grandes offensives, s'enterrent, fortifient leurs positions, posent des mines et creusent des tranchées. Le conflit entre alors dans une nouvelle phase, ponctuée de discussions et de combats qui rappellent par bien des côtés ceux de la Grande Guerre. Les mois se succèdent sans rencontrer d'avancées significatives. Les opérations marquent le pas et chaque camp use de ses atouts pour agir sur les négociations. Alors que les Américains procèdent à des bombardements de terreur sur les villes nord-coréennes, réduites à l'état de ruines, les Sino-Coréens utilisent l'arme psychologique destinée à émouvoir et à déstabiliser les opinions publiques occidentales et accusent notamment, au printemps 1952, les Américains d'employer des armes bactériologiques. En définitive, c'est la mort de Staline, le 5 mars 1953, plus que tout autre événement, qui va mettre un terme à l'impasse dans laquelle se trouvent les belligérants. La disparition du leader soviétique permet en effet d'arriver à la conclusion d'un armistice, signé offi-

3. Kaesong, petite ville localisée à 7 kilomètres au nord du 38e parallèle, est située à environ 80 kilomètres au nord-ouest de Séoul.

ciellement à Panmunjom le 27 juillet 1953. Au terme de trois années de guerre, la péninsule coréenne est dévastée, plus de 2 millions de militaires et de civils ont été tués, dont près d'un million de Chinois, les Etats-Unis ayant eux à déplorer la perte de plus de 33 000 hommes et la France 279 000. En définitive, les deux camps sortent renforcés du conflit : il a permis à Mao d'affirmer son pouvoir sur la scène internationale et montré la volonté des Etats-Unis d'endiguer le communisme par la force. Par ailleurs, la guerre de Corée a confirmé la toute-puissance militaire des Américains, qui ont mis en œuvre une gamme complète de matériels militaires, à l'instar des hélicoptères et des bombardiers, lesquels seront abondamment utilisés au Vietnam. Soixante-dix ans après la cessation des hostilités, Corée du Sud et Corée du Nord sont toujours divisées à hauteur du 38e parallèle, et si la première est devenue une puissance économique de premier rang, la seconde, dernière dictature stalinienne de la planète, continue régulièrement, par sa rhétorique guerrière et ses menaces d'emploi de l'arme atomique, de troubler la paix de la communauté internationale.

Ivan CADEAU

LE SIÈCLE DE SANG

Bibliographie sélective

Ivan Cadeau, *La Guerre de Corée*, Perrin, 2013.

Bruce Cumings, *The Korean War. A History*, New York, Modern Library, coll. « Modern Library Chronicles », 2010.

David Halberstam, *The Coldest Winter : America and the Korean War*, Pan Books, 2009.

Max Hastings, *The Korean War*, Pan Books, coll. « Pan Military Classics », 2010.

Pierre Journoud (dir.), *La Guerre de Corée et ses jeux stratégiques de 1950 à nos jours*, L'Harmattan, 2013.

8

La guerre d'Algérie (1954-1962)

Le divorce entre la France et l'Algérie, amorcé à la Toussaint 1954, sera une longue, douloureuse et sanglante période opposant, les armes à la main, tenants de la présence française et partisans de l'indépendance. Sept années dites d'« opérations de maintien de l'ordre » s'étirant jusqu'au printemps 1961, suivies d'une année de marche accélérée mais douloureuse vers l'indépendance. Depuis, les deux pays cherchent à oublier, sans jamais y parvenir, tant les rancœurs restent présentes et les souvenirs à vif.

La Toussaint sanglante

La France a pris pied en Algérie dès juin 1830, avec le débarquement de Sidi Ferruch ; une intervention tendant à contrer les pirates turcs écumant la Méditerranée, en réponse aussi à un contentieux financier sanctionné par une insulte du dey au consul de France. L'invasion française met fin à trois siècles de domination ottomane, mais l'occupation va être source de conflits longs et fréquents avec les populations locales. Fer de lance de l'expansion tricolore, le général Bugeaud devient gouverneur général en 1840 ; la colonisation à proprement parler datant de 1870. Deux ans plus tard, il était recensé 2 125 000 indigènes et 245 000 Européens ; chiffres portés en 1954 à 8 450 000 musulmans et 1 080 000 non-musulmans

Le 1er novembre 1954, l'Algérie s'enflamme. Certes, il y a déjà eu des flambées de violence, comme à Alger le 1er mai 1945, puis une semaine plus tard à Sétif, où une vingtaine d'Européens ont été massacrés ; après quoi la répression a fait plusieurs milliers de morts. Mais jamais encore, au cours d'une même nuit, n'ont éclaté autant de bombes – une trentaine –, n'ont été commis autant d'attentats – soixante-dix –, aussi bien dans l'Algérois que dans l'Oranais ou le Constantinois. L'on compte aussi une embuscade dans les Aurès, entre Biskra et Arris, et l'assassinat d'un vieux bachaga ami de la France et d'un jeune homme venu de métropole avec sa femme – les époux Monnerot voulaient enseigner en Algérie... Au total, l'on compte huit morts, quatre blessés et d'importants dégâts matériels. Sur les lieux des attentats, en ville comme dans le bled, les enquêteurs retrouvent un manifeste réclamant la fin du colonialisme par la lutte armée, l'indépendance !

L'idée est née, elle va fleurir ; l'écrivain kabyle Jean Amrouche, vivant au carrefour des deux civilisations, la mettra bientôt en vers :

On ne nous fera pas prendre des vessies peintes
De bleu, de blanc et de rouge,
Pour les lanternes de la liberté [1].

C'est une quinzaine de jours avant novembre 1954, à Alger, qu'un petit groupe de nationalistes a décidé de la création d'un nouveau mouvement, le Front de libération nationale (FLN), doté d'une organisation militaire : l'Armée de libération nationale (ALN).

Le FLN, à cette date, n'a que quelques centaines d'hommes à engager dans son action clandestine, pratiquement aucun moyen financier, pas plus de doctrine que de leader... La France n'est guère mieux lotie : le camp retranché de Diên Biên Phu est tombé en mai 1954, mais ses troupes ne quittent que progressivement l'Indochine ; l'armée a moins de 50 000 hommes en Algérie. Les turbulences agitant le Maroc et la Tunisie, qui accéderont en 1956 à l'indépendance, laissent croire à Paris que le fleuron de l'Empire peut rester calme. A Alger, les analyses des autorités divergent : pour les uns, ces premiers attentats ont été commandés depuis Le Caire, pour les autres, ce ne sont que des mouvements tribaux. Le président du Conseil, Pierre Mendès France, déclare devant les députés, le 12 novembre : « Qu'on n'attende de nous

1. *Le Combat algérien,* écrit à Paris en juin 1958, a été publié par diverses revues, puis inclus par Denise Barrat, dans son recueil *Espoir et Parole, poèmes algériens* édité par Seghers en juin 1963.

aucun ménagement à l'égard de la sédition, aucun compromis avec elle. On ne transige pas lorsqu'il s'agit de défendre la paix intérieure et l'intégrité de la République. »

Or l'Algérie vient d'entrer dans la guerre : aux ratissages sans grands effets de l'armée française répondent les attentats du FLN contre les notables musulmans, les voies ferrées, les lignes électriques, les récoltes ou les troupeaux.

La nomination de Jacques Soustelle

Pour la France se pose d'entrée un problème d'autorité, le gouverneur général Roger Léonard n'est plus l'homme de la situation. Lui succède, le 25 janvier 1955, Jacques Soustelle, militant antifasciste de l'avant-guerre, ancien résistant, gaulliste inconditionnel. Sa nomination est bien acceptée par la gauche, mais immédiatement rejetée par les Européens d'Algérie, en particulier le million de Français d'origine que l'on surnomme les « pieds-noirs ». Soustelle ne fait pas des affaires militaires sa priorité ; il préfère travailler à l'amélioration de l'emploi, l'éducation, l'agriculture, le progrès social. Il cherche aussi le contact avec l'adversaire tout en se refusant à engager des négociations qui ne sont pas dans ses attributions.

En mars 1955, Soustelle prend pourtant en main les opérations militaires : il ne veut plus de ces énormes ratissages sans effet mais préfère le recours à des unités plus petites, plus mobiles, invente l'autodéfense, réimplante les bureaux des « affaires indigènes » qui deviennent les SAS (sections administratives spécialisées). Le 3 avril 1955 est adoptée la loi instaurant l'état d'urgence en Algérie, ce qui augmente les pouvoirs de l'armée en matière de répression. Face à l'avenir, Soustelle opte pour l'intégration, persuadé que le fédéralisme conduira à l'indépendance. Le gouvernement Edgar Faure lui emboîte le pas, en reconnaissant aux Algériens le droit à la différence, notamment en matière de langue, de culture et de religion. Trop tard sans doute.

Le drame de Philippeville, le 20 août 1955, bouleverse le gouverneur général. Le FLN a programmé le massacre de tous les Européens de la ville ; l'armée l'apprend, se tient prête. Le FLN, passant à l'action, perd des centaines d'hommes ; mais dans les villages environnant Philippeville, les rebelles massacrent hommes, femmes et enfants. Lorsque Soustelle vient s'incliner devant les cercueils des 123 victimes européennes, il est pris à partie par la foule. Dès lors, il va changer de politique, comme s'il venait de comprendre que ses idées libérales avaient été assassinées. La répression redouble, aggravant la rupture entre les deux communautés.

L'échec de Guy Mollet

En métropole, le climat politique s'altère : l'Assemblée nationale est dissoute le 2 décembre 1955. A Alger, Soustelle tente l'impossible sans parvenir à enrayer l'insurrection : sabotages, assassinats de colons ou de musulmans attachés à la France se multiplient. Il y a maintenant 190 000 soldats français en Algérie ; l'ALN aligne 6 000 réguliers renforcés par son OPA : l'organisation politico-administrative qui contrôle la vie des douars les contraint à fournir les guetteurs, les guides, les collecteurs de fonds et à ravitailler les clandestins.

Le successeur d'Edgar Faure est Guy Mollet. Désigné le 31 janvier 1956, il rappelle les réservistes et remplace aussitôt Soustelle par le général Catroux. Soustelle, mal accueilli un an plus tôt, rembarque dans sa plus grande gloire le 2 février ; les pieds-noirs entendent le garder et descendent dans la rue. Son successeur désigné ne pourra jamais venir s'installer ; il donne sa démission alors que Mollet, qui voulait l'imposer, repart d'Alger sous les projectiles de la foule. Alger vient de découvrir sa puissance : la rue peut faire reculer le pouvoir !

Une semaine plus tard, le 9 février, Robert Lacoste accepte la fonction de ministre résident et le rôle de gouverneur général. Ses premiers propos apaisent les tensions : « La France est en Algérie de par un contrat national et elle y restera. »

Radicalisation

Les forces françaises restent incapables de contrer une rébellion préférant le terrorisme aux combats traditionnels. Le gouvernement prolonge la durée du service militaire et franchit un cap supplémentaire en envoyant les appelés du contingent en Algérie. Le FLN décide aussi de se réorganiser : c'est l'objet du congrès de la Soummam, aux environs du 20 août 1956. Il s'agit d'un rendez-vous clandestin, au cœur de la Kabylie, qui rassemble exclusivement les représentants algériens des combattants de l'intérieur et marginalise en conséquence les figures de proue du mouvement à l'étranger. Deux durs, Belkacem Krim et Abane Ramdane, deviennent les vrais patrons de l'ALN. Alors à Tunis, Ben Bella, figure la plus en vue du mouvement, découvre que le congrès a créé un « comité de coordination extérieur » qui siégera obligatoirement en Algérie. Dans leur volonté de tout organiser, les congressistes fixent même les grades, les galons, les soldes des fellaghas…

L'affaire de Suez, à l'automne 1956, constitue une parenthèse dans les combats algériens, mais aux lourdes conséquences : Nasser, vexé de voir les Etats-Unis refuser de financer le barrage d'Assouan, a décidé de nationaliser unilatéralement le canal. L'Angleterre et la France s'estiment lésées et tentent une intervention militaire. La 10e division parachutiste du général Massu fait route vers l'Egypte. A peine les hostilités engagées, à peine le succès entrevu, Paris et Londres reçoivent le 6 novembre un ultimatum de Washington et de Moscou : que les combats cessent immédiatement ! Nasser se gargarise de cette pseudo-victoire, ridiculise les « petits soldats parfumés de l'armée française ». En Algérie, les rebelles considèrent que les hésitations franco-britanniques leur sont favorables ; ils entendent aussi venger Ben Bella : son avion, le conduisant du Maroc en Tunisie, est détourné sur Alger le 22 octobre 1956 ; il y a aussi le cargo *Athos II*, chargé d'armes en provenance du Caire, qui a été intercepté par la marine française une semaine plus tôt. En rétorsion, Alger, où Ben Bella est aussitôt emprisonné, devient la cible des terroristes.

La bataille d'Alger

Dès la mi-novembre 1955, une série d'attentats a ensanglanté la ville capitale. Aux explosions de la fin septembre au Milk Bar et à La Cafétéria succèdent celles du 13 novembre, dans un autobus, au Monoprix de Maison-Carrée, à la gare d'Hussein-Dey, puis le 29 novembre boulevard de Provence et à La Pergola ; le bilan est d'une centaine de blessés.

Lacoste est encore neuf dans ses fonctions, le nouveau commandant en chef, Raoul Salan, vient d'arriver ; les deux hommes se comprennent : il faut débarrasser Alger des poseurs de bombes. Lacoste offre un renfort appréciable à Salan en mettant à sa disposition la 10ᵉ DP de retour d'Egypte. Les parachutistes sont lancés dans une aventure qui leur déplaît : un « travail de flics », disent les officiers de Massu. Mais la police travaille peu et mal : trop de liens avec la population, des policiers musulmans que leurs collègues européens regardent avec suspicion, une organisation douteuse. Aux parachutistes de jouer donc. C'est l'affaire de quatre régiments : les 1ᵉʳ REP (régiment étranger parachutiste), 1ᵉʳ RCP (régiments de chasseurs parachutistes), 2ᵉ et 3ᵉ RPC (régiment de parachutistes coloniaux) ; leurs chefs, les colonels Jean-Pierre,

Mayer, Bigeard et Chateau-Jobert, vont traquer un adversaire inconnu, invisible.

Pour venir à bout d'un ennemi impossible à identifier, le renseignement est prioritaire. Il faut identifier les rouages de l'organisation clandestine, les chefs comme les poseurs de bombes. Un premier événement, dès janvier 1957, aide la 10e DP : la grève, annoncée par le FLN pour le 28 janvier, doit être « générale et insurrectionnelle ». Elle est destinée à frapper les esprits au moment même où l'ONU doit débattre du problème algérien. Or, le mouvement est un échec : les parachutistes ouvrent de force les commerces fermés, leurs camions conduisent les Algériens à leur travail, l'armée force les portes de la Casbah, réputée inviolable.

Mais si le renseignement permet d'identifier les leaders du FLN, de récupérer les bombes par dizaines, il a aussi sa contrepartie : la torture. Que le 1er REP démantèle les premiers réseaux de soutien européens, essentiellement dans les milieux catholiques, n'est pas étranger à la campagne lancée depuis Paris contre le recours aux violences. La mort du leader Ben M'Hidi nourrit aussi la campagne. Pourtant, malgré les attentats des stades le 9 février (9 morts et 45 blessés), des lampadaires le 3 juin (8 morts, 90 blessés) et du Casino de la Corniche le 9 juin (9 morts, 920 blessés), la tension baisse en ville. L'arrestation de l'un des chefs emblématiques du FLN, Yacef Saadi, l'organisateur d'une série d'attentats meurtriers, et la mort d'Ali la Pointe, un ancien souteneur devenu homme de main, marquent la fin de la bataille d'Alger début octobre. Elle se solde par une victoire à la Pyrrhus où le succès militaire est entaché par une défaite morale. Violences, tortures, disparitions, l'opinion ne supporte pas. Le pouvoir nomme une commission « de sauvegarde des droits et des libertés individuelles » que présidera Pierre Béteille, conseiller à la Cour de cassation. Elle enquête en Algérie, dès la fin 1957. Elle travaille lentement, note le peu de plaintes « circonstanciées et crédibles ». Elle est aussi agitée par des divergences internes, puisque trois de ses membres démissionnent avant la publication du rapport final. Dans ce texte, une phrase de l'ancien préfet Paul Haag peut légitimement choquer : « Il faut reconnaitre honnêtement que les méthodes brutales d'interrogatoire – violences, sévices ou tortures – ont une efficacité nettement supérieure aux procédés autorisés par le règlement. »

Les barrages aux frontières

Pour le commandant en chef, l'essentiel est désormais de couper l'ALN de ses bases arrière, en Tunisie et au Maroc. Les barrages, déjà amorcés, sont étendus, renforcés, sans que le FLN renonce à ses passages en force. Si le Maroc demeure sur la réserve, la Tunisie est plus engagée. Salan demande à pouvoir exercer un droit de suite si les Français sont agressés par-delà la frontière. Le 8 février 1958, un appareil décolle de Telergma, vole vers la Tunisie ; à l'approche de Sakiet Sidi Youssef, le pilote voit des coups de feu partir du poste de douane et de la gendarmerie, d'autres batteries le prennent à partie ; touché, il se pose à Tébessa. L'ordre de riposter est immédiat : les avions décollent de Telergma, l'attaque de Sakiet Sidi Youssef commence à 11 h 05. Salan informe Lacoste qui l'approuve. Le bilan sera toujours imprécis : les renseignements français font état d'une centaine de morts ; côté tunisien, le secrétaire à la présidence du Conseil, Bahi Ladgham, a invité les responsables du FLN à taire leurs pertes et à déclarer que les victimes étaient des réfugiés venus percevoir un secours.

De cette crise franco-tunisienne découle l'idée d'un arbitrage extérieur que lance le nouveau président du Conseil Félix Gaillard. Ces « bons offices » seront confiés à un Américain, Robert Murphy, déjà connu pour avoir préparé, en 1942, le débarquement américain en Algérie. L'initiative est mal reçue par les pieds-noirs comme par les militaires, qui entrevoient un risque réel d'internationalisation de la situation.

Dès lors le climat algérois se modifie. S'installe à Alger une « antenne de la Défense nationale », une sorte d'annexe de son ministère voulue par Jacques Chaban-Delmas, ministre de la Défense nationale du gouvernement Félix Gaillard en 1957 et 1958, après avoir été ministre d'Etat du gouvernement Guy Mollet de 1956 à 1957. Elle sera le vivier de la fronde croissante contre une IVe République à l'agonie.

A cette même époque, le prix Nobel de littérature honore un écrivain algérois attaché aux deux communautés, Albert Camus. Il est interrogé à Stockholm, en cette fin 1957, sur les événements d'Algérie. Sa réponse crée la polémique : « J'ai toujours condamné la terreur. Je dois condamner aussi un terrorisme qui s'exerce aveuglément, dans les rues d'Alger par exemple, et qui un jour peut frapper ma mère ou ma famille. Je crois en la justice, mais je défendrai ma mère avant la justice. »

Les « événements » de mai 1958

Dès le printemps 1958, Alger bruisse de complots, plus ou moins discrets. Tous ont le même objectif : garder l'Algérie à la France. Les regards se portent vers Colombey-les-Deux-Eglises où s'ennuie le général de Gaulle. Une crise ministérielle précipite les événements : le 15 avril 1958, le gouvernement de Félix Gaillard est renversé. Georges Bidault, René Pleven, René Billières et Jean Berthoin renoncent à le remplacer. Pierre Pflimlin accepte, mais, avant même son investiture, il commet un impair : « J'estime, déclare-t-il, qu'il faut saisir toute occasion d'engager des pourparlers en vue d'un cessez-le-feu. »

Insupportable pour les pieds-noirs comme pour les militaires… Salan, appuyé par son état-major, demande que Pflimlin renonce ; Alger, sous pression, est prête à exploser.

La déflagration ne tarde pas : le 13 mai, au terme de l'hommage rendu à trois soldats français fusillés en Tunisie, 100 000 Algérois défilent puis assiègent le gouvernement général, le GG. Vers 21 heures, le général Massu apparaît au balcon du GG. Il annonce à la foule que l'armée répond à l'élan populaire en créant un Comité de salut public, ce que les activistes souhaitaient. A Paris, Pierre Pflimlin est investi par les députés le 14 mai. Le lendemain, face à la foule algéroise, Salan reprend la parole et conclut ainsi son propos : « Nous gagnerons parce que nous l'avons mérité et que là est la voie sacrée pour la grandeur de la France. Vive la France, vive l'Algérie française et vive de Gaulle. »

En fin d'après midi, Léon Delbecque, vice-président du Comité de salut public intervient ; il lit à la foule un télégramme de l'homme du 18 Juin : « Naguère, le pays, dans ses profondeurs, m'a fait confiance pour le conduire tout entier jusqu'au salut. Aujourd'hui, devant les épreuves qui montent de nouveau vers lui, qu'il sache que je me tiens prêt à assumer les pouvoirs de la République. »

Dès lors, les contacts secrets se multiplient entre Alger et la métropole, même si Pflimlin a décidé du blocus de l'Algérie : plus de liaisons maritimes ou aériennes, plus de courrier ni de téléphone, plus de ravitaillement ni de munitions pour les armées… Ce même 15 mai, c'est l'énorme surprise : des musulmans par milliers, anciens combattants en tête, puis les hommes, les enfants, portant haut les drapeaux tricolores, quittent la Casbah pour rejoindre les manifestants européens. Le lendemain, les femmes se joignent à eux. Cet immense élan de fraternisation en ville se conjugue avec un calme inhabituel dans le bled laissant supposer que l'ALN se terre dans les djebels.

Le retour du Connétable

Au soir du 26 mai, Salan apprend que Pflimlin a rencontré secrètement de Gaulle. Or le Général, dès le lendemain, 27 mai, clame à tous vents l'objet de leur rencontre : « J'ai entamé hier le processus régulier nécessaire à l'établissement d'un gouvernement républicain capable d'assurer l'unité et l'indépendance du pays. »

Afin de forcer le destin, Massu agite en parallèle un projet dit « Résurrection », plan concocté pour lancer des parachutistes sur la métropole, qui ne sera qu'un leurre – ce que les militaires appellent une gesticulation. De Gaulle y fera pourtant allusion lorsqu'il recevra les représentants de Salan, à Colombey-les-Deux-Eglises, le 28 mai : « Oui, mais je ne veux pas apparaître tout de suite dans les fourgons de l'armée ! Je veux demeurer l'arbitre. Il est immensément préférable que j'obtienne le pouvoir légalement. »

Dès le lendemain le président René Coty fait appel au premier des Français afin qu'il devienne le premier en France.

Le 1er juin, Charles de Gaulle est investi président du Conseil. Le gouvernement qu'il compose déplaît immédiatement aux Algérois : trop d'hommes sont issus des précédents ministères, dont Pflimlin devenu leur bête noire. Le 4 juin, de Gaulle se rend à Alger où il lance son fameux « Je vous ai compris… » suivi le lendemain, à Mostaganem, par le non moins célèbre : « Vive l'Algérie française ! », un cri qui restera sans lendemain.

Sur le terrain des opérations, la situation est stabilisée. L'ALN pose des mines, tend des embuscades, mais évite les gros accrochages, sauf lorsqu'il s'agit de franchir les barrages aux frontières. En face, l'armée française subit les événements ; les régiments de métier, ou à forte proportion d'engagés, traquent les rebelles ; les unités d'appelés gardent leurs postes, assurent les ouvertures de route et tentent de contrôler les populations. Désormais, la création de zones interdites permet de considérer tout intrus comme un rebelle et contraint les habitants des douars à se regrouper autour des postes militaires, loin de leurs cultures et de leurs mechtas, ces maisons basses bâties en torchis ocre.

Politiquement, le fossé se creuse entre de Gaulle et les militaires. De Gaulle ne reparlera jamais plus de « l'Algérie française » et refusera d'user du mot « intégration ». Au fil des semaines, il avance pas à pas : il évoque tour à tour l'Algérie « qui aurait une place de choix » dans une large communauté ; avant de compliquer le jeu avec une autre formule : « Vive l'Algérie avec la France, vive la France avec l'Algérie » ; puis c'est « la métropole et l'Algérie », avant qu'il ne lance, le 23 octobre, une autre perspective : « La paix des braves », pour aller, le 7 décembre 1958, jusqu'à : « Vivent ensemble l'Algérie, la Communauté, la France ! » Deux semaines plus tard, Raoul Salan est relevé et remplacé par Maurice Challe. Quelques jours encore et la IVe République s'efface devant la Ve ; le dernier président du Conseil devient le premier président du nouveau régime.

Et qu'auraient pensé les militaires s'ils avaient eu connaissance des propos que de Gaulle réserve, en juin 1958, au journaliste Pierre Viansson-Ponté dans un avion volant vers Ajaccio : « Les généraux, au fond, me détestent. Je le leur rends bien. Tous des cons. Vous les avez vus, en rang d'oignons sur l'aérodrome, à Telergma ? Des crétins, uniquement préoccupés de leur avancement, de leurs décorations, de leur confort, qui n'ont rien compris et ne comprendront jamais rien. Ce Salan, un drogué. Je le balancerai aussitôt après les élections. Ce Jouhaud, un gros ahuri. Et Massu ! Un brave type Massu, mais qui n'a pas inventé l'eau chaude. Enfin, il faut faire avec ce que l'on a. »

Les évolutions de Charles de Gaulle

Le 10 février 1959, le nouveau Premier ministre, Michel Debré, de retour d'Algérie, déclare encore : « L'Algérie est terre de souveraineté française. Ceux qui y vivent sont des citoyens français. » Au Conseil supérieur de défense, il est décidé de porter de 30 000 à 50 000 hommes les effectifs des harkas, ces unités combattantes composées d'Algériens fidèles à la France. Dans le même temps, Alger s'inquiète : trop d'anciens fellaghas convaincus d'assassinat sont libérés. Le temps passe, sans la moindre clarification ; jusqu'à la spectaculaire conférence de presse du 16 septembre 1959 et une nouvelle formule lancée par le chef de l'Etat : l'autodétermination ! Face à ce que beaucoup qualifient de reniement, il est à nouveau question de complots pour sauver l'Algérie française, trop de complots pour que le pouvoir n'en soit pas informé. Ce dernier a-t-il provoqué l'interview du général Massu par un journaliste allemand ? Cela s'est dit, sans preuve formelle. Massu, dans cet entretien, ne ménage pas son chef, auquel il voue pourtant une loyauté sans faille : « L'armée ne pouvait pas s'attendre à ce que de Gaulle pratique une telle politique. » Accompagnant Challe à Paris, ce fidèle grognard apprend qu'il ne repartira pas pour Alger. Les pieds-noirs s'enflamment, se révoltent ; c'est, du 24 janvier au 1er février 1960, la fameuse « semaine des barricades » : une ville dressée contre le pouvoir, avec la sympathie évidente des militaires. Le 29 janvier, de Gaulle évoque encore pour l'Algérie « la solution la plus française » ; ce n'est qu'une étape intermédiaire dans son évolution ; le 4 novembre 1960, dans une intervention télévisée, il en vient à... l'Algérie algérienne, puis il fait référence à une « République algérienne, laquelle existera un jour, mais n'a encore jamais existé ».

Entre-temps, les opérations se poursuivent sur le terrain. Certes, l'ALN est maintenant mieux armée, mieux équipée, mais les troupes françaises lui mènent la vie dure. Les plans Challe sont des réussites ; partout, ou presque, les rebelles sont dominés. Certains chefs rebelles prennent même des contacts avec la France, ce qui conduira l'un d'entre eux, Si Salah, jusqu'à l'Elysée, après quoi la piste, prometteuse, sera oubliée et Si Salah assassiné. A Paris, deux procès se succèdent : en septembre 1960, celui du réseau Jeanson dit « des porteurs de valises », qui aidaient le FLN ; puis, en novembre, celui des « barricades ». Certains des accusés disparaissent entre deux audiences, ils choisissent l'exil en Espagne où Raoul Salan les a précédés. Et les rumeurs de complot repartent… avec des projets d'attentat contre de Gaulle, attendu en Algérie à la mi-décembre. Il y aura bien, à cette date, des mouvements de la population européenne, mais le FLN, lui aussi, descend dans les rues d'Alger et d'Oran, brandissant ses drapeaux vert et blanc… Suit, le 8 janvier 1961, le référendum sur la politique algérienne du Général largement approuvée et qui témoigne du détachement de la métropole envers son emblématique colonie. Le schisme entre Paris et Alger recoupe celui entre le chef de l'Etat et les pieds-noirs, laissant augurer une issue tragique dont témoigne l'apparition d'un mouvement clandestin : l'Organisation armée secrète ou OAS, qui prend progressivement forme aux premières semaines de 1961.

La tragédie

L'OAS naît à Madrid d'une entente entre Pierre Lagaillarde, député d'Alger désormais en fuite puisqu'il s'est éclipsé du procès des « barricades » en cours, et Jean-Jacques Susini, étudiant en médecine, compromis lui aussi dans l'affaire des barricades ; les deux hommes ont successivement présidé l'Association des étudiants d'Alger. Elle ne prendra son essor qu'après le putsch du 21 avril 1961. Les généraux Challe, Jouhaud et Zeller, rejoints par Salan, ont en effet choisi la révolte après que de Gaulle, le 11 avril précédent, eut évoqué un « Etat algérien souverain ». Leur échec cuisant, cinq jours plus tard, tient à des évidences : sauf quelques régiments, l'armée n'a pas suivi ; Challe n'a pas voulu associer les civils européens à la rébellion ; la métropole est restée à l'écart. Challe et Zeller se livrent ; Jouhaud et Salan entrent dans la clandestinité et ce dernier prend la tête de l'OAS. Suivront des mois de manifestations, d'attentats, de plasticages qui font régner un climat de terreur, obligeant le pouvoir à précipiter l'issue. Après des mois de pourparlers secrets – qui ont notamment mobilisé Georges Pompidou, l'homme de confiance du président –, les accords d'Evian, le 19 mars 1962, et le cessez-le-feu, dès le lendemain, n'empêchent pas l'Algérie d'entrer dans une nouvelle phase de violences : les règlements de comptes entre Arabes partisans ou adversaires de la présence française ; les assassinats de milliers de harkis par le FLN ; la fusillade de la rue d'Isly, à Alger le 26 mars, avec des dizaines d'Européens tués par l'armée française ; l'exode des pieds-noirs vers la métropole où le gouvernement n'a rien prévu pour leur accueil ; les massacres d'Oran, le 5 juillet, où le FLN exécute plusieurs centaines d'Européens, laissent des traces ineffaçables. Les contacts pris entre l'OAS et le FLN pour négocier la place des pieds-noirs dans le futur Etat n'aboutiront jamais.

Pour en finir avec cent trente ans de présence française, il ne manque plus que l'approbation de la métropole. Elle ratifie les accords d'Evian, qui ne seront jamais respectés par l'Algérie, sans que la France y trouve à redire ; puis elle accepte l'autodétermination. Les deux référendums, le 8 avril et le 1er juillet 1962, donnent respectivement 90,7 % et 91,2 % de oui au retrait de la France. Sept ans de guerre s'achèvent ainsi dans un climat d'amertume et de rancœur généralisé chez les Français d'Algérie. L'armée française reconnaîtra la mort de 27 500 combattants. Le bilan côté algérien sera à jamais approximatif, en tout cas inférieur au million de victimes annoncé par Alger ; 400 000 reste vraisemblable, mais en prenant en compte les meurtres perpétrés par le FLN sur ses coreligionnaires, notamment au cours de l'été 1962, après le cessez-le-feu.

Cinquante ans plus tard, les blessures demeurent mal cicatrisées et la relation franco-algérienne complexe, oscillant entre rapprochements et tensions. Plus globalement, la France est meurtrie par un conflit où elle a remporté la victoire militaire mais perdu la bataille politique. L'abandon des harkis, le sort réservé aux pieds-noirs d'un côté, la torture et l'OAS de l'autre ne cessent d'alimenter des querelles mémorielles où la polémique prime sur le débat et le nécessaire recul historique. En dépit de la geste gaullienne, la perte de son empire a laissé la France veuve d'un grand dessein tout en créant un sentiment de culpabilité envers notre passé colonial. Héritage lourd et tragique qui est encore loin d'être soldé.

Pierre PELLISSIER

LA GUERRE D'ALGÉRIE

Bibliographie sélective

Mémoires

Maurice Challe, *Notre révolte*, Presses de la Cité, 1968.
Yacef Saadi, *Souvenirs de la bataille d'Alger*, Julliard, 1962.
Hélie de Saint Marc, *Mémoires, les champs de braises*, Perrin, coll. « Tempus », 2002.
Raoul Salan, *Mémoires*, Presses de la Cité, 1972-1974.

Etudes

Bernard Droz et Evelyne Lever, *Histoire de la guerre d'Algérie*, Seuil, 1982.
Mohammed Harbi, *Les Archives de la révolution algérienne*, Jeune Afrique, 1981.
François-Xavier Hautreux, *La Guerre d'Algérie des harkis. 1954-1962*, Perrin, 2013.
Mohamed Lebjaoui, *Bataille d'Alger ou bataille d'Algérie ?*, Gallimard, 1972.
Pierre Montagnon, *La Guerre d'Algérie*, Pygmalion, 1984.
Raymond Muelle, *La Guerre d'Algérie en France*, Presses de la Cité, 1994.
Pierre Nora, *Les Français d'Algérie*, Bourgois, 2012.
Pierre Pellissier, *La Bataille d'Alger*, Perrin, 1995 ; coll. « Tempus », 2002.
—, *Massu*, Perrin, 2003.
—, *Salan*, Perrin, 2014.

9

La guerre du Vietnam (1964-1975)

Première défaite de l'histoire américaine, la guerre du Vietnam a provoqué une crise morale et politique profonde aux Etats-Unis. Pourtant, le conflit ne s'est pas limité à Washington. Enfant de la guerre d'Indochine, il a irradié dans toute la région, à commencer par le Cambodge et le Laos, sur fond de rivalité croissante entre Moscou et Pékin.

Le piège des images

Dans l'histoire des relations tumultueuses des médias avec la guerre, celle du Vietnam occupe une place à part. Rarement une guerre aura été à ce point associée à l'image ; rarement les reporters auront joui d'une aussi grande liberté. Au Vietnam, la guerre a fait l'image autant que l'image a fait la guerre. A l'opposé de la relative discrétion dans laquelle s'est déroulée la guerre d'Indochine, sa matrice, le « Vietnam des Américains » a suscité une débauche d'images. De l'immolation du bonze Tich Quang Duc, le 11 juin 1963, à l'évacuation précipitée d'une grappe de gens fuyant vers un hélicoptère américain juché sur le toit de ce que l'on prend pour l'ambassade des Etats-Unis, le 29 avril 1975, la guerre tout entière semble pouvoir être résumée par une poignée de clichés emblématiques. Peu importe que Malcolm Brown, dont la photographie du bonze immolé a reçu le prix Pulitzer en 1964, fût en réalité favorable à l'engagement militaire de son pays au Vietnam ; peu importe que le second eût photographié des Vietnamiens fuyant vers un hélicoptère d'Air America, la compagnie écran de la CIA, sur le toit du QG du chef de la station de la CIA à Saigon, l'opinion y a vu le symbole de l'impérialisme oppresseur des Etats-Unis, humiliés par une retraite précipitée.

La photographie a très vite reçu le renfort de la télévision : pour la première et dernière fois dans l'histoire des conflits de la seconde moitié du XXe siècle, cette *living-room war* a été retransmise quotidiennement sur des écrans de télévision de plus en plus nombreux. La stratégie médiatique très libérale adoptée par le gouvernement américain a démultiplié les vocations de reporter de guerre, dont le nombre augmente proportionnellement à celui des soldats américains : 250 en 1965 à plus de 700 en 1968, après l'offensive du Têt. L'irruption de la guerre dans le quotidien des gens a nourri un mouvement antiguerre hétéroclite et transnational ; fait naître quantité d'engagements militants, idéologiques, humanitaires, artistiques ; et contribué à mobiliser de multiples intermédiaires en faveur de la paix. Elle a aussi provoqué des overdoses fatales, en détournant durablement l'intérêt de ceux qui en ont été victimes pour ce pays devenu la métaphore de l'hyperviolence.

Or, quelles que soient sa qualité intrinsèque, sa force et la puissance de ses relais, l'image ne dit cependant pas tout. Elle fige, simplifie, déforme, ampute ou occulte. Elle peut susciter des représentations erronées. La guerre du Vietnam a maintes fois inspiré la métaphore du combat entre David – les guérilleros vietnamiens en pyjama noir et en sandales, armés de simples fusils – et Goliath – la superpuissance américaine, forte de ses hélicoptères, de ses B-52 et de sa dévastatrice puissance de feu. Sans être fausse, compte tenu de la persistante asymétrie des moyens utilisés, cette image mérite d'être nuancée. De même, les représentations imagées de la guerre tendent à faire disparaître les alliés des Etats-Unis – Vietnamiens en majorité, Cambodgiens et Laotiens, et quelques autres pays d'Asie-Pacifique. Les guerres civiles – les plus meurtrières de toutes – ont pourtant précédé, accompagné et survécu à l'engagement militaire des Etats-Unis dans la région. L'image incrimine souvent la seule responsabilité des Américains, même lorsque celle des alliés sud-vietnamiens est directement en cause, comme dans le cas de Kim Phuc, cette petite fille de 8 ans photographiée en juin 1972, nue et hurlant de douleur, dans sa course désespérée pour échapper à ses douleurs et à la mort, alors qu'elle venait d'être grièvement brûlée dans un bombardement au napalm perpétré par des pilotes sud-vietnamiens… Elle dénie aussi aux dirigeants communistes leur part de responsabilité dans cette immense tragédie. Qu'il fortifie la bonne conscience guerrière des Américains, comme dans *Rambo 2*, ou torture la mauvaise, comme dans *Apocalypse Now*, le cinéma véhicule d'ailleurs la même ambivalence. L'image donne à voir bien des visages de la guerre mais ne peut en dévoiler tous les recoins, toutes les coulisses. Elle ne saurait tenir lieu d'histoire.

Les prodromes de la guerre

L'affrontement entre Américains et Vietnamiens communistes – péjorativement appelés « Viêtcong » – est le visage le plus familier de cette guerre, le plus visible, le plus spectaculaire, et sans doute aussi le plus lourd de conséquences. De 1950 à 1975, de Truman à Nixon, pas moins de cinq présidents des Etats-Unis se sont laissé entraîner, d'une façon apparemment inexorable, dans le bourbier indochinois. Après l'effacement politico-militaire de la France, l'alliance américano-vietnamienne a connu son âge d'or, entre 1957, année de la visite officielle du président de la république du Sud-Vietnam Ngô Dinh Diêm aux Etats-Unis, et 1961, celle de la visite du vice-président Lyndon Johnson à Saigon. Mais, entre-temps, la guerre civile s'était progressivement rallumée. Au Sud-Vietnam, terrain expérimental du *state building* à l'américaine, la répression brutale des communistes avait réveillé la fièvre insurrectionnelle dans les campagnes ; au nord, la dérobade des grandes puissances devant les élections générales de 1956 pourtant prévues par les accords de Genève pour réunifier le Vietnam avait poussé le bureau politique du *Lao Dong*, le « Parti des travailleurs », à soutenir par étapes la reprise de la lutte armée, malgré les velléités modératrices de ses alliés chinois et soviétique. En 1959, la promulgation de la loi 10/59 par Diêm, créant des tribunaux spéciaux pour juger toute personne impliquée dans des activités communistes, poussa Hanoi à rendre public son changement d'orientation. En liaison étroite avec les révolutionnaires du Sud, réunis au sein du Front national de libération du Sud-Vietnam (FNL) à partir de décembre 1960, la République démocratique du Vietnam (RDV) se prépara à une lutte violente et prolongée, sous toutes ses formes, terrorisme inclus. Si la réunification pacifique du pays demeurait encore officiellement l'objectif suprême, l'échec de la politique de respect des accords de Genève qu'Hô Chi Minh et d'autres dirigeants du parti avaient imposée aux « sudistes » alimenta une méfiance profonde et durable vis-à-vis de toute négociation multilatérale.

Convaincu de la nécessité de ne pas s'engager dans une guerre terrestre en Asie du Sud-Est, Kennedy repoussa plusieurs plans de débarquement et de bombardement dans la péninsule indochinoise, au profit d'un programme de contre-insurrection à grande échelle. Il fut ainsi le premier président à procéder, avec le soutien du Congrès, à la première escalade drastique de la guerre au Sud-Vietnam, en 1961, pour faire face à ce qu'il considérait comme une puissante offensive du Nord-Vietnam contre le Sud. Craignant de perdre une monnaie d'échange dans la négociation avec les Soviétiques sur Berlin, il refusa parallèlement les propositions de neutralisation du Sud-Vietnam défendues par un général de Gaulle désireux de retrouver sa marge de manœuvre diplomatique à l'approche du règlement du conflit algérien. La convergence franco-britannique permit d'apaiser temporairement les tensions instrumentalisées par les grandes puissances au Laos, où l'affrontement pour le pouvoir des trois factions – de droite, communiste et neutraliste – tournait à la guerre civile. Mais Kennedy ne semble avoir lâché du lest au Laos, dont la neutralité fut officiellement consacrée par les accords de Genève de 1962, que pour intensifier la pression militaire au Sud-Vietnam, face à une Chine communiste considérée par son administration comme la menace principale dans la région. Les conseillers militaires américains au Sud-Vietnam allaient bientôt se compter par milliers et participer directement aux combats. En revanche, les pressions américaines en faveur de réformes politiques restèrent sans effet sur Diêm et son frère et principal conseiller Nhu, de plus en plus contestés et isolés. Leur traitement privilégié de la minorité catholique nourrit un malaise croissant dans la population, que la répression de manifestations bouddhistes pourtant pacifistes transforma en crise politico-médiatique majeure à l'été 1963. L'administration Kennedy en vint progressivement à apporter un appui discret mais décisif à un groupe de généraux et d'officiers supérieurs vietnamiens qui projetaient de renverser le régime diémiste par la force. Le 1er novembre éclata le coup d'Etat qui les porta pendant seulement trois mois au pouvoir, sous l'autorité du général Duong

Van Minh, non sans un dommage collatéral que les Etats-Unis n'avaient pas souhaité : l'assassinat de Diêm et de son frère Nhu, le 2 novembre, par un officier sud-vietnamien. La jeune Armée nationale du Vietnam (ANV) était minée à son sommet par des divergences profondes sur la stratégie à suivre pour éviter la communisation de la moitié méridionale du pays. Saigon, en proie à une fièvre conspirationniste, vécut pendant plusieurs mois au rythme des coups d'Etat. Les représentants civils et militaires américains au Sud-Vietnam surent tirer parti des ambitions personnelles et des rivalités entre diémistes, antidiémistes ou neutralistes, pour favoriser l'ascension du groupe le plus anticommuniste et le plus belligène. En février 1965, l'arrivée au pouvoir de ces « Jeunes-Turcs » partisans de l'américanisation de la guerre permit, sous l'égide des généraux Nguyên Van Thiêu et Nguyên Cao Ky, la stabilisation au moins apparente d'un régime aux abois. Pourtant, profondément enraciné parmi les populations de part et d'autre du 17e parallèle, le rêve d'une paix durable s'évanouissait chaque jour un peu plus.

Les visages de la guerre

Hanoi, pour sa part, avait cru pouvoir exploiter à son profit la déliquescence du régime sud-vietnamien en intensifiant la pression militaire au Sud-Vietnam dès la fin de l'année 1963, puis en décidant, à l'été 1964, l'envoi des premières unités de combat de l'Armée populaire du Vietnam (APV) au sud. Ce tournant en faveur de la guerre semble avoir marqué le triomphe de la faction « radicale » du parti communiste, dont Lê Duan était devenu le secrétaire général et leader en 1960, sur la faction « modérée » incarnée notamment par Hô Chi Minh et le général Giáp. Lê Duan se sentit même assez fort, lors d'une réunion spéciale du comité central du parti en décembre 1963, pour accuser ces derniers de mollesse, de manque d'audace et de fermeté... Avec l'aide de Lê Duc Tho, placé à la tête de la commission très stratégique chargée de l'organisation du parti, et du général Nguyên Chi Thanh, le principal rival de Giáp, il poursuivit la construction d'un Etat totalitaire au Nord-Vietnam, consolida son pouvoir personnel en recourant à des purges régulières pour marginaliser ses rivaux, et prépara le parti à une guerre ouverte avec les Etats-Unis.

Prenant prétexte d'incidents navals dans le golfe du Tonkin, provoqués par l'opération *Desoto* qui combinait des actions clandestines de commandos sud-vietnamiens sur les côtes de la RDV avec une mission classique de renseignement dirigée par le service de renseignements de l'US Navy et la National Security Agency, Lyndon Johnson, qui avait succédé à Kennedy après l'assassinat de ce dernier le 22 novembre 1963, ordonna les premiers bombardements de représailles sur le Nord-Vietnam, le 5 août 1964. Le 7, le Sénat votait une résolution que l'Administration avait préparée plusieurs mois à l'avance autorisant le président à « prendre toutes les mesures nécessaires pour repousser une attaque armée contre les forces des Etats-Unis et prévenir toute nouvelle agression »... Plusieurs attentats contre des intérêts américains au Sud-Vietnam poussèrent Johnson à assumer le risque d'une escalade limitée, en mars 1965, contre les défenseurs d'un retrait, plus nombreux qu'il n'a été dit aux Etats-Unis mêmes. Tournant le dos aux propositions activement défendues par le général de Gaulle, en particulier la réunion d'une nouvelle conférence de Genève pour garantir le retrait des grandes puissances et la neutralisation du Vietnam, à l'exemple de la politique neutraliste poursuivie par le Cambodge de Sihanouk, le président ordonna successivement l'opération *Rolling Thunder* de bombardements prolongés sur le Nord-Vietnam, puis le débarquement de quelque 3 500 Marines sur les plages de Da Nang destinés à protéger les bases américaines. Dès lors, les effectifs n'allaient plus cesser d'augmenter jusqu'en 1969, pour répondre aux incessantes demandes de renforts du commandant en chef, le controversé général Westmoreland : ceux de l'armée américaine (de 184 300 hommes, fin 1965, à 543 000, en avril 1969, par rotations d'un an) et ceux de l'ANV (643 000 hommes en 1965 ; 897 000 en 1969).

Dans le cadre de la stratégie de guerre d'usure privilégiée par Washington, Westmoreland a développé dès 1964 – et intensifié au printemps 1967, avec le programme CORDS *(Civil Operations and Revolutionary Development Support)* – un volet « contre-insurrectionnel » destiné à « pacifier » la population sud-vietnamienne, en multipliant les initiatives dans les domaines alimentaire, médical, matériel, scolaire et sécuritaire. Son nom reste toutefois associé à un ensemble de tactiques militaires conventionnelles qui se sont révélées à l'usage inopérantes, voire désastreuses, telles que les opérations de ratissage *search and destroy*, fondées sur l'espoir que la mobilité permise notamment par un recours sans précédent à l'hélicoptère (12 000 appareils utilisés pendant toute la guerre) et la puissance de feu américaines pourraient faciliter la destruction des grandes unités militaires de l'adversaire et lui infliger des pertes supérieures à ses capacités de remplacement. Dans les *free-fire zones*, supposées – mais en fait rarement – dépourvues de civils, chaque Vietnamien non identifié était considéré comme un combattant ennemi que les soldats pouvaient abattre ou bombarder sans autorisation préalable. Tout comme les pulvérisations de défoliants chimiques hautement toxiques dont Kennedy avait autorisé l'usage en novembre 1961 pour dégarnir le couvert végétal et affamer l'adversaire, les bombardements furent intensifiés, au Nord et plus encore au Sud-Vietnam et au Laos, sur des cibles de plus en plus nombreuses et diversifiées. Au total, plus de 3 millions de tonnes de bombes, soit presque autant que sur l'ensemble des théâtres européens et asiatiques pendant la Seconde Guerre mondiale, furent largués en quatre ans sur une superficie à peu près équivalente au territoire français, jusqu'à leur cessation ordonnée unilatéralement par Johnson, le 31 octobre 1968. Des études internes avaient pourtant montré, dès 1966-1967, que ces bombardements étaient inefficaces puisqu'ils n'avaient pas contraint les dirigeants communistes à renoncer à la réunification pour préserver les fragiles acquis économiques au nord, comme l'espéraient alors les stratèges américains, ni empêché l'augmentation croissante des infiltrations de soldats et de matériels du nord vers le sud, à travers les voies terrestres et maritimes de la « piste Hô Chi Minh ». Le très grand nombre de victimes civiles qu'ils provoquaient – un millier en moyenne chaque semaine selon McNamara, le secrétaire à la Défense – les rendait même contre-productifs. En galvanisant le patriotisme traditionnel et la résistance nationale, ils facilitaient la politique de mobilisation des populations vietnamiennes poursuivie avec détermination et efficacité par le parti communiste.

De même, dans le domaine des opérations terrestres, l'obsession du *Body Count* et l'usage immodéré de leur puissance de feu par les soldats américains et alliés contre des civils vietnamiens assimilés à tort ou à raison aux combattants « Viêt-cong » a démultiplié le nombre de crimes de guerre. La mémoire collective s'est polarisée sur la tragédie de My Lai, où furent exécutés plus de 500 villageois, le 16 mars 1968. Mais l'enquête diligentée peu après par le Pentagone a mis au jour plusieurs centaines d'autres massacres délibérés de civils non combattants. Les soldats américains ne furent pas seuls en cause. Outre la responsabilité présumée de leur adversaire, par exemple dans les charniers découverts à Huê lors de l'offensive du Têt, les alliés des Américains se rendirent eux aussi coupables d'atrocités. Ainsi, trois semaines avant le massacre de My Lai, des soldats sud-coréens avaient tué de sang-froid plusieurs dizaines d'habitants désarmés dans le hameau de Ha My… En réponse à l'appel lancé en 1965 par Johnson, le *More Flags Program*, la Corée du Sud avait envoyé au Sud-Vietnam le contingent étranger le plus important – 312 853 soldats au total entre 1965 et 1973, dont 4 407 périrent au combat –, loin devant les effectifs également fournis par la Thaïlande, l'Australie, les Philippines, la Nouvelle-Zélande et Taïwan. Tous ces pays, auxquels on pourrait ajouter Hong Kong, la Malaisie et Singapour, retirèrent de leur engagement aux côtés des Etats-Unis d'importants bénéfices économiques et financiers, estimés entre 3 et 10 % de leur PNB.

Mais si la guerre du Vietnam a contribué à enrichir certains pays situés en périphérie du théâtre des opérations, elle a engendré un niveau de pertes très élevé, proportionnel à l'escalade des combats et des bombardements : 5 000 morts dans les rangs américains depuis le début de la guerre, en décembre 1966 ; 16 000 en décembre 1967 et 30 000 en décembre 1968 ; plusieurs centaines de milliers de morts vietnamiens, militaires et civils des deux camps, en moyenne chaque année ; et des millions de réfugiés. Elle a provoqué, au sein de la société américaine, une recrudescence des divisions et des protestations : tandis qu'une partie des élites et de la population américaines reprochait à Johnson de mener une guerre trop limitée (celui-ci se refusa jusqu'au bout à des mesures militaires drastiques pour ne pas risquer comme en Corée l'intervention militaire de la Chine, puissance nucléaire depuis 1964), le mouvement d'opposition à la guerre prenait de l'ampleur, dans le contexte de l'essor du mouvement hippie et de la contre-culture. Avec plusieurs centaines de milliers de manifestants dans les rues des grandes villes américaines au printemps 1967, et des relais associatifs bien structurés, incluant les vétérans du Vietnam et dépassant de loin les frontières des Etats-Unis, les opposants à la guerre commencèrent à peser sur les décisions de l'exécutif. Ce dernier fut, comme le Congrès, traversé par des dissensions croissantes sur la conduite de la guerre et les chances à donner à la négociation.

De plus en plus fragile, le consensus de façade affiché par l'administration américaine se brisa net lors du déclenchement simultané dans plusieurs dizaines de localités importantes du Sud-Vietnam de l'offensive surprise du Têt, fin janvier 1968. Les premières mesures de désescalade décidées par Johnson, après le succès de la contre-offensive américano-vietnamienne, furent de courte durée, comme les espoirs de conclusion rapide de la guerre. Vainqueur des élections en novembre 1968, le nouveau président Richard Nixon et son conseiller à la sécurité nationale, Henry Kissinger, en revinrent dès 1969 à une stratégie fortement coercitive, avec usage des menaces, parfois les plus irrationnelles (la « diplomatie du *madman* » tendant à faire croire aux dirigeants communistes que Nixon était imprévisible et, sinon fou, du moins porté aux mesures les plus extrêmes) ; rapprochement poursuivi avec l'URSS et amorcé d'une façon inattendue avec la Chine, dans l'espoir de contraindre la RDV à une négociation plus favorable aux Etats-Unis (la « diplomatie triangulaire ») ; renforcement de l'ANV et modernisation de ses équipements (la « vietnamisation ») ; extension des opérations terrestres au Cambodge, aussitôt après le renversement de Sihanouk par le général Lon Nol en mars 1970, puis au Laos en 1971 ; début des bombardements sur le Cambodge, secrètement ordonnés en janvier 1969 (plus de 500 000 tonnes de bombes, entre 1969 et 1973, dont la moitié environ pour la seule année 1973, sur un pays de 181 000 kilomètres carrés !) ; reprise des bombardements au Laos et surtout au Vietnam, avec les opérations *Linebacker I*, de mai à octobre 1972, et *Linebacker II*, en décembre 1972 ; enfin, intensification du volet contre-insurrectionnel de la guerre sous l'égide du général Abrams, nouveau commandant en chef depuis juin 1968. Le programme *Phoenix* visant à éliminer l'infrastructure politico-administrative du Front national de libération, en réponse aux dizaines de milliers de Sud-Vietnamiens assassinés par les communistes depuis la fin des années 1950, en fut incontestablement l'aspect le plus spectaculaire mais aussi le plus contesté : sur les 26 000 individus effectivement éliminés entre 1968 et 1972, le Pentagone reconnut lui-même que seule une portion marginale avait été impliquée dans l'insurrection, et des dizaines de milliers d'autres Sud-Vietnamiens furent torturés et jetés en prison. Ainsi, quelle que fût leur stratégie, les Américains se voyaient rattrapés par les vieux démons auxquels les Français avaient été confrontés une vingtaine d'années avant eux : même surextension stratégique, même impossibilité de faire jouer à plein la supériorité en puissance de feu, aviation et armement, sauf lors de rares batailles conventionnelles comme à Khe Sanh, en 1968, ou pendant les offensives du Têt ou du printemps 1972 ; même crise morale engendrée par l'absence de victoire décisive, l'importance des pertes et, mais à une échelle jusqu'alors inconnue, l'ampleur des crimes de guerre.

Face à la guerre d'attrition des Américano-Vietnamiens, limitée dans ses objectifs mais particulièrement destructrice dans ses procédés, la RDV et le FNL (devenu Gouvernement révolutionnaire provisoire à partir de 1969) opposèrent une guerre totale fondée sur une mobilisation massive des populations, une « guerre populaire » combinant étroitement les « trois fronts », militaire, politique et diplomatique, habile synthèse entre les principes stratégiques traditionnels des Vietnamiens, les apports étrangers, surtout maoïstes et soviétiques, et l'expérience tirée des combats de haute intensité contre les Français, dont la plupart des généraux et officiers de l'APV envoyés au sud à partir de 1964 avaient l'expérience. Sous l'impulsion du général Thanh, commandant du *Central Office for South Vietnam* (COSVN) jusqu'à sa mort en 1967, la stratégie de l'APV, sans jamais délaisser la guérilla, s'orienta rapidement, au sud, vers une guerre conventionnelle de grosses unités, mais à la vietnamienne : faite de brefs assauts surprise suivis de désengagements soudains, accompagnés par une lutte politique incessante au sein des populations et des forces armées ennemies. L'aide militaire et économique de ses alliés chinois (dont le montant varia, selon les années, de 180 millions à un peu plus d'un milliard de dollars annuels, entre 1967 et 1974) et soviétique (400 à 900 millions de dollars) fut moins importante que celle des Etats-Unis à la République du Vietnam (entre 1 et 35 milliards de dollars selon les années, durant la même période). Elle permit cependant à la RDV et au FNL de poursuivre la modernisation de leurs forces armées, en les équipant d'avions de chasse, de missiles sol-air, de camions, de tanks et de blindés, d'artillerie, de radars et d'équipements de communication, d'armes à feu, de munitions ou encore de médicaments. La RDV bénéficia même, en vertu d'un accord secret conclu avec Mao en décembre 1964, du concours de plus de 300 000 soldats chinois affectés exclusivement à des tâches d'assistance technique et logistique – mais qui furent tous retirés en 1970 –, du renfort de quelques milliers de conseillers soviétiques et de plusieurs dizaines de pilotes nord-coréens.

L'équilibre patiemment recherché par Hanoi entre ses deux grands alliés se fissura pourtant progressivement, notamment à cause de l'aggravation de la rupture sino-soviétique et de la volonté des stratèges communistes vietnamiens de réunifier le Vietnam par la force. Le spectaculaire rapprochement sino-américain du début des années 1970, après le pic de tension sino-soviétique de 1969, conduisit Pékin à tenter de modérer les exigences vietnamiennes dans les négociations, conformément au vœu de Nixon et Kissinger. Après avoir critiqué certains choix stratégiques de Hanoi, comme l'offensive du Têt en 1968, la Chine se rapprocha du FNL, qu'elle espérait voir s'autonomiser vis-à-vis de la RDV et favoriser ainsi la survie d'un Sud-Vietnam neutre moins menaçant pour elle. Pis, elle laissa écraser le Nord-Vietnam sous les bombes en décembre 1972, avant de s'emparer en 1974 des îles Paracel en mer de Chine méridionale, à l'issue d'une brève bataille navale avec la marine sud-vietnamienne, contraignant Hanoi à s'abstenir des félicitations qui accompagnaient généralement les actions militaires de son allié. Bien avant la guerre éclair de 1979, la tension était donc palpable entre les deux alliés.

Guerre civile pour le pouvoir au Vietnam, guerre pour le *leadership* régional, dans la péninsule indochinoise comme à l'échelle de l'Asie orientale et du Sud-Est, conflit de guerre froide pour le *leadership* mondial, les multiples visages de la « guerre du Vietnam » ont différé sa fin et rendu sa solution bien difficile, sinon impossible.

Les coulisses de la guerre

Le début de l'opération *Rolling Thunder* et le débarquement des Marines en mars 1965 ruinèrent d'un coup les espoirs nourris par Hanoi d'une victoire rapide au Sud-Vietnam, ainsi que les projets neutralistes du général de Gaulle fondés sur l'idée que le gouvernement sud-vietnamien était trop faible, même avec l'aide des Etats-Unis, pour résister avec succès à la dynamique politico-militaire enclenchée par le mouvement révolutionnaire. Johnson renoua pourtant assez vite avec les manœuvres diplomatiques : en avril, dans un discours à Baltimore, il rappela que l'ambition des Etats-Unis se bornait à préserver un « Sud-Vietnam indépendant, libre de toute interférence extérieure », et se déclara prêt à ouvrir des « négociations inconditionnelles ». Soumis à des bombardements intensifs, Hanoi répliqua quelques jours plus tard avec ses « 4 points » : retrait américain du Vietnam et fin de la guerre contre le Nord ; respect des accords de Genève de 1954 ; règlement des affaires du Sud-Vietnam par le peuple sud-vietnamien lui-même ; réunification pacifique du Vietnam par le peuple vietnamien, sans interférence extérieure. Pour Hanoi, les problèmes politiques étaient indissociables des problèmes militaires ; le gouvernement sud-vietnamien, qui aurait disparu sans l'intervention de Washington, devait être abandonné.

Le désaccord étant total, l'escalade militaire prévalut. Dans cette phase de radicalisation, les chancelleries demeurèrent largement impuissantes. La guerre n'annihila pourtant pas tout dialogue. Des échanges indirects se poursuivirent par intermittence, grâce aux efforts des diplomates de nombreux pays et de plusieurs intermédiaires en marge des milieux diplomatiques officiels, donc plus libres de leurs mouvements et plus faciles à désavouer par les exécutifs. Parmi les dizaines de filières secrètes personnellement suivies par Johnson, quelques-unes seulement ont donné naissance à des formules de compromis plus audacieuses et rapproché un temps les adversaires. *Pennsylvania* impliqua ainsi, outre le professeur Kissinger, les Français Herbert Marcovich et Raymond Aubrac dans une série de secrets mais fructueux échanges entre Washington et Hanoi pendant l'été et l'automne 1967.

Mais aucun des adversaires n'avait encore renoncé à l'espoir d'une victoire militaire. L'intransigeance du président des Etats-Unis n'avait d'égal que celle de Lê Duan, qui avait obtenu du bureau politique de subordonner la diplomatie aux résultats d'une offensive surprise à grande échelle au Sud-Vietnam, secrètement préparée depuis l'été 1967. L'offensive du Têt, en dépit de son très lourd coût humain pour les assaillants, créa une puissante onde de choc sur l'administration américaine, à nouveau soumise aux pressions des militaires en faveur d'une nouvelle escalade de la guerre sans certitude de victoire. Johnson attendit le succès de la contre-offensive américano-vietnamienne pour annoncer, dans son discours télévisé du 31 mars, les premières mesures unilatérales de désescalade et l'ouverture de pourparlers directs avec l'adversaire, qu'il accepta à contrecœur de réunir à Paris au début du mois de mai. De Gaulle, ayant anticipé le début du reflux de l'engagement militaire américain, exploita les ressources de la diplomatie secrète pour faire de Paris la capitale des négociations. Il donna également instruction à ses ministres de préparer le rapprochement avec les Etats-Unis, après plusieurs années d'une crise aiguë entre les deux alliés. Rattrapé par le mouvement de mai 68, dont l'opposition à la guerre du Vietnam avait offert une sorte de terrain d'entraînement, il ne put toutefois savourer longtemps cet indéniable succès politique. Surtout, les négociations officielles se révélèrent bien vite futiles, car les objectifs des adversaires demeuraient fondamentalement les mêmes qu'au début de la guerre : les Etats-Unis, pour des raisons de crédibilité intérieure et internationale, tenaient à préserver aussi longtemps que possible un Sud-Vietnam autonome ; la RDV, engagée dans un processus de radicalisation idéologique, n'avait pas renoncé à réunifier le Vietnam à son profit, but constant et ultime de sa lutte et des sacrifices inouïs que les Vietnamiens communistes avaient consentis jusqu'alors. Elle savait que le temps jouait pour elle puisque Nixon, sans aller jusqu'à annoncer un calendrier de retrait des troupes américaines, s'était résolu à un processus de retrait difficilement réversible. Aussi les négociations devinrent-elles une extension de la guerre plutôt qu'une véritable alternative.

Premiers concernés par le sort du Sud-Vietnam, le FNL-GRP et la République du Vietnam furent admis à participer aux négociations officielles à partir de janvier 1969. Il leur fut bien difficile de trouver leur place dans une négociation fondamentalement et durablement dominée, entre 1969 et 1973, par le duel, surréaliste à bien des égards, entre Kissinger et Lê Duc Tho, au cours de leurs longs et nombreux entretiens bilatéraux – et secrets jusqu'en 1972. En mai 1971, après le relatif échec des offensives américano-sud-vietnamiennes sur le Cambodge et le Laos, Kissinger fit la première concession majeure en abandonnant l'exigence d'un retrait simultané des forces combattantes au Sud-Vietnam. Mais les dirigeants de la RDV n'avaient pas abandonné tout espoir de victoire militaire pour renforcer leur position à la table des négociations. L'offensive conventionnelle de l'APV à travers le 17e parallèle, au printemps 1972, et les contre-mesures très fermes décidées par Nixon (minage des ports, reprise des bombardements, etc.) conduisirent aux concessions décisives. Le 8 octobre, Hanoi renonça à exiger la démission préalable du général Thiêu à Saigon. Le 20, l'accord était signé. Kissinger eut beau déclarer que la paix se trouvait désormais « à portée de main », il se heurta au refus indigné du président Thiêu de donner son aval à un texte qui laissait subsister au sud 200 000 à 300 000 hommes de l'APV tout en consacrant le départ total des troupes américaines, et qui entrouvrait la porte à la création d'un gouvernement de coalition. Nixon se sentit donc obligé de tenir compte d'une partie des 79 objections que Thiêu avait opposées à Kissinger. A peine plus favorable pour Saigon, l'accord définitif ne fut signé par toutes les parties, le 27 janvier 1973 à Paris, qu'après les bombardements massifs ordonnés par Nixon sur Hanoi – heureusement évacuée par une grande partie de la population – et le Nord-Vietnam, conjugués avec la menace d'une paix séparée, assortie de la fin de l'aide américaine, transmise par lettre secrète de Nixon à Thiêu le 16 janvier. En mars 1973, les derniers soldats et les quelques centaines de prisonniers de guerre américains étaient rapatriés aux Etats-Unis.

Echec et mat

Lê Duc Tho fut plus avisé que Kissinger de refuser le prix Nobel de la paix décerné aux deux principaux négociateurs de l'accord de Paris :

loin de concrétiser la paix tant espérée par les populations, ce « chef-d'œuvre de compromis », selon l'expression d'un expert nord-vietnamien, ne sanctionnait en effet qu'une pause dans la guerre au Vietnam, tandis que le Cambodge allait bientôt recevoir, en six mois, plus de bombes que le Japon pendant toute la Seconde Guerre mondiale, portant le tonnage total de bombes larguées depuis 1965 à plus de 8 millions, soit plus de deux fois celui reçu par l'ensemble des fronts entre 1939 et 1945. Au Sud-Vietnam, le cessez-le-feu fut rapidement violé. Consciente que les difficultés d'application profitaient au régime de Saigon et lui imposaient la reprise de la lutte, Moscou renoua avec l'aide militaire qu'elle avait interrompue après la signature de l'accord et s'imposa, au détriment de la Chine, comme l'allié naturel de Hanoi. Tandis que Paris s'employait à promouvoir une hypothétique « troisième force », habilement mise en avant par Hanoi comme un stratagème de guerre, Nixon et Kissinger se heurtèrent aux pressions croissantes du Congrès. En juin, celui-ci vota une loi interdisant à l'exécutif le financement de nouvelles opérations militaires en Asie du Sud-Est après le 15 août, avant de réduire progressivement les crédits militaires au Sud-Vietnam, à la faveur du choc pétrolier d'octobre 1973. Le développement de l'affaire du Watergate contraignit Nixon à revenir sur les promesses qu'il avait faites à Thiêu d'intervenir à nouveau en cas de violation du cessez-le-feu par l'adversaire. Après une série de victoires clés sur l'ANV fin 1974 et début 1975, les stratèges nord-vietnamiens déci-

LA PREMIÈRE GUERRE MONDIALE (1914-1918)

1. Le plan Schlieffen (1914)
2. Les mouvements à l'Est
3. La contre-offensive alliée (1918)

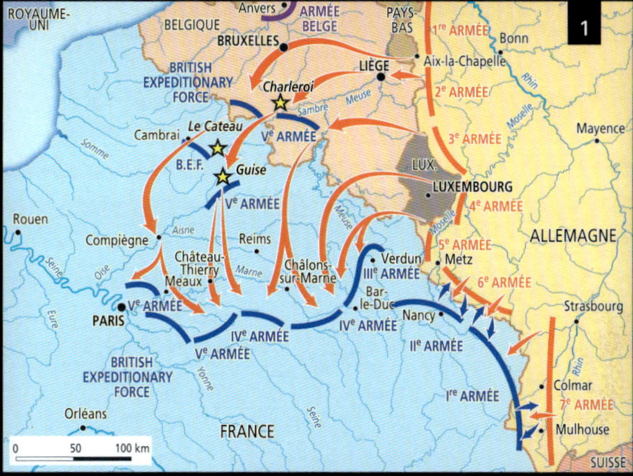

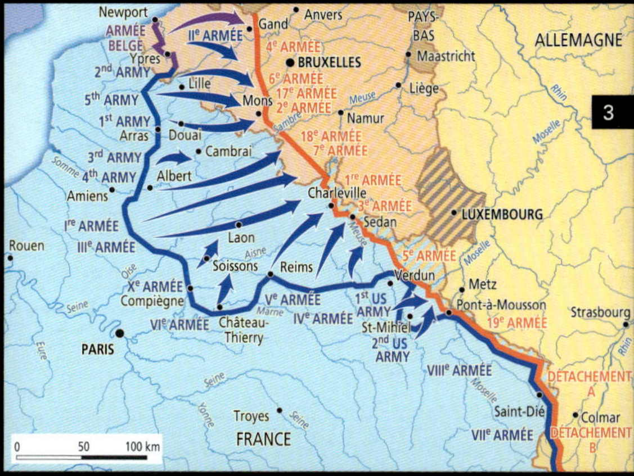

LA GUERRE CIVILE-RUSSE (1918-1920)

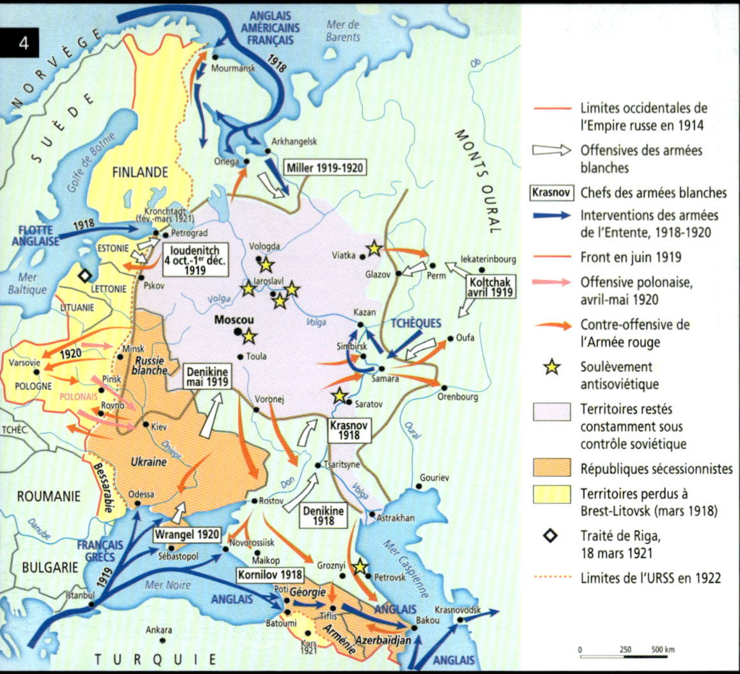

LA GUERRE SINO-JAPONAISE (1937-1945)

6. Le front en 1936

7. Évolution du front entre février 1937 et avril 1939

LA SECONDE GUERRE MONDIALE (1939-1945)

8. La guerre éclair en Europe

9. La libération de l'Europe et le front germano-soviétique

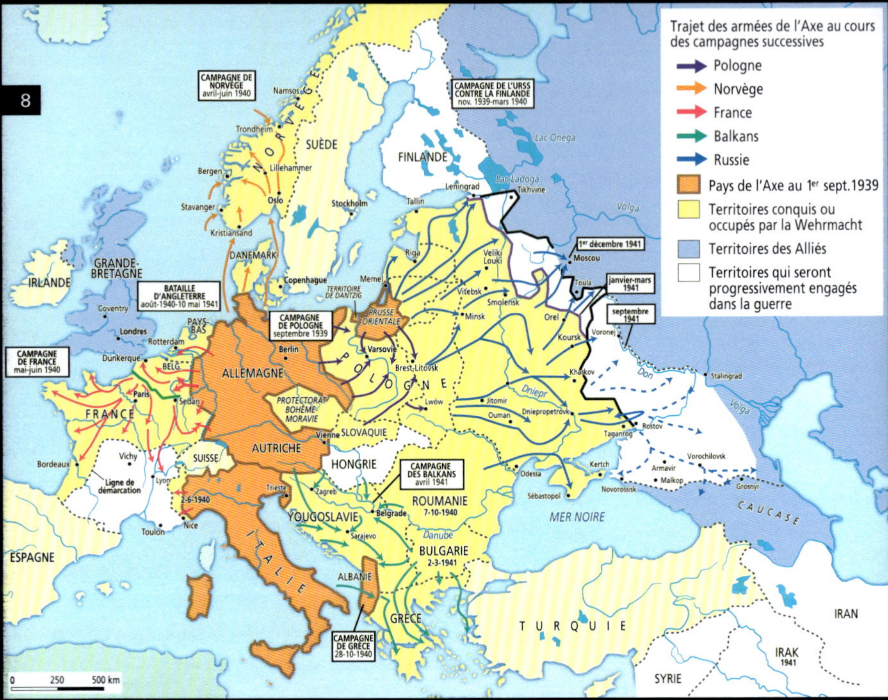

LA GUERRE D'INDOCHINE (1946-1954)

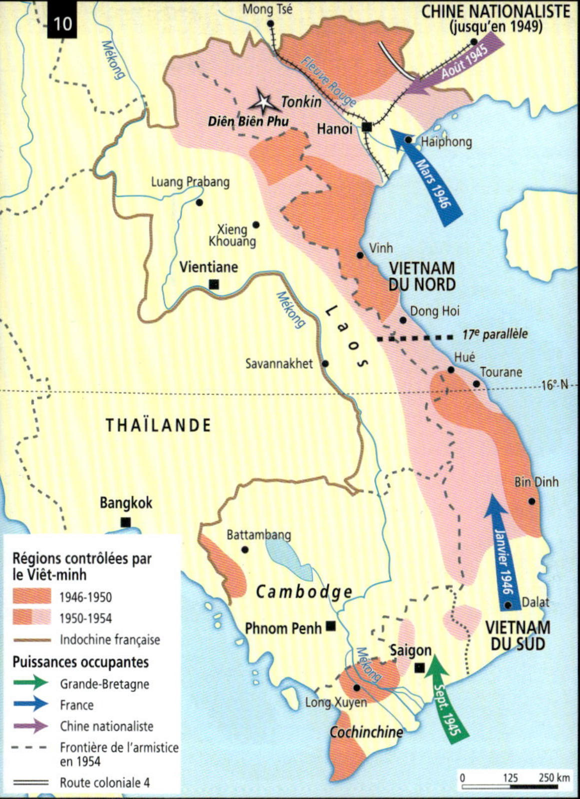

LA GUERRE DE CORÉE (1950-1953)

LA GUERRE D'ALGÉRIE (1954-1962)

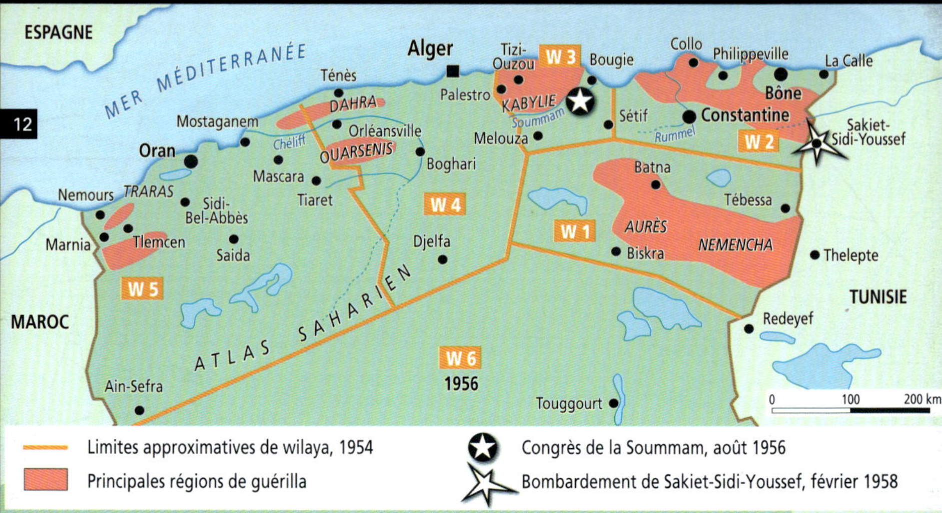

LA GUERRE DU VIETNAM (1964-1975)

LA GUERRE DES SIX-JOURS (1967)

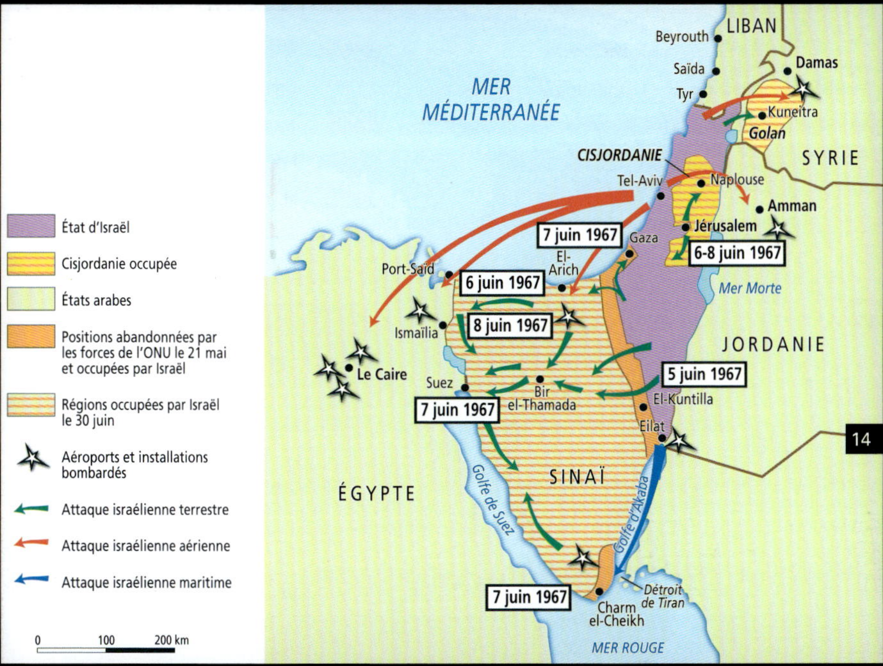

LA GUERRE DU KIPPOUR (1973)

15. Front nord
16. Front sud

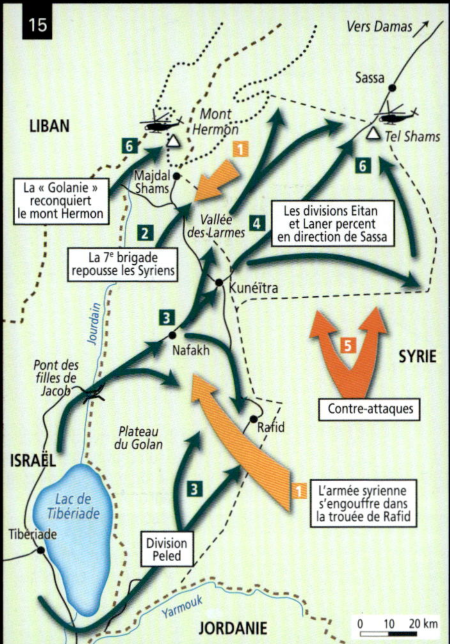

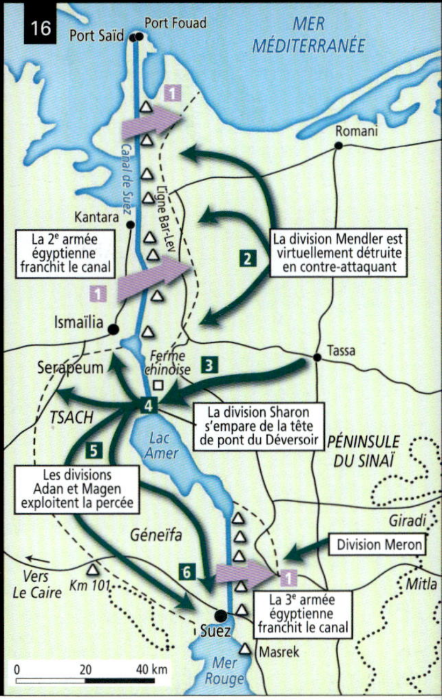

Divisions israéliennes — Armée irakienne et jordanienne — Armée syrienne — Armée égyptienne

LA GUERRE DU LIBAN (1975-1990)

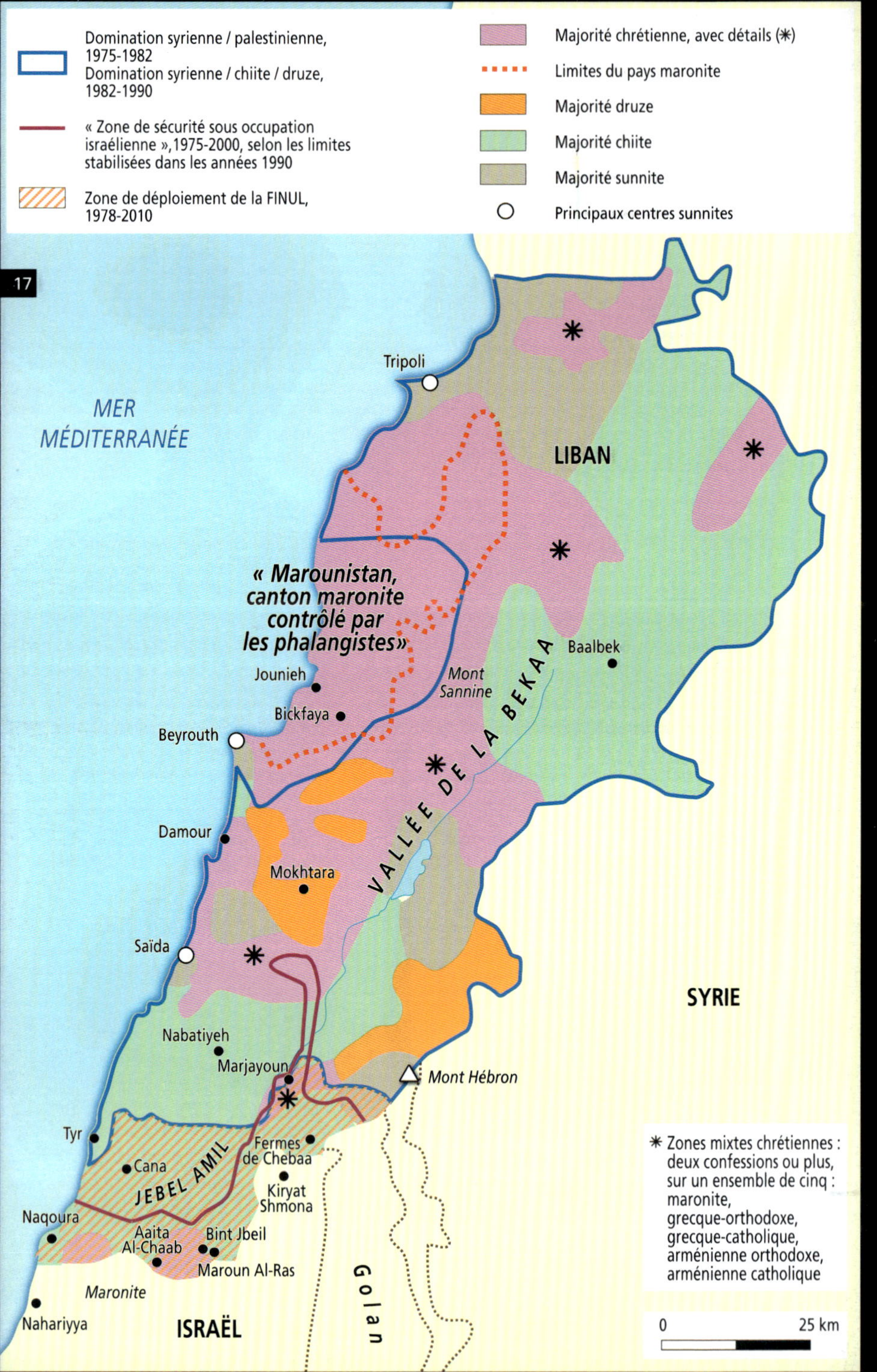

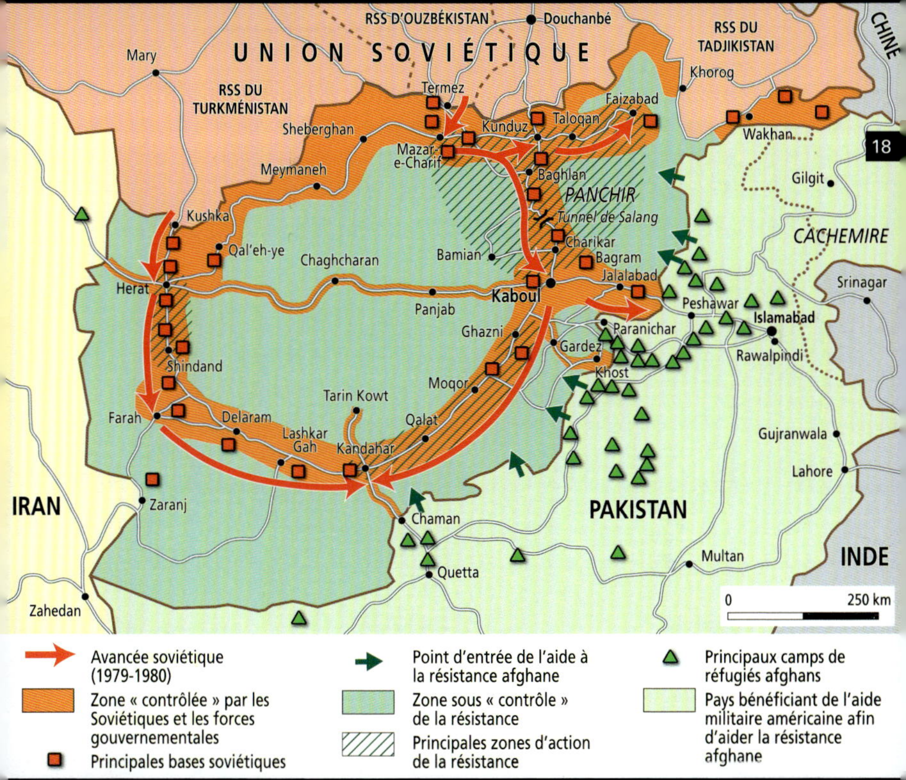

voir aussi carte 23

LA GUERRE IRAN-IRAK (1980-1988)

LA GUERRE DES MALOUINES (1982)

21. LA GUERRE DU GOLFE (1990-1991)

22. LA GUERRE DE YOUGOSLAVIE (1991-2000)

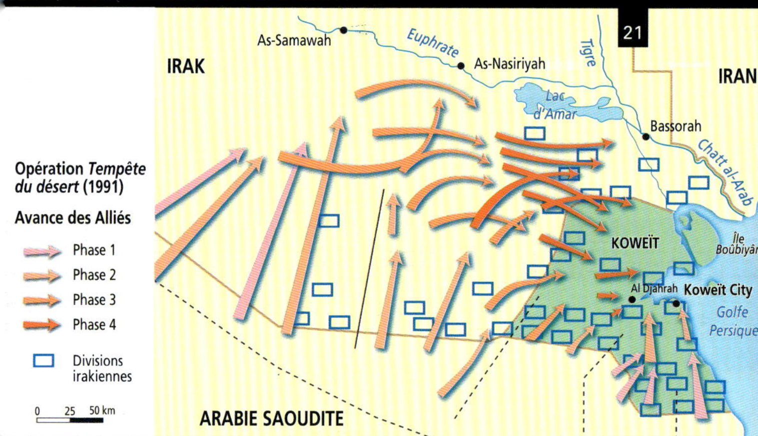

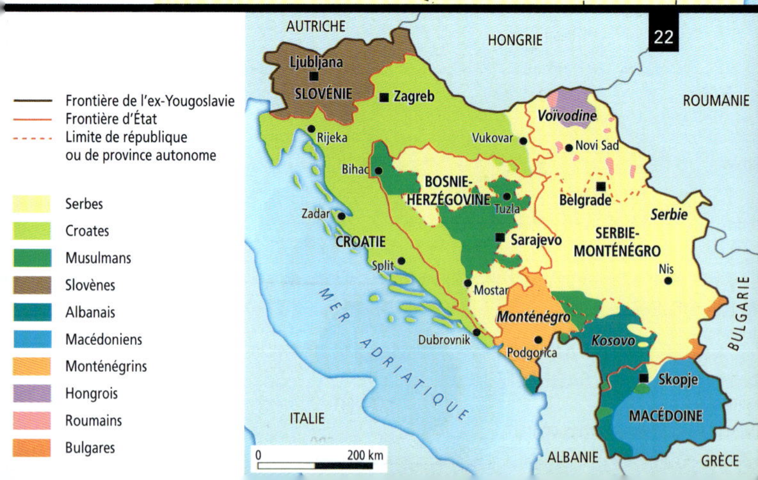

LA GUERRE D'AFGHANISTAN (2001 À AUJOURD'HUI)

23

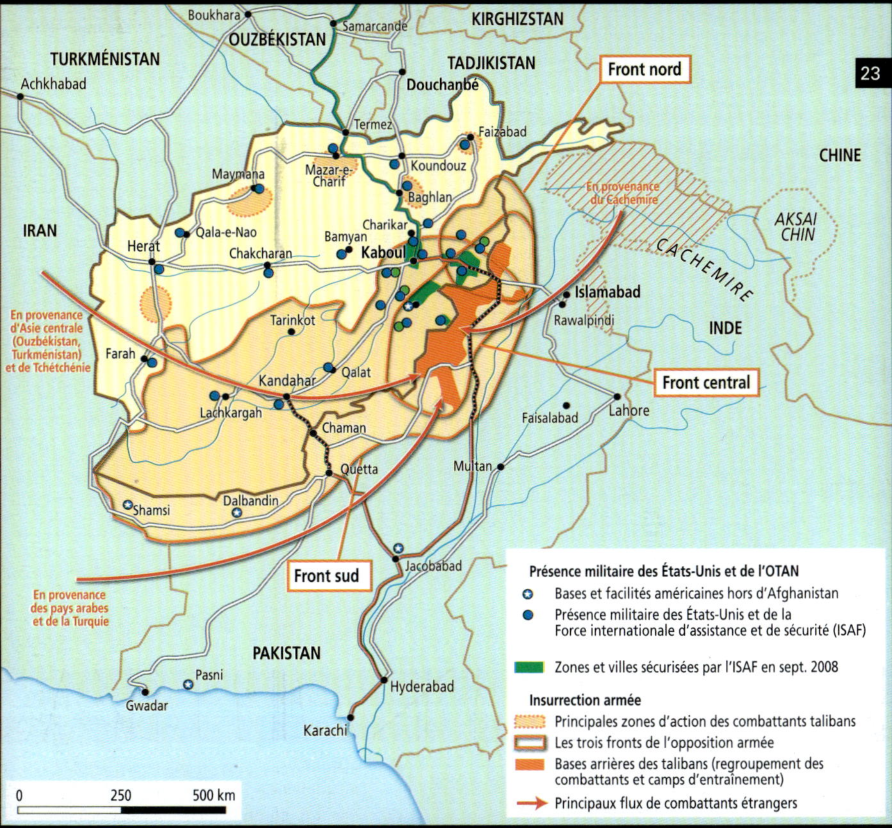

LA GUERRE D'IRAK (2003)

24

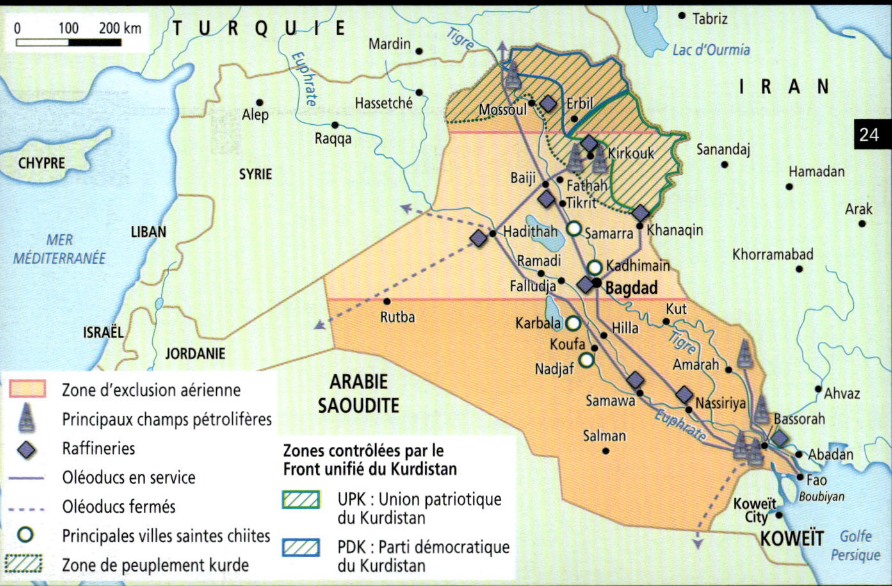

LA GUERRE DE LIBYE (2011)

25

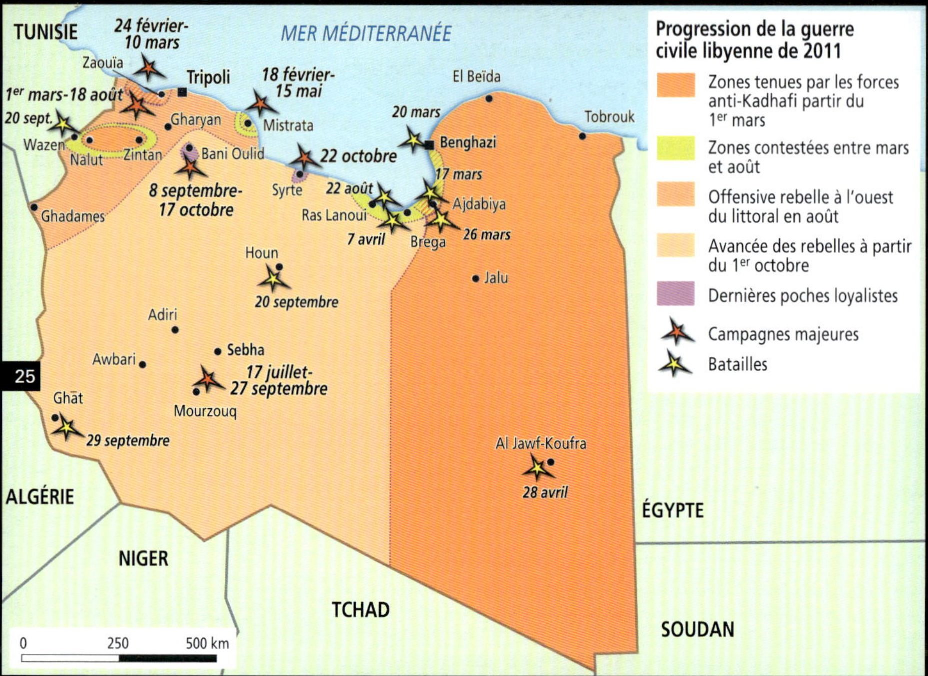

LA GUERRE DU MALI (2013)

26

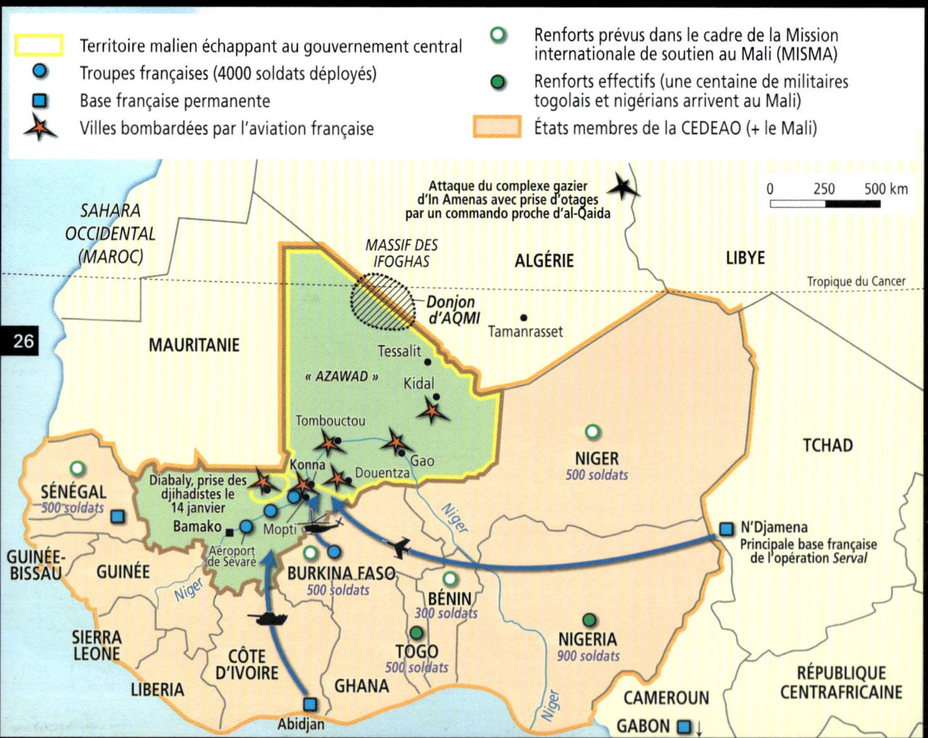

L'ensemble des cartes ont été réalisées par Patrick Mérienne.

dèrent d'exploiter l'absence de réaction américaine en anticipant d'un an le déclenchement de l'offensive finale, à laquelle ils donnèrent le nom de Hô Chi Minh, président de la RDV jusqu'à sa mort en 1969, devenu malgré sa marginalisation précoce l'icône du régime.

Le 30 avril 1975, les dirigeants communistes étaient maîtres de Saigon. Quinze divisions d'infanterie de l'APV, des centaines de chars, de l'artillerie lourde et une poignée d'avions de chasse avaient eu raison, en quelques semaines, d'un adversaire privé du soutien des Etats-Unis. Née de la guerre, placée sous perfusion américaine pour éviter la communisation du pays et de la péninsule, mais constamment marginalisée dans les grandes décisions stratégiques des Américains, la République du Vietnam succombait, victime de ses mortelles contradictions. La guerre de résistance des communistes prenait fin, une « guerre de trente ans », la plus longue depuis 1945 et la plus coûteuse aussi en vies humaines : au moins 3 à 4 millions de morts vietnamiens, civils et militaires des deux camps ; des centaines de milliers de soldats vietnamiens portés disparus ; des centaines de milliers de victimes de la guerre chimique ; plus de 58 000 morts américains et plus de 5 000 morts parmi les soldats alliés non vietnamiens… Les Etats-Unis, pour avoir voulu défendre des engagements hors de proportion avec leurs intérêts, essuyaient leur première grande défaite politico-militaire, à l'origine d'un « syndrome vietnamien » dont il n'est pas certain que tous les Américains soient encore guéris à ce jour. Au Nord comme au Sud-Vietnam, au Laos comme au Cambodge, les souffrances, les traumatismes psychologiques et les dégâts matériels et écologiques étaient considérables. Le Vietnam était certes réunifié, de Lang Son à la pointe de Ca Mau, sous la direction exclusive du parti communiste. Mais l'impact de la guerre et de la division prolongée du pays, conjugué à l'aggravation des tensions interrégionales, tout particulièrement entre communistes vietnamiens, cambodgiens et chinois, l'empêcha de relever avec succès le formidable défi de la reconstruction et de la paix. La mise au pas brutale de la société sud-vietnamienne, la collectivisation de l'économie, l'envoi en camp de rééducation de plusieurs centaines de milliers d'anciens cadres du régime et la fuite de centaines de milliers d'autres – les *boat-people*, dont une partie périt en mer – allaient nourrir les rancœurs et les désillusions, au Vietnam comme à l'étranger, et conduire le pays au bord de l'effondrement. Les nombreuses agressions antivietnamiennes des anciens alliés khmers rouges, nouveaux maîtres d'un Kampuchéa démocratique livré à leur politique génocidaire, précipitèrent le Vietnam réunifié dans une nouvelle guerre avec le Cambodge fin 1978, et bientôt avec la Chine.

La fin de la guerre du Vietnam inaugurait ainsi l'une des décennies les plus sombres de l'histoire contemporaine pour ces peuples d'Indochine en proie au « chagrin de la guerre » si admirablement décrit par l'écrivain Bao Ninh, cette « tristesse immémoriale, qu'on se passe de génération en génération », « immense tristesse de la guerre [...], noble, au-delà de tout bonheur, au-delà de toute souffrance ».

Pierre JOURNOUD

Bibliographie sélective

Pierre Asselin, *Hanoi's Road to the Vietnam War, 1954-1965*, University of California Press, 2013.

Bao Ninh, *Le Chagrin de la guerre*, Philippe Picquier Poche, 1997 (1re éd. 1994).

Larry Berman, *No Peace, No Honor. Nixon, Kissinger and Betrayal in Vietnam*, Free Press, 2001.

Laurent Cesari, *L'Indochine en guerres, 1945-1993*, Belin, coll. « Sup », 1995.

Philippe Franchini, *Les Guerres d'Indochine*, Tallandier, coll. « Texto », 2011 (1re éd. 1988), 2 tomes.

George Herring, *The Secret Diplomacy of the Vietnam War : the Negotiating Volumes of the Pentagon Papers*, University of Texas Press, 1983.

—, *LBJ and Vietnam. A Different Kind of War*, University of Texas Press, 1994.

Pierre Journoud, *De Gaulle et le Vietnam, 1945-1969. La réconciliation*, Tallandier, 2011.

Pierre Journoud et Cécile Menétrey-Monchau (éd.), *Vietnam 1968-1976. La sortie de guerre*, Peter Lang, 2011.

Mark A. Lawrence, *The Vietnam War. A Concise International History*, Oxford University Press, 2008.

Fredrik Logevall, *Choosing War. The Lost Chance for Peace and the Escalation of War in Vietnam*, University of California Press, 2001.

Nguyen Lien-Hang, *Hanoi's War. An International History of the War for Peace in Vietnam*, University of North Carolina Press, 2012.

Jacques Portes, *Les Américains et la guerre du Vietnam*, Complexe, 2008 (1re éd. 1993).
John Prados, *La Guerre du Vietnam*, Perrin, 2011 (1re éd. en langue anglaise 2009).
Neil Sheehan, *L'Innocence perdue. Un Américain au Vietnam*, Seuil, 1990 (1re éd. en langue anglaise 1988).
Olivier Todd, *La Chute de Saigon*, Perrin, 2011.
William S. Turley, *The Second Indochina War. A Concise Political and Military History*, Rowman & Littlefield Publishing Group, 2009 (2e éd.).
Maurice Vaïsse et Christopher Goscha (dir.), *La Guerre du Vietnam et l'Europe, 1963-1973*, Bruylant, 2003.

10

D'une guerre, l'autre : des Six-Jours (1967) à Kippour (1973)

En 1967, les Israéliens, angoissés par l'encerclement et les appels au meurtre du monde arabe, lancent une guerre éclair victorieuse. En 1973, les armées arabes, sous l'autorité du raïs égyptien Sadate, créent à leur tour la surprise en bousculant Tsahal. La guerre du Kippour, match nul sifflé par Washington et Moscou, accouche de la paix entre Le Caire et Tel-Aviv. Mais laisse intacte la question palestinienne.

5 juin 1967, 6 h 30. L'aviation israélienne se déploie dans le ciel de l'Orient compliqué. A chaque appareil, sa mission : aux Mirage III, le bombardement au sol de la flotte aérienne arabe, aux Mystère, l'interception en vol des appareils ennemis. La partie se joue dans un mouchoir. Le Caire est à moins de vingt minutes de vol, Damas, à dix. « La sécurité de Tel-Aviv se joue à la verticale du Caire », répète à l'envi le chef d'état-major Yitzhak Rabin, un sabra solide, secondé par le général d'origine yougoslave, Haïm Bar-Lev. En

moins de trois heures, l'Etat hébreu, servi par une couverture radar égyptienne déficiente, détruit 441 appareils ennemis et s'assure la maîtrise du ciel. La seconde phase de la guerre des Six-Jours est enclenchée : les forces terrestres, blindés en tête, déferlent dans le Sinaï. Dans cette armée nouvelle où la débrouillardise le dispute à la technologie, des convois d'autobus et de véhicules de tourisme conduits par des jeunes gens assurent la logistique indispensable à tout *Kriegspiel*. Au Caire, la radio multiplie les communiqués victorieux : vingt-trois appareils abattus à la première heure, soixante-dix à midi... La foule est en liesse, mais ce n'est que propagande.

Chronique d'une guerre annoncée

Cette troisième guerre israélo-arabe, après celle de l'indépendance, en 1948, et l'expédition de Suez, en 1956, couve depuis le printemps. Le 7 avril, la chasse israélienne abat six Mig syriens. Vexés, les Soviétiques, alliés de Damas, informent Nasser que les Israéliens massent des troupes au nord, afin d'attaquer la Syrie. Tout est faux, mais le raïs tient là le prétexte justifiant l'entrée de ses troupes, le 14 mai, dans le Sinaï démilitarisé. Deux jours plus tard, il exige le retrait des casques bleus et le secrétaire général de l'ONU, U Thant, obtempère. Le 22 mai, le leader égyptien annonce la fermeture du détroit de Tiran donnant sur le golfe d'Aqaba, menaçant d'asphyxie le port d'Eilat, seul débouché de l'Etat hébreu vers l'Afrique et l'Asie. « Nous devons être prêts à une guerre totale avec Israël », ajoute-t-il, avant de faire une tournée fructueuse des popotes arabes. La Légion arabe du roi Hussein de Jordanie, rejointe par des unités d'Irak, des pays du Golfe et du Maghreb, accepte de passer sous commandement du Caire. En plus des 206 kilomètres de frontière avec l'Egypte dans le Néguev, des 76 kilomètres avec la Syrie, Israël (21 000 kilomètres carrés, 2 600 000 habitants) devra désormais surveiller les 531 kilomètres de frontière commune avec une Jordanie jusqu'ici modérée.

Depuis quelques mois, les Israéliens vivent une véritable psychose. Selon l'historien Tom Segev, qui a épluché leur correspondance, l'encerclement arabe leur fait redouter un nouvel holocauste. Les déclarations radiophoniques du premier président de l'Organisation de libération de la Palestine (OLP), créée en 1964, Ahmed Choukairy – « En cas de conflit, il ne resterait pratiquement pas de survivants juifs » –, et les tubes arabes appelant à « [les] égorger » inquiètent une population déprimée par la récession économique, la multiplication des attentats, et un chiffre de mauvais augure : les Israéliens quittant le pays sont plus nombreux que les immigrants.

Ne sachant pas sur quel pied danser avec Nasser, l'Etat hébreu fait la tournée des chancelleries. Le ministre des Affaires étrangères Abba Eban vient chercher à Paris, l'allié historique, un appui ferme. Las, un général de Gaulle marmoréen condamne par avance « l'Etat qui, le premier et où que ce soit, emploierait les armes ». Que faire ? Accepter le fait accompli, c'est étouffer Eilat et annihiler la capacité de dissuasion d'Israël. Forcer le blocus, c'est s'attirer les foudres de la communauté internationale. Le Premier ministre Levi Eshkol n'a pas le tempérament de lutteur de son prédécesseur, le père fondateur David Ben Gourion. Cet homme courtois et plein d'humour est plus à l'aise dans la négociation que dans la tempête. Il hésite, bredouille, et se résigne à former, le 1er juin, un gouvernement d'union nationale où il fait entrer des « faucons ». Le général Moshe Dayan (52 ans), borgne depuis la campagne de Syrie contre les troupes de Vichy, chef d'état-major de Tsahal lors de la campagne de 1956, est nommé à la Défense. Menahem Begin, chef de file de la droite, fondateur de l'Irgoun, groupe armé sioniste dans la Palestine mandataire, est ministre sans portefeuille. Aux yeux des Israéliens, la guerre est inéluctable. Pas à ceux de Nasser, engagé dans une partie de poker encouragée par son allié et pourvoyeur d'armes, Moscou. L'objectif du raïs ? Asphyxier l'Etat hébreu en lui imposant un état de mobilisation permanente que ses faibles ressources lui interdisent.

Victoire éclair dans le désert

Le 7 juin 1967, le dirigeant égyptien constate les limites du bluff. En plein cœur du Sinaï, une gigantesque bataille oppose 2 000 chars. Les Israéliens s'emparent de la bande de Gaza au nord, de Charm el-Cheikh au sud et, répondant au bombardement des quartiers juifs de la Ville sainte par la Légion arabe, ils occupent la Cisjordanie et la vieille ville de Jérusalem, jordanienne depuis 1945. « Le mont du Temple est entre nos mains », assure le général de parachutistes Motta Gour. Le grand rabbin des forces armées Shlomo Goren sonne le chofar, la corne de bélier utilisée le jour de l'An juif. « Le Messie est arrivé hier à Jérusalem, fatigué, couvert de poussière, chevauchant un tank », titre *Davar*, quotidien de la centrale syndicale Histadrout, tandis que des archéologues demandent l'autorisation d'examiner les manuscrits de la mer Morte.

Nasser accepte le cessez-le-feu le 8 juin. Les Egyptiens ont perdu 700 chars et 337 avions. Le bilan humain est élevé : 10 000 morts (700 du côté israélien), 15 000 blessés et 5 000 prisonniers. « Des corps gonflés, puants sous le soleil. Une horreur qui va au-delà de la pitié. Des tonnes de matériel abandonnées dans le sable du Sinaï, et, à côté des tanks, des cadavres, pieds nus, qui se décomposent. Bientôt, les chacals seront là », note un reporter de *L'Express.*

Sous la pression des militaires et des kibboutz frontaliers, les Israéliens déploient leurs forces sur le front nord. Le 9 juin, ils pénètrent sur le plateau du Golan et prennent d'assaut les positions fortifiées syriennes. Au Caire, Nasser annonce sa démission, qu'il reprendra rapidement sous la pression d'une foule hystérique. Le 10 juin, les Israéliens entrent à Kuneitra, chef-lieu du plateau du Golan, à 60 kilomètres de Damas, juste avant la proclamation du cessez-le feu. La guerre a duré six jours. Commentaire d'un membre du Congrès américain : « Ce général borgne [Dayan] vaut à lui seul quatre cents avions. Nous devrions lui demander de venir diriger les opérations au Vietnam. » La clé du succès israélien tient à quatre raisons : surprise, mobilité, engagement des soldats, et… non-coordination des armées arabes.

L'annexion des territoires égyptiens (le Sinaï et la bande de Gaza), jordaniens (Cisjordanie et Jérusalem-Est) et syriens (Golan) triple la superficie de l'Etat hébreu, qui a le choix entre le retrait spontané, pour prouver au monde arabe sa volonté d'une coexistence pacifique, ou l'occupation, en attendant des jours plus sereins. La seconde hypothèse l'emporte, tandis que la diplomatie, et ses ambiguïtés, retrouve ses droits. Le 14 juin, un projet de résolution d'origine soviétique condamnant « l'agression » d'Israël est repoussé au Conseil de sécurité de l'ONU. Tel-Aviv, qui a fait son deuil de l'alliance privilégiée avec la France[1], consolide le *« special relationship »* avec Washington inauguré par Kennedy. Le 1er septembre, au sommet de Khartoum, les dirigeants du monde arabe votent les trois « non », enterrant tout espoir de paix : « Non à la paix avec Israël, non à la reconnaissance d'Israël, non à la négociation avec Israël. » Le 22 novembre, le Conseil de sécurité vote la

1. Le coup de grâce sera donné par la fameuse phrase du général de Gaulle lors de la conférence de presse du 22 novembre 1967, où il se demande si « les Juifs, jusqu'ici dispersés, mais qui étaient restés ce qu'ils avaient été de tout temps, c'est-à-dire un peuple d'élite, sûr de lui et dominateur, n'en viennent, une fois rassemblés dans le site de leur ancienne grandeur, à changer en ambition ardente et conquérante les souhaits très émouvants qu'ils forment depuis dix-neuf siècles ».

fameuse résolution 242 affirmant l'illégitimité de l'acquisition de territoires par la force, la nécessité d'une paix « juste et durable », des frontières « sûres et reconnues », et le retrait « de » ou « des » territoires occupés, selon les versions anglaise ou française.

La guerre des Six-Jours a modifié la carte et le territoire. La faiblesse arabe, entraînant la chute du nassérisme et du nationalisme panarabe, éclate au grand jour. Paradoxalement, pour les Palestiniens, le projet d'un Etat, inconcevable lorsqu'ils étaient sujets du royaume jordanien, devient envisageable. Cette victoire est grosse « du pire comme du meilleur », résume l'historien Elie Barnavi. Les Israéliens découvrent la réalité de l'occupation – ils doivent administrer 1,5 million de Palestiniens – et de la colonisation. Les plus religieux ont le sentiment d'être exaucés en s'installant dans l'Israël biblique (la Cisjordanie est rebaptisée Judée et Samarie). Le sionisme, jusqu'ici dominé par des courants laïcs, prend une coloration messianique, centrée sur la terre plutôt que sur le peuple. Quant aux Israéliens, dépressifs au printemps, ils sont exaltés en été.

« Qu'est-ce qu'on fait à midi ?

— On envahit Le Caire.

— D'accord, mais qu'est-ce qu'on fait dans l'après-midi ? »

C'est la blague à la mode à Tel-Aviv.

« Nor dos felt mir »

Avant, on ne demandait rien à Israël, poursuit Elie Barnavi, « sinon de disparaître, et, en effet, il n'avait rien à offrir ; après, comme il disposait de biens qui ne lui appartenaient pas, on a commencé peu à peu à lui demander de les rendre, moyennant la paix qu'on lui refusait auparavant ». De fait, lorsque le successeur de Nasser – terrassé par une crise cardiaque en septembre 1970 – Anouar el-Sadate prend l'initiative de la guerre de 1973, dite du Kippour, ce n'est pas pour liquider « l'entité sioniste », mais pour récupérer le Sinaï, après l'échec des autres options, militaires – la guerre d'usure, très meurtrière, de part et d'autre du Canal, de juin 1967 à août 1970 – et diplomatiques – les initiatives du secrétaire d'Etat américain Rogers et du Suédois Gunnar Jarring, mandaté par l'ONU.

Là encore, la surprise est totale, mais elle a changé de camp. Les Israéliens disposent de toutes les informations, mais les chefs des renseignements militaires, convaincus de leur supériorité, ne veulent pas croire à l'hypothèse d'une nouvelle guerre. Jusqu'à la nuit du 5 au 6 octobre, lorsque l'attaché militaire du Premier ministre israélien Golda Meir est réveillé par un coup de fil du numéro 2 du Mossad : les Egyptiens et les Syriens vont attaquer dans la soirée. L'information émane du chef des services secrets, le général Zamir, après sa rencontre à Londres avec l'espion numéro un d'Israël, Ashraf Marwan, gendre de Nasser et conseiller de Sadate. Dans la foulée, le chef d'état-major, le général David

Elazar, réunit ses généraux, ordonne la mobilisation et suggère à Moshe Dayan une frappe préventive. Comme en 1967. Refus catégorique : Israël ne doit pas être l'agresseur. Peu avant 14 heures, les sirènes hurlent à Tel-Aviv. « Que se passe-t-il ? », demande le Premier ministre Golda Meïr. « Cela a tout l'air de la guerre », lui répond une secrétaire. *« Nor dos felt mir »* (« Il ne manquait plus que ça »), s'exclame en yiddish la « vieille dame juive ». « Ils vont le regretter », ajoute-t-elle. En anglais.

Pour l'heure, ce sont les Israéliens qui déplorent l'amateurisme de leurs chefs. Deux cents chasseurs bombardiers égyptiens volant à basse altitude lancent des raids contre les batteries d'artillerie, les dépôts, les aérodromes militaires du Sinaï. Dans la foulée, 2 000 canons et mortiers tirent 100 000 obus et roquettes en une heure. A 14 h 20, 4 000 soldats égyptiens d'élite franchissent le Canal à bord de canots. En fin d'après-midi, ils sont 33 000 et prennent un à un les fortins de la ligne Bar-Lev – cette ligne Maginot en plein désert, en contradiction absolue avec la stratégie israélienne fondée sur le mouvement –, tandis que des unités du génie ouvrent au canon à eau des brèches dans la montagne de sable érigée par les Israéliens, pour assurer le passage des véhicules et des blindés, qui débute à 20 h 30 grâce à un premier pont lourd flottant. Une avant-garde de blindés se dirige vers les cols de Gidi et Mitla pour bloquer les renforts israéliens. Dans la soirée, des commandos égyptiens incendient des installations pétrolières. Les deux premiers jours, l'aviation israélienne se fracasse sur les missiles Sam-6 de fabrication russe – l'arme vedette de ce conflit – et perd 14 appareils en deux jours. La division blindée du Sinaï perd les deux tiers de ses chars, décimés par les roquettes et les missiles antichars. L'historien Mordechai Bar-On compare la surprise des tankistes israéliens à celle des chevaliers français anéantis par les archers anglais à Azincourt, en 1415.

Le lendemain soir, l'armée de Sadate aligne 10 divisions dans le Sinaï. Mais elle ne pousse pas son avantage. Le 8 octobre, Tsahal profite de ce répit pour tenter une contre-offensive. L'objectif : détruire les forces qui ont traversé le Canal. Le plan est vague, l'artillerie et l'infanterie sont absentes, les généraux sont divisés. C'est un nouvel échec et les pertes s'alourdissent : 500 chars détruits en quatre jours, un sixième des avions de combat.

Une autre bataille, plus décisive, se joue au nord. Les Syriens ont lancé eux aussi, le 6 octobre peu avant 14 heures, une offensive pour reprendre le plateau du Golan et occuper une position défensive le long du Jourdain. Leur tactique est soviétique : guerre éclair avec barrage d'artillerie, bombardements aériens puis offensive des chars. Des commandos s'emparent symboliquement du poste d'observation israélien le plus élevé, sur le mont Hermon, à 2 500 mètres d'altitude. Les réservistes de Tsahal peinent à rejoindre leurs unités dans cette pagaille indescriptible décrite par *Kippour*, le film d'Amos Gitaï, qui sera grièvement blessé dans un accident d'hélicoptère. Un millier de tanks s'affrontent sur moins de 50 kilomètres carrés. Le soir, le commandement israélien ne sait comment éviter le désastre. Moshe Dayan, effondré, prédit « une troisième chute du Temple ». Il parvient tout de même à convaincre le chef de l'aviation de renoncer à une opération sur le canal de Suez pour dégager en priorité les troupes israéliennes, alors que les Syriens ne sont plus qu'à une dizaine de kilomètres du lac de Tibériade : la principale base militaire, et QG de Tsahal au nord, risque de tomber. Etrangement, Damas ordonne une pause afin de rassembler ses forces. L'armée syrienne ne parviendra pas au Jourdain, les Israéliens ont repris l'initiative. Mais dans le nord du Golan, une seule brigade blindée de l'Etat hébreu affronte cinq brigades, dont celle de la garde présidentielle, conduite par le frère du président Hafez el-Assad. « Les Syriens présumaient apparemment qu'ils n'avaient aucune chance de l'emporter, écrira le colonel Ben Gal, chef des tankistes israéliens. Ils ne savaient pas que notre situation était désespérée. » La soixantaine de chars Centurion israéliens vient malgré tout à bout des blindés syriens. Le 9 octobre, sept Phantom israéliens bombardent le Grand QG syrien, celui de l'armée de l'air et la télévision, pour casser le moral de l'adversaire. Le lendemain, les troupes israéliennes ont quasiment repris le contrôle du plateau. Elles ont même réalisé une percée en territoire syrien, mettant leurs canons à portée de Damas.

Fin de partie

Retour au Sinaï. Après l'échec de la contre-offensive du 8 octobre, Dayan redoute une guerre longue que l'Etat hébreu n'a pas les moyens de mener. Le 13, les Etats-Unis déclenchent un pont aérien en direction d'Israël, en rupture de matériels et de munitions : cinq jours après celui des Soviétiques vers Le Caire et Damas. Le 14, l'Egypte commet une faute majeure en lançant une offensive dans le Sinaï : en quelques heures, elle perd plus de 250 chars face à Tsahal, qui a pu combler ses pertes et anticiper l'attaque. Dans la nuit du 15 au 16 octobre, des unités motorisées israéliennes traversent le Canal à hauteur du Déversoir, première étape de l'encerclement de la 3e armée égyptienne par un général de réserve israélien têtu et désobéissant, fraîchement entré en politique et fermier de son état, Ariel Sharon. Le 17 octobre, l'OPAEP (Organisation des pays arabes exportateurs de pétrole) met sa menace à exécution en décrétant brutalement l'augmentation du prix du pétrole et un embargo sur les exportations à destination des Etats-Unis et des Pays-Bas. La guerre du Kippour s'essouffle sur le terrain, mais elle se poursuit par d'autres moyens, diplomatiques. Le nouveau secrétaire d'Etat américain Henry Kissinger est à la manœuvre. Il est d'autant plus libre de ses mouvements que le président Richard Nixon est empêtré dans le Watergate. Ses trois priorités : garantir la sécurité d'Israël sans s'aligner sur l'Etat hébreu ; ne pas compromettre les relations avec les Etats arabes modérés et producteurs de pétrole ; expulser, ou à défaut affaiblir, les Russes du théâtre proche-oriental. En cette période de détente entre les deux Grands, Kissinger n'a aucune difficulté à convaincre Brejnev et le Politburo – opposés à la guerre lancée par Sadate – de la nécessité d'un cessez-le-feu. De fait, le Conseil de sécurité adopte le 22 octobre la résolution 238 appelant à un cessez-le-feu dans les vingt-quatre heures et à l'application de la résolution 242. Mais Israël poursuit son encerclement de la 3e armée. Moscou tape alors du poing sur la table et menace d'intervenir militairement. Un coup de poker, sans doute. Washington n'en déclenche pas moins une alerte nucléaire dans la nuit du 24 au 25 octobre, jour où le cessez-le-feu sur tous les fronts entre enfin en vigueur. En réalité, Russes et Américains sont contraints de monter aux extrêmes pour rassurer leurs alliés respectifs et sauver la face. La fièvre retombée, Kissinger a atteint ses buts. Mais pour les soldats égyptiens, la guerre du Ramadan – cette année-là, les fêtes musulmane et juive coïncident – n'est pas finie. Ce n'est que le 18 janvier 1974 que l'Etat hébreu desserrera l'étau autour de la 3e armée et retirera ses troupes des deux rives du Canal. Et le 31 mai, un accord de désengagement israélo-syrien mettra officiellement un terme à cette guerre en forme de match nul, même si l'Egypte, humiliée en 1967, clame partout sa victoire, au point de convaincre beaucoup d'observateurs.

Le 19 novembre 1977, un Boeing égyptien atterrit à l'aéroport Ben-Gourion avec à son bord Anouar el-Sadate. L'initiateur de la guerre du Kippour est venu proposer la paix des braves. « Et c'est maintenant qu'il vient… », bougonne la retraitée Golda Meir. Le raïs et le Premier ministre Menahem Begin recevront le prix Nobel de la paix en 1979 après avoir signé, un an plus tôt, sous la houlette du président américain Jimmy Carter, les accords de Camp David : un traité de paix entre l'Egypte et Israël, toujours en vigueur, assorti d'un engagement sur un hypothétique règlement de la question palestinienne, toujours en attente. Au Proche-Orient, les bonnes nouvelles sont des cache-misère. Sadate est assassiné par un quarteron d'officiers islamistes le 6 octobre 1981, huit ans jour pour jour après le déclenchement de Kippour. En Israël, la victoire *in extremis* se solde par une débâcle morale et politique. L'héroïsme des soldats masque une défaite stratégique, puisque les piliers de la défense, dissuasion et renseignement, ont été mis en échec. Les Israéliens veulent savoir qui sont les responsables du *mehdal*, l'incurie. Le gouvernement nomme une commission d'enquête, dirigée par le président de la Cour suprême, Shimon Agranat. Ses conclusions accablent les militaires et disculpent les responsables politiques. Les Israéliens, pas convaincus, prennent conscience de leur vulnérabilité. L'Etat hébreu tourne une page. La vieille garde usée de la gauche sioniste, aux commandes depuis 1948, laisse la place à la droite laïque, emmenée par Menahem Begin et soutenue par une nouvelle force, la droite religieuse du Gouch Emounim (Bloc de la foi), soucieuse de créer des implantations dans les « territoires libérés » de Judée-Samarie. Quant aux Palestiniens, dont pas grand monde ne semble se soucier, ils ont désormais la preuve que Tsahal n'est plus invincible. Et qu'elle peut être mise en difficulté, même par des pierres. Le 9 décembre 1987, une génération plus tard, est déclenchée la première intifada : une nouvelle guerre israélo-arabe, « asymétrique » cette fois.

Emmanuel HECHT

Bibliographie sélective

Elie Barnavi, *Une histoire moderne d'Israël*, Flammarion, coll. « Champs », 1998.

Ilan Greilsammer, *La Nouvelle Histoire d'Israël*, Gallimard, 1998.

Pierre Razoux, *Tsahal,* Perrin, coll. « Tempus », 2008.

Marius Schattner et Frédérique Schillo, *La guerre du Kippour n'aura pas lieu*, André Versaille, 2013.

Tom Segev, *1967, Six jours qui ont changé le monde*, Hachette, coll. « Pluriel », 2009.

Robert Solé, *Sadate*, Perrin, 2013.

Et un film : *Kippour*, d'Amos Gitaï, 2000.

11

Les guerres du Liban (1975-1990 et 2006)

L'étincelle a jailli le 13 avril 1975, dans le quartier populaire d'Aïn el-Remmaneh, au sud de Beyrouth. Ce dimanche-là, les chrétiens fêtent la consécration de l'église Notre-Dame-de-la-Délivrance, en présence de Pierre Gemayel, le fondateur du parti Kataeb (nationaliste chrétien). Non loin de là, des Palestiniens célèbrent l'anniversaire d'une opération de commandos en Israël. Quelques-uns d'entre eux s'approchent de l'église. Une fusillade éclate, un chrétien est tué. En représailles, des miliciens phalangistes attaquent un autocar palestinien qui traverse la zone pour rejoindre le camp de Sabra, faisant 27 morts parmi ses passagers. La guerre du Liban a commencé. Les guerres, plutôt. Une succession de guerres, alimentées par les allégeances confessionnelles, les vendettas dynastiques et les ingérences des acteurs régionaux.

« Ni Occident ni Orient » : tels étaient les termes du « pacte national » libanais qui en 1943 avait ouvert la voie à l'indépendance. Les chrétiens renonçaient à la protection de la France, les musulmans abandonnaient, eux, l'idée de se fondre dans un vaste ensemble panarabe. « Deux négations ne font pas une nation » : le commentaire, à l'époque, de Georges Naccache, le fondateur du quotidien *L'Orient-Le Jour*, est resté célèbre. Aujourd'hui encore, même si les lignes de fracture entre les différentes communautés ont bougé, le pays du Cèdre reste tiraillé entre un courant pragmatique, tourné vers une conception de la modernité qui emprunte à l'Occident, et une mouvance porteuse des humiliations et des rancœurs du monde arabo-musulman, en phase avec un discours plus radical.

Au lendemain de l'indépendance, tandis que les grandes familles libanaises – seigneuries chrétiennes ou druzes[1], grands notables des villes sunnites, féodalités chiites de la Bekaa et du Sud[2] – se partagent le pouvoir, Beyrouth devient le centre commercial et financier du Moyen-Orient. Une ville réputée, aussi, pour son goût du plaisir de vivre. Ses night-clubs, ses grands hôtels ou ses restaurants du bord de l'eau attirent une clientèle internationale, tandis que les intellectuels y savourent une liberté d'écrire et de publier sans équivalent dans la région. La

1. Cette communauté musulmane qui professe une religion hétérodoxe est établie principalement au Liban, en Syrie et en Galilée.

2. Sunnites et chiites constituent les deux principales branches de l'islam. A l'origine, le chiisme est une dissidence née en 632 au moment de la succession du prophète Mahomet. Les sunnites restent très largement majoritaires. Les chiites sont surtout implantés en Iran, en Irak, au Liban, au Yémen et à Bahreïn.

capitale libanaise, avec son centre-ville cosmopolite, est surnommée « le Paris de l'Orient ».

Beyrouth coupée en deux

En bouleversant le rapport des forces, la militarisation des Palestiniens va sonner le glas de ce fragile « miracle libanais ». Dès 1948, année de la naissance d'Israël, le pays du Cèdre accueille plusieurs dizaines de milliers de réfugiés palestiniens. Au lendemain de la guerre de 1967 (voir le chapitre précédent d'Emmanuel Hecht), les camps passent progressivement sous le contrôle de l'OLP dont l'organisation dominante est le Fatah[3] de Yasser Arafat. Le 3 novembre 1969, après plusieurs accrochages entre combattants palestiniens et militaires libanais, le général Emile Boustani, commandant en chef de l'armée libanaise, et Yasser Arafat signent au Caire un accord qui entérine la présence armée des Palestiniens au Liban. Un an plus tard, le roi Hussein de Jordanie sauve, au prix d'un carnage, son trône ébranlé par les fedayins de Yasser Arafat. Les rescapés de ce Septembre noir affluent au Liban. Les Palestiniens s'y taillent un « Fatahland » régi par leur seule loi. Cette mainmise divise les Libanais. Pendant la première phase de la guerre, jusqu'en septembre 1976, deux camps vont s'affronter : les milices chrétiennes – principalement

---

3. Organisation politique et militaire palestinienne fondée en 1959 au Koweït par Yasser Arafat, le Fatah deviendra la principale composante de l'OLP.

maronites[4] –, opposées à la présence du Fatah, et les « palestino-progressistes », qui soutiennent la cause palestinienne. Il s'agit d'un vaste rassemblement où se côtoient des mouvements nationalistes arabes, baasistes ou nassériens, à base sunnite, des communistes, souvent grecs orthodoxes, les miliciens druzes de Kamal Joumblatt[5], les chiites du Mouvement des déshérités, futur Amal[6], et bien sûr les Palestiniens.

Les combats s'étendent rapidement. Miliciens et fedayins se poursuivent et s'entre-tuent en pleine ville. La capitale est bientôt coupée en deux. La « ligne verte », qui sépare l'Est, chrétien, de l'Ouest, musulman, ressemble chaque jour un peu plus à un terrain vague. En septembre 1975, les phalangistes détruisent au cœur du centre-ville le lacis de ruelles et de souks qui enserrait la place des Canons. Puis ce sera la « bataille des grands hôtels ». Les milices chrétiennes investissent le Saint-Georges, le Phénicia, l'Holiday Inn. A moins de 500 mètres, les palestino-progressistes tiennent la tour Murr, un immeuble inachevé d'une trentaine d'étages. A la fin de l'année 1975, ces derniers ont assez nettement pris le dessus. Le réduit chrétien ne comprend plus que la partie

4. Les maronites constituent la première communauté chrétienne du Liban. Leur liturgie a été créée au Ve siècle en Syrie par saint Maron. Ils sont rattachés à l'Eglise de Rome.

5. Chef druze, fondateur du Parti socialiste progressiste. Il meurt assassiné, vraisemblablement sur l'ordre de Damas, le 16 mars 1977.

6. Le mouvement Amal, créé en 1975, est aujourd'hui avec le Hezbollah l'un des principaux partis chiites libanais.

orientale de Beyrouth et une zone montagneuse au nord de la capitale. La guerre connaît ses premiers pogroms. En janvier 1976, les phalangistes assiègent la Quarantaine, un quartier proche du port devenu un bidonville surpeuplé, tenu par les fedayins. Seuls les femmes et les enfants échappent à l'effroyable tuerie. Quelques jours plus tard, les palestino-progressistes envahissent la ville côtière maronite de Damour, à une vingtaine de kilomètres de Beyrouth, massacrant ses habitants. Impuissante, l'armée libanaise s'effondre, officiers et soldats rejoignant l'un ou l'autre camp avec armes et bagages.

Au fil des mois, la défaite des chrétiens apparaît de plus en plus inéluctable. C'est alors qu'intervient un retournement d'alliances : la Syrie, qui est en pleine négociation avec les Etats-Unis sur le plateau du Golan, lâche les palestino-progressistes pour soutenir les chrétiens. Le 1er juin, l'armée syrienne entre au Liban et lance, avec leur aide, une vaste offensive contre l'OLP et ses alliés libanais. Les phalangistes investissent le camp de réfugiés de Tal al-Zaatar, dernier bastion palestinien en territoire chrétien. Après cinquante-deux jours de siège, plus de 2 000 Palestiniens et Libanais musulmans y seront massacrés. La présence militaire syrienne au Liban est entérinée en octobre au cours d'un mini-sommet arabe à Riyad. Celui-ci impose une trêve à tous les belligérants et le déploiement d'une « force de dissuasion arabe »… constituée, pour l'essentiel, du contingent syrien déjà sur place. C'est le début de la tutelle syrienne sur le pays du Cèdre. Damas va dès lors s'appliquer, au gré d'alliances parfois mouvantes, à toujours soutenir le camp qui servira le mieux ses intérêts, instrumentalisant les uns et les autres.

Le bilan de cette première phase du conflit est lourd : 30 000 morts, 600 000 réfugiés, une économie exsangue. Le pays est coupé en deux. En février 1978, les Israéliens, qui entretiennent au Sud-Liban une milice chrétienne locale, l'Armée du Liban-Sud (ALS), passent la frontière et remontent jusqu'au fleuve Litani. L'ONU décide alors d'envoyer un contingent de casques bleus. La présence des soldats de la paix ne parviendra cependant à mettre fin ni aux opérations des Palestiniens contre Israël ni aux incursions de Tsahal. C'est aussi cette année-là que la Syrie, sur fond de paix israélo-égyptienne, opère un nouveau revirement en décidant, cette fois, de soutenir l'OLP.

Opération « Paix en Galilée »

Dans le réduit chrétien, les clans se déchirent. Béchir Gemayel, le plus jeune fils de Pierre Gemayel, prend la tête des Forces libanaises, qui regroupent depuis le printemps 1976 le gros des milices chrétiennes. Elles seront l'instrument de son ascension. Le 13 juin 1978, près de Zhorgta, les hommes de Béchir prennent d'assaut la résidence d'été des Franjié, le puissant clan maronite du Nord-Liban, tuant Tony Frangié, le fils du président de la République Soleiman Franjié. Deux ans plus tard, le 7 juillet 1980, les Forces libanaises attaquent les derniers bastions encore tenus par la milice du Tigre de Camille Chamoun, une autre dynastie maronite. L'opération vise à reprendre le contrôle des ports. Cette « journée des longs couteaux » fera plus d'une centaine de morts. Béchir Gemayel règne désormais en maître sur le « marounistan », le ghetto chrétien. Le 23 août 1982, il est élu à la présidence de la République par 58 députés – le quorum est tout juste atteint après plusieurs heures d'attente – réunis dans une caserne proche de Baabda, le siège de la présidence. Moins de trois semaines plus tard, le 14 septembre, une charge de 50 kg de TNT détruit le bâtiment abritant à Beyrouth-Est la branche principale du parti phalangiste. Béchir est tué dans l'attentat. Le lendemain, deux appareils aux couleurs de Tsahal survolent la cérémonie funèbre tandis que le ministre de la Défense israélien, Ariel Sharon, présente ses condoléances à la famille. Les Israéliens savent qu'ils viennent de perdre leur meilleur allié libanais.

Car depuis juin 1982, une nouvelle « guerre du Liban » a commencé. Une guerre, cette fois, israélo-palestinienne. Le 6 juin 1982, trois jours après un attentat perpétré par une organisation dissidente palestinienne contre leur ambassadeur à Londres, les Israéliens traversent à nouveau la frontière. Trois colonnes – 20 000 hommes – s'enfoncent en territoire libanais. Les autorités de Jérusalem assurent que cette opération, baptisée *Paix en Galilée*, n'a pas d'autre but que de faire cesser les attaques palestiniennes contre leur territoire à partir du Sud-Liban en prenant le contrôle d'une bande de 40 kilomètres. Dès le lendemain, c'est chose faite. Mais Ariel Sharon veut la « destruction définitive » de l'OLP. Tsahal poursuit donc son avancée. Le 9 juin, elle s'empare de Damour. Le 12, elle est aux portes de Beyrouth. Commence alors le siège du secteur occidental de la capitale et des camps de réfugiés qui l'entourent : 6 kilomètres carrés et un demi-million d'hommes, combattants ou civils, de femmes et d'enfants soumis, pendant soixante-dix jours, à un pilonnage permanent par l'aviation, l'artillerie et la marine de guerre de Tsahal. En juillet, la ville est en outre privée d'eau et d'électricité par ses assaillants. Les Palestiniens, qui jouent leur existence et leur survie, se battent le dos au mur.

Les chancelleries occidentales s'efforcent d'éteindre l'incendie. Le président Ronald Reagan dépêche à Beyrouth Philip Habib, un émissaire spécial chargé de négocier les termes d'un accord qui mette fin au calvaire de la capitale libanaise. Le plan de Washington prévoit le désengagement et l'évacuation des forces palestiniennes de Beyrouth sous le contrôle d'une force multinationale. Le 10 juillet, Paris donne son accord de principe et promet un contingent à la condition que les Palestiniens puissent partir dans l'honneur. Les tractations se prolongent. Le 7 août, après des bombardements particulièrement intensifs, Philip Habib peut enfin annoncer qu'il a obtenu l'accord de toutes les parties. La force multinationale chargée de superviser le retrait palestinien sera composée de soldats fournis par les Etats-Unis, la France et l'Italie. Son mandat, à la demande des Israéliens, sera limité à trente jours. Les Français, conformément au vœu des Palestiniens, arriveront les premiers, suivis des Américains et des Italiens.

Sabra et Chatila

Le 21 août, quelque 350 militaires français débarquent dans la zone du port de Beyrouth. Les opérations de retrait peuvent commencer. Yasser Arafat prend place le 30 août à bord de l'*Atlantis*, un bâtiment grec. Il est près de midi lorsque la sirène du navire retentit. Le vieux chef palestinien, qui, la veille, s'est longuement promené dans les ruines de son quartier général de Fakrani, fait une dernière fois le V de la victoire. Le 13 septembre, les derniers contingents de la force multinationale plient bagage. Deux jours plus tard, au lendemain de l'assassinat de Béchir Gemayel, les troupes d'Ariel Sharon pénètrent dans la capitale libanaise, en violation de l'accord négocié avec Philip Habib. Les 16 et 17, des miliciens phalangistes massacrent la population des camps palestiniens de Sabra et Chatila dans la banlieue sud de Beyrouth. Bilan : 800 morts selon la commission d'enquête israélienne qui sera chargée, sous la pression d'une opinion choquée, de faire la vérité sur ces événements, près du double selon l'OLP.

La tragédie est découverte dans la matinée du 18 septembre. Des habitants terrorisés, qui ont échappé aux massacres, parviennent à alerter les envoyés spéciaux de la presse internationale, encore très nombreux à Beyrouth. Ceux-ci se rendent dans les deux camps. Le spectacle est insoutenable : cadavres d'hommes, de femmes et d'enfants criblés de balles, éparpillés dans les ruelles ou entassés les uns sur les autres, maisons rasées au bulldozer.

Quelques jours plus tard, Ariel Sharon finira par reconnaître que le commandement de l'armée israélienne avait autorisé les forces phalangistes à pénétrer dans les camps pour « en liquider les éléments palestiniens armés ». Il « ne pouvait pas imaginer », dit-il, ce qui allait suivre. La réplique de l'écrivain israélien Amos Oz est sans appel : « Celui qui invite l'étrangleur du Yorkshire à passer deux nuits dans un pensionnat de jeunes filles ne peut ensuite prétendre, en voyant les amoncellements de cadavres, qu'il s'était entendu avec lui pour qu'il se contente de laver la tête des enfants… » C'est à un autre Israélien, le journaliste Amnon Kapeliouk, que l'on doit l'enquête la plus rigoureuse sur ces massacres. Il confirme sans aucun doute possible que les tueurs étaient des miliciens phalangistes, membres des Forces libanaises, le bras armé du parti Kataeb. Les Israéliens, eux, ont encerclé les camps, puis coordonné l'entrée des phalangistes « au coucher du soleil » dans la soirée du 16 septembre. A 200 mètres des tueries, ils ont ensuite observé la scène depuis les toits de trois immeubles.

La « Pax Syriana »

L'onde de choc est telle que les pays occidentaux, à l'initiative du président américain Ronald Reagan, décident de renvoyer à Beyrouth une nouvelle force internationale d'interposition. Le cabinet israélien n'est pas en mesure de s'y opposer. Composée de contingents américain, français, britannique et italien, elle a cette fois pour mandat de contribuer « au retour à la sécurité » et au « respect du droit des gens ». Au début, elle est plutôt bien acceptée. Les cafés de Beyrouth sont de nouveau pleins, les boutiques des quartiers commerciaux dévastés se reconstruisent, les compagnies aériennes occidentales reviennent. Mais le Liban reste un pays occupé. L'armée israélienne ne s'est retirée que d'une petite dizaine de kilomètres au-delà de la capitale, les différentes milices libanaises restent campées sur leurs positions, de même que l'armée syrienne. Ce à quoi il faut ajouter plusieurs centaines de gardes révolutionnaires iraniens installés à Baalbek, dans la Bekaa, avec l'assentiment des Syriens. Au total, le pays ne compte pas moins de trente-trois armées étrangères et milices locales sur son territoire…

Les Américains vont s'employer pendant les mois qui suivent à convaincre les principaux acteurs régionaux de négocier un plan de désengagement du Liban. Mais la Syrie refuse catégoriquement de retirer ses troupes. Au début du mois de mai 1983, des salves d'obus, tirées des montagnes qui dominent la capitale, s'abattent sur les quartiers chrétiens de Beyrouth. Une façon, pour Damas, de faire pression sur le président Amine Gemayel – le frère aîné de Béchir –, jugé trop proche des Occidentaux. Un accord libano-israélien – qui restera lettre morte – est néanmoins conclu le 17 mai. Les Syriens sont furieux. A la fin de l'été, une véritable guerre oppose dans le Chouf les Druzes soutenus par la Syrie à la milice chrétienne des Forces libanaises. Les Américains s'engagent alors de plus en plus ouvertement aux côtés du camp chrétien. Du coup, les soldats de la force multinationale sont régulièrement visés par les alliés de la Syrie. Jusqu'au double attentat du 23 octobre contre le quartier général de l'armée américaine, puis contre le Drakkar, un immeuble inachevé de neuf étages où campe le 1er régiment de chasseurs parachutistes français. A trois minutes d'intervalle, peu après 6 heures du matin, un camion et une camionnette piégés viennent se fracasser contre les deux QG, qui sont pulvérisés. Plusieurs dizaines de morts seront retirés des décombres. François Mitterrand et Ronald Reagan proclament leur intention de ne pas céder au chantage et de maintenir leurs troupes sur place. Elles n'y resteront pas très longtemps. Au début de 1984, les Britanniques filent… à l'anglaise, en oubliant deux camions sur le port de Jounié. Puis les Italiens plient bagage, après avoir cédé leurs positions dans les camps palestiniens à la milice chiite Amal. Les Américains, en campagne électorale, décident à leur tour de jeter l'éponge, bientôt suivis des Français. Lâché par les Occidentaux, Amine Gemayel se résout, sous la pression des pays arabes, à abroger l'accord conclu avec Israël. Le 29 février 1984, il est à Damas.

Les attentats contre les QG américain et français, dans lesquels la responsabilité du Hezbollah fait peu de doute, la guerre des camps ensuite, qui oppose le mouvement Amal aux Palestiniens en 1985, puis aux Druzes en 1987, traduisent l'importance nouvelle prise, depuis le début des années 1980, par les partis chiites sur l'échiquier libanais. Largement marginalisée au lendemain de l'indépendance, la communauté chiite s'organise d'abord autour du Mouvement des déshérités créé en 1973 par l'imam Moussa Sadr, lequel se dote deux ans plus tard d'une branche militaire, Amal. Mais c'est surtout la révolution khomeiniste de 1979 en Iran qui va changer la donne. Principal instrument de la stratégie d'influence de l'Iran, le Hezbollah est fondé dans les années 1982-1984 et se fixe aussitôt comme objectif l'extension au Liban de la révolution islamique.

Le mandat présidentiel d'Amine Gemayel expire en septembre 1988. Les factions libanaises, plus divisées que jamais, se révèlent incapables de s'accorder sur un successeur. Amine Gemayel décide alors, malgré l'opposition des partis musulmans, de nommer le commandant en chef de l'armée, le général chrétien Michel Aoun, à la tête d'un gouvernement intérimaire. Celui-ci décrète quelques mois plus tard une « guerre de libération » contre la Syrie qui se traduit par de nouveaux affrontements meurtriers entre pro et antisyriens. Le rapprochement de la Syrie et de l'Arabie saoudite permet, cette fois, à la Ligue arabe de se saisir du dossier. Le 24 octobre 1989, 63 députés libanais, survivants du Parlement élu en 1972, signent, sous l'égide de l'Arabie saoudite, l'accord de Taef. Le texte prévoit des modifications institutionnelles allant dans le sens d'un meilleur équilibre entre les communautés et la dissolution des milices. L'armée syrienne, elle, est seulement invitée à se « redéployer » dans la plaine de la Bekaa, ce qui revient à légaliser la présence militaire de Damas, dont les liens privilégiés avec le Liban sont réaffirmés. Nombre de chancelleries ayant fini par se laisser convaincre que la tutelle syrienne était seule à même d'assurer la stabilité du Liban, l'accord obtient le blanc-seing de la communauté internationale. Le 22 novembre 1989, toujours à Taef, les représentants des principales factions libanaises signent un « pacte de la coexistence ». Le seul à s'y opposer est Michel Aoun, qui tente de résister. Vaincu, il finira par se réfugier, le 13 octobre 1990, à l'ambassade de France. C'est, officiellement, la fin de la guerre du Liban.

L'assassinat de Rafic Hariri

Les Libanais veulent croire qu'une nouvelle ère de prospérité s'amorce enfin. Devenu Premier ministre en mai 1992, Rafic Hariri, un richissime homme d'affaires sunnite proche de l'Arabie saoudite, s'attelle à la reconstruction de Beyrouth. Mais cela n'empêche pas un conflit larvé de se poursuivre au Sud-Liban entre le Hezbollah et l'armée israélienne qui y occupe toujours une « zone de sécurité ». Au lendemain de l'entrée en vigueur de l'accord de Taef, une disposition du texte légitimant la « résistance » à l'occupation israélienne a en effet permis à la milice chiite d'obtenir l'accord des autres factions pour garder ses armes. Il faudra attendre le mois de mai 2000 pour que Tsahal finisse par quitter le Sud-Liban. Hassan Nasrallah, le chef du Hezbollah, va-t-il devoir désarmer ses troupes ? Il n'en sera rien. Le « parti de Dieu » redécouvre opportunément un minuscule territoire toujours occupé par Israël, celui des « fermes de Chebaa ». Les Israéliens s'étaient emparés de ces dix-huit hameaux situés sur le versant libanais du mont Hermon en 1967 au moment de l'occupation du Golan syrien. A l'époque, les Libanais n'avaient pas cherché à faire valoir leurs droits…

La tutelle syrienne se fait parallèlement de plus en plus lourde. Dans un premier temps, au lendemain du décès de Hafez el-Assad et de l'accession au pouvoir, en juin 2000, de son fils Bachar, Rafic Hariri tente de négocier avec les autorités syriennes dans l'espoir de desserrer l'étau. Il n'y parvient pas et ses relations avec le chef de l'Etat libanais, le très prosyrien Emile Lahoud, deviennent de plus en plus exécrables. C'est au début de l'année 2004 que naît l'idée de recourir au Conseil de sécurité des Nations unies pour aider le Liban à retrouver sa souveraineté. Porté par Jacques Chirac et Rafic Hariri, le projet est soutenu par les Etats-Unis, pas mécontents d'affaiblir l'axe irano-syrien[7] dans la région. Au mois d'août, les choses s'accélèrent. Damas choisit d'imposer la reconduction du mandat du président Lahoud. Le 26 août, Bachar el-Assad fait part sans ménagement de sa décision à Rafic Hariri. Le coup de force syrien déclenche la saisine du Conseil de sécurité. Adoptée le 2 septembre 2004, la résolution 1559 demande le retrait

7. La Syrie est le principal allié de l'Iran dont le régime est alors dans le collimateur de Washington.

total des « troupes étrangères » du Liban, ainsi que le désarmement de toutes les milices. Le 14 février 2005, Rafic Hariri est tué dans un attentat en plein centre de Beyrouth. L'émotion est énorme. Pour la première fois, des centaines de milliers de Libanais – chrétiens, sunnites et druzes – descendent dans la rue pour manifester contre la présence syrienne. C'est la « révolution du Cèdre ». Sous la pression de la rue et des chancelleries, Damas finit par retirer ses troupes en avril 2005. Mais pas les agents de ses services secrets… Quelques mois plus tard, le Conseil de sécurité des Nations unies crée un tribunal spécial chargé de juger les personnes soupçonnées d'avoir assassiné l'ancien Premier ministre libanais.

La paix introuvable

L'assassinat de Rafic Hariri marque un tournant dans l'histoire mouvementée du Liban parce qu'il fait bouger les lignes de fracture entre les différentes communautés. Les sunnites et les chiites sont désormais dans des camps opposés, tandis que les chrétiens sont divisés. Le « camp du 14 mars » (en référence à une manifestation organisée le 14 mars 2005, un mois après l'attentat) milite pour un pays débarrassé de la tutelle syrienne et qui ne serve plus de champ de bataille aux conflits de la région. Il rassemble pour l'essentiel les sunnites et une partie des chrétiens – dont le clan Gemayel – auxquels s'ajoutent, au début du moins, les Druzes de Walid Joumblatt. Il est soutenu par les pays occidentaux ainsi que par les grands Etats sunnites du Moyen-Orient, à commencer par l'Arabie saoudite. Dans l'autre camp, appuyé lui par l'Iran et la Syrie de Bachar el-Assad, on trouve les deux grandes formations chiites – le Hezbollah et le mouvement Amal – ainsi que quelques personnalités chrétiennes originaires du nord du Liban et le Courant patriotique libre, le parti du général Michel Aoun. Eux accusent les Occidentaux de chercher, en partant en guerre contre le régime de Damas, à asseoir leur propre tutelle sur le pays du Cèdre.

C'est dans ce contexte qu'éclate, dans la torpeur de l'été 2006, une nouvelle guerre du Liban. Le 12 juillet, le Hezbollah annonce avoir capturé deux militaires israéliens « à la frontière avec la Palestine occupée ». Trois autres soldats ont été tués dans l'accrochage. La riposte des Israéliens ne se fait pas attendre. Le Liban est à nouveau sous les bombes. Ses ponts et ses principaux axes routiers sont détruits, les villes et les villages du Sud-Liban ainsi que les banlieues chiites de la capitale pilonnés sans relâche, tandis que des centaines de roquettes tirées par le Hezbollah s'abattent sur la Galilée. Après la guerre, l'ONU fera état d'une moyenne de 3 000 bombes par jour larguées par l'armée israélienne et d'un total de 3 900 roquettes tirées par le Hezbollah ! Les Libanais, eux, ont l'impression de revenir des années en arrière.

Tandis que les combats se poursuivent, des tractations s'engagent aux Nations unies. Elles finiront par aboutir, le 11 août, à une résolution – la 1701 – que le Conseil de sécurité adopte à l'unanimité. Ce texte prévoit un cessez-le-feu, le renforcement de la FINUL (Force intérimaire des Nations unies au Liban) et le déploiement de l'armée libanaise au Sud-Liban. Il réaffirme aussi les principes de la résolution 1559. La trêve entre en vigueur le 14 août. Les troupes israéliennes se retirent quelques semaines plus tard. Au total, on estime que la guerre de 2006 a fait au Liban 1 300 morts, dont une grande majorité de civils, et près d'un million de réfugiés. Elle a aussi permis à Hassan Nasrallah de gagner la bataille de l'image. Du Maroc à l'Arabie saoudite, où des millions de musulmans sont restés rivés à leurs petits écrans à l'écoute des grandes chaînes arabes de télévision qui diffusent en boucle le malheur du Liban, le chef du Hezbollah n'a jamais été aussi populaire.

Les troupes israéliennes parties, les hostilités reprennent entre les factions libanaises. La fracture se focalise autour du Tribunal spécial pour le Liban chargé de juger les assassins de l'ancien Premier ministre. Alors que la rue sunnite continue à réclamer la vérité, la Syrie et le Hezbollah sont vent debout contre ce tribunal. Les attentats ou les tentatives d'assassinat se multiplient contre les personnalités du camp antisyrien. En mai 2008, le Hezbollah, qui a reconstitué son arsenal, franchit un pas de plus : ses miliciens occupent la partie occidentale de Beyrouth, à majorité sunnite, après avoir bloqué tous les axes menant à l'aéroport. Les maisons de Saad Hariri, le fils de Rafic, du chef druze Walid Joumblatt et du mufti de la République, la plus haute autorité sunnite du pays, sont encerclées. L'armée, cédant aux pressions de ses officiers chiites, choisit de laisser faire afin de préserver son unité. Le Hezbollah exige et obtient, en échange de son retrait, un droit de veto au sein du futur gouvernement d'union nationale. Rien ne pourra donc être décidé au Liban qui aille contre la volonté du « parti de Dieu » et de ses « parrains » iranien et syrien. En juin 2011, l'acte d'accusation du « tribunal Hariri » met en évidence la responsabilité de quatre suspects, tous membres du Hezbollah. Ils courent toujours…

Cela fait près de quarante ans que les guerres se succèdent au pays du Cèdre. Leurs ressorts ont toujours été multiples, mêlant étroitement les querelles interlibanaises aux conflits géopolitiques régionaux, ce qui les rend très difficiles à comprendre pour les Occidentaux. Si le conflit israélo-arabe, longtemps au cœur des clivages communautaires du Liban, reste encore très prégnant, le regain de tension de ces derniers mois est directement lié à la guerre de Syrie, devenue l'épicentre d'un conflit régional qui oppose les chiites, soutenus par l'Iran, aux sunnites, appuyés par les monarchies du Golfe. Au début du soulèvement syrien, les autorités libanaises se sont efforcées d'adopter une attitude de « distanciation », mais au fil des mois cette position a été battue en brèche par la radicalisation des acteurs politiques chiites et sunnites. La bataille de Qousseir (une ville de l'ouest de la Syrie) en mai 2013 a marqué un tournant : le Hezbollah y est ouvertement entré en guerre en prêtant main-forte aux troupes de Bachar el-Assad menacées sur le terrain par la rébellion. Côté sunnite, des dignitaires religieux soutenus par l'Arabie saoudite appellent régulièrement les jeunes Libanais à prendre les armes aux côtés des rebelles syriens. Même si elles sont loin d'avoir la force de frappe du Hezbollah, des milices sunnites – salafistes notamment – se sont reconstituées dans la région de Saïda, au sud, et dans celle de Tripoli, au nord, où des accrochages ont eu lieu à plusieurs reprises. Entre l'été 2013 et le début de l'année 2014, une demi-douzaine d'attentats ont été perpétrés dans les secteurs chiites de Beyrouth, dont l'un au moins a été revendiqué par la branche d'al-Qaida au Proche-Orient. Le 27 décembre 2013, c'est le camp anti-Assad qui était visé avec l'assassinat, en pleine rue, du principal conseiller de Saad Hariri, le chef politique des sunnites du Liban. Autre facteur de déstabilisation : l'afflux des réfugiés syriens. Début 2014, au rythme de 50 000 par mois, plus d'un million d'entre eux avait trouvé refuge du côté libanais de la frontière. Combien de temps encore tiendront les soupapes qui empêchent le pays du Cèdre de s'embraser à nouveau ? La guerre de Syrie ne débouchera pas forcément sur un affrontement généralisé au Liban. Mais le pays pourrait progressivement basculer dans une situation à l'irakienne avec des éruptions de violence localisées entre milices rivales et une recrudescence des attentats. Son avenir dépendra aussi de l'attitude de l'armée, considérée depuis 2005 comme la garante de l'unité nationale. « Au Liban, analyse le politologue Joseph Bahout[8], la crise syrienne est perçue par les deux camps comme une crise exis-

8. Cité par le journal *Le Monde.*

tentielle : de la perte ou de la survie du régime syrien dépendra la survie de l'un ou l'autre camp. »

Dominique LAGARDE

Bibliographie sélective

Denise Ammoun, *Histoire du Liban contemporain (1943/1990)*, Fayard, 2005.

Georges Corm, *Le Proche-Orient éclaté (1956-2000)*, Gallimard, 1999.

—, *Le Liban contemporain*, La Découverte, 2003.

Masri Feki et Arnaud de Ficquelmont, *Géopolitique du Liban*, Studyrama, 2008.

Robert Fisk, *Liban, nation martyre*, A & R Editions, 2007.

Alain Gresh et Dominique Vidal, *Les 100 clés du Proche-Orient*, Hachette, coll. « Pluriel », 2011.

David Hirst, *Une histoire du Liban*, Perrin, 2011.

Amnon Kapeliouk, *Sabra et Chatila. Enquête sur un massacre*, Seuil, 1982.

Samir Kassir, *La Guerre du Liban. De la dissension nationale au conflit régional (1975-1982)*, Beyrouth/Paris, CERMOC/Karthala, 1994.

—, *Histoire de Beyrouth*, Fayard, 2003 ; Perrin, coll. « Tempus », 2011.

Nadine Picaudou, *La Déchirure libanaise*, Bruxelles, Complexe, 1989.

Jonathan Randal, *La Guerre de mille ans*, Grasset, 2004.

12

L'URSS prise au piège afghan (1979-1989)

Le régime soviétique ne survivra pas longtemps à l'intervention de l'Armée rouge en Afghanistan. Les effets souvent paradoxaux de ce conflit meurtrier hantent également toujours les Etats-Unis et l'Europe.

Quand les troupes de l'Union soviétique occupent le bourbier afghan, au début des années 1980, les corps des soldats tués au combat sont parfois empilés les uns sur les autres. Littéralement. Comme beaucoup de ses camarades, Sergueï Nikiforov, étudiant en médecine, est envoyé sur place pendant son service militaire. Dans son journal, il raconte sa découverte, le soir de son arrivée, de la morgue du régiment. A l'intérieur d'une simple hutte aux murs en terre sèche, dans une chaleur moite et une puanteur indescriptible, il voit deux soldats ivres déposer, dans un cercueil en zinc, une tête, deux bras, un torse, deux jambes. « Une patrouille a été prise en embuscade par les moudjahidine, explique un médecin militaire. Ils ont découpé nos gars en morceaux et jeté leurs membres dans des sacs de jute. Un camion vient de les livrer. Comme s'ils nous offraient un cadeau. » Une fois rempli, le cercueil est scellé au chalumeau.

Quand Nikiforov arrive en Afghanistan, l'invasion soviétique, commencée en décembre 1979, est encore à ses débuts. A Moscou, le régime prétend que ses troupes remplissent un « devoir internationaliste » d'assistance auprès d'un peuple ami : à écouter la propagande, les soldats ne sont pas engagés dans des combats. En 1980, les permissionnaires d'Afghanistan sont interdits dans la capitale soviétique pendant les Jeux olympiques d'été, car les autorités craignent qu'ils ne racontent ce qu'ils ont vu. Obsédé par le secret, l'état-major en arrive à prendre une décision singulière : des années durant, les corps des militaires tués sont rendus à leurs familles au milieu de la nuit, dans le vain espoir que l'événement passera inaperçu.

A Moscou, Andreï Blinouchov, l'un des soldats chargés de cette tâche, se souvient avoir monté en pleine nuit, avec trois camarades, le cercueil contenant le corps d'un pilote d'hélicoptère jusqu'au septième étage d'un immeuble. A l'intérieur de l'appartement, la veuve, très pâle, porte un bébé dans ses bras et semble incapable de dire un mot. Alertés par le bruit, des voisins les rejoignent et déplacent quelques meubles, afin de poser la grande boîte en fer sur le sol. Et soudain, la jeune femme se met à crier. Elle hurle, comme une bête prise au piège, et chasse les soldats, impuissants et terrifiés. Ils dévalent l'escalier et retrouvent leur officier, au volant du camion. Il n'avait pas eu le courage d'assister à la scène.

L'engrenage

Comment l'Union soviétique en est-elle arrivée là ? Pourquoi le leader vieillissant d'une superpuissance à bout de souffle, Leonid Brejnev, lance-t-il ses troupes à l'assaut des montagnes afghanes ? A trois ans de sa mort, a-t-il conscience, comme les autres vieillards du bureau politique, qu'il précipite sans le vouloir l'implosion du glacis soviétique ?

Moscou s'est toujours intéressé de près à cette région, proche de sa frontière, qui compte parmi les plus belles au monde. L'Afghanistan, tel que nous le connaissons aujourd'hui, est né de l'affrontement, au XIXe siècle, entre l'Empire russe et l'empire des Indes, lors du « Grand Jeu » auquel se livrent Saint-Pétersbourg et Londres. Situé sur l'ancienne route de la soie, ce pivot stratégique est au carrefour du sous-continent indien, de l'Asie centrale et du Moyen-Orient. Terre de pasteurs et d'agriculteurs, le pays est barré, d'est en ouest, par la haute chaîne de l'Hindu Kuch et ses sommets de 5 000 mètres, toujours coiffés de neige. Son histoire et sa géographie le rendent propice à tous les trafics.

Au XXe siècle, malgré les bouleversements politiques, le « Grand Jeu » perdure. En 1921, le roi Amanullah, à la tête d'un Etat afghan qui accède tout juste à l'indépendance, signe un traité de paix et d'amitié avec le régime bolchevique de Moscou arrivé au pouvoir quatre ans plus tôt. Mais

Kaboul poursuit, comme par le passé, un subtil jeu d'équilibre entre l'URSS, au nord, et le Raj, à l'est. Le départ des Britanniques, en 1947, entraîne la création du Pakistan, sur le flanc oriental du territoire afghan, une évolution dont le royaume se serait volontiers passé, d'autant que le tracé de la frontière entre les deux Etats est un héritage colonial contesté de part et d'autre.

Dans les années qui suivent, Kaboul joue de la guerre froide entre Moscou et Washington. Puisque le Pakistan a rejoint le camp occidental, l'Afghanistan accueille volontiers des milliers de Soviétiques : militaires, ingénieurs et techniciens, ils édifient routes, ponts, usines hydroélectriques… Nombre d'officiers supérieurs de l'armée afghane sont formés à Moscou et parlent russe. Dans le sud du pays, à partir de la fin des années 1950, les Américains multiplient à leur tour les grands chantiers. Les deux superpuissances rivalisent de générosité : à l'aéroport de Kaboul, Washington fournit les systèmes de communication et le radar, tandis que Moscou prend en charge l'infrastructure…

Entre 1963 et 1973, le roi Mohammad Zaher Chah instaure une monarchie constitutionnelle et tente de moderniser son pays. Sur le campus de l'université de Kaboul, les jeunes filles portent des jupes courtes et des jeans à pattes d'éléphant. Tandis que les mouvements islamistes s'étendent à la campagne, où domine le poids des traditions, les communistes, idéalistes et révolutionnaires, étendent leur influence dans les villes. A partir de 1969, l'Afghanistan traverse plusieurs années de sécheresse et de famine. Profitant de la crise, un ministre et cousin du roi, Mohammed Daoud, s'allie aux communistes et, en juillet 1973, abolit la monarchie. Devenu le premier président de la République dans l'histoire du pays, sa politique de plus en plus autoritaire provoque en 1975 les deux premières insurrections fondamentalistes, soutenues par le Pakistan. A Kaboul, contre l'avis de Moscou, les communistes font tuer le président Daoud, s'emparent du pouvoir et prônent une guerre contre l'islam.

De coup d'Etat en coup de force, le chaos politique se mue en guerre civile, attisée par les rivalités tribales et l'écho des nouvelles venues de l'Iran voisin : en février 1979, dans les rues de Téhéran, la révolution islamique balaie le régime du chah et une foule immense accueille l'ayatollah Ruhollah Khomeiny, de retour d'exil. Un mois plus tard, la rébellion des officiers islamistes de Herat, dans l'ouest de l'Afghanistan, est bientôt suivie par d'autres garnisons.

Les Etats-Unis, inquiets de l'émergence d'un régime communiste en Afghanistan, fournissent dès l'été 1979 de l'argent et des armes aux moudjahidine afghans, qui se réfugient en nombre croissant au Pakistan et proclament la guerre sainte contre le gouvernement de Kaboul. Moscou envoie de nouveaux conseillers et élabore un plan de déploiement des forces terrestres. Pour autant, les archives officielles de l'époque sont formelles : les leaders soviétiques ne souhaitent pas intervenir. Comme les Américains dans les mois qui précèdent la guerre du Vietnam, ils cherchent à tuer dans l'œuf une guerre civile qui menace de renverser leurs vassaux au pouvoir. Mais ils méprisent ces communistes afghans rendus impatients par leur soif de pouvoir et jugés coupables de nourrir l'instabilité régionale.

Le piège

De fait, à Kaboul, les prétendus révolutionnaires se haïssent entre eux, au point que leurs divisions versent dans le drame shakespearien. Le 10 septembre 1979, le président Noor Mohammed Taraki, inféodé à Moscou, est attaché à un lit et étouffé sous un oreiller ; son assassinat a été commandité par un camarade rival, le Premier ministre Hafizullah Amin, qui prend le pouvoir par la force. L'épisode scandalise les dignitaires soviétiques : Iouri Andropov, alors maître du KGB, soupçonne le nouveau président, pourtant communiste, d'être un agent des Etats-Unis, car Amin a étudié dans les années 1960 à l'université Columbia, à New York ! Le 12 décembre 1979, lors d'une réunion du bureau politique, Andropov accuse la CIA de vouloir établir un « nouvel Empire ottoman », qui engloberait les républiques soviétiques d'Asie centrale, où les musulmans sont nombreux. Si les Américains installaient des missiles en territoire afghan, ajoute-t-il, les défenses antiaériennes soviétiques seraient insuffisantes pour protéger des cibles stratégiques telles que le cosmodrome de Baïkonour. Pis, les réserves afghanes d'uranium risqueraient d'être exploitées par l'Iran ou le Pakistan !

A treize reprises, depuis l'été 1979, différents leaders du PC afghan ont sollicité une intervention militaire. Moscou a jusqu'alors fait la sourde oreille : « Nous avons étudié avec attention tous les aspects de cette action, répond un représentant soviétique. Nous sommes arrivés à la conclusion que, si l'on faisait intervenir nos troupes, non seulement la situation de votre pays ne s'améliorerait pas, mais elle s'aggraverait. » Le meurtre de Taraki change tout. Le 24 décembre 1979, moins de deux semaines après la réunion du bureau politique, le 40e corps de l'Armée rouge répond à l'appel de Babrak Karmal, un leader communiste réputé modéré. Débarqués des Antonov 22 ou arrivés par la route, 85 000 soldats prennent possession des grandes villes. Trois jours plus tard, les forces spéciales soviétiques attaquent le palais présidentiel et tuent le président Amin, en poste depuis cent quatre jours seulement. Choisi par Moscou comme dirigeant de substitution, Babrak Karmal se révèle tour à tour lunatique, paranoïaque et porté sur la boisson. Incapable, surtout, de négocier le moindre accord avec les rebelles islamistes. Pour le régime soviétique, le piège s'est refermé. La guerre durera neuf ans.

Des moyens inadaptés

Les premiers mois, nombre de Soviétiques envoyés en Afghanistan – militaires, techniciens, conseillers civils – croient dans la justesse de l'opération. Ils ressemblent aux Américains, qui appuieront en majorité la guerre en Afghanistan après les attentats du 11 septembre 2001, car ils y verront une forme d'aide fournie à un pays pauvre, exposé à la menace terroriste. La plupart des soldats soviétiques sont des conscrits, issus des petites villes et des campagnes. Seule l'armée de l'air, le KGB et les unités médicales disposent d'hommes aguerris.

Dès le début de la guerre, l'objectif de Moscou est de gagner les cœurs et les esprits, en contribuant à la stabilité du pays. Le général Alexandre Maïorov, l'un des premiers partisans de l'intervention, en est convaincu : le peuple afghan ne peut être conquis par la force ; il peut être, tout au plus, acheté... Problème : les Soviétiques ne sont pas équipés pour cela. Babrak Karmal, leur allié incapable, n'obtiendra jamais l'allégeance des ruraux, sans lesquels rien n'est possible.

Reste l'option militaire. Sur ce plan aussi, rien ne se passe comme prévu. Pendant toute la guerre, les forces de Moscou n'ont jamais dépassé 120 000 hommes : l'objectif est d'éviter les erreurs du contingent américain au Vietnam, qui a atteint un demi-million de combattants. Mais le soldat soviétique est trop lourdement équipé pour le combat en montagne et mal préparé pour affronter un adversaire agile et manœuvrier. L'Armée rouge a gardé ses structures du pacte de Varsovie, adaptées à une lutte entre formations mécanisées sur un théâtre européen : dès que les forces terrestres sont mises en difficulté, l'aviation et l'artillerie répliquent sur-le-champ. Résultat : quand les moudjahidine tirent depuis l'intérieur d'un village, les Soviétiques bombardent et détruisent l'ensemble du hameau, au risque de s'aliéner le soutien de ceux auxquels ils prétendent venir en aide.

La résistance

Leur puissance de feu supérieure vaut quelques victoires aux Soviétiques, mais elles demeurent éphémères. Quand les forces spéciales s'emparent d'une ville, alentour, l'infanterie échoue à contrôler les vallées. L'Armée rouge se révèle ainsi incapable de contrôler la frontière avec le Pakistan, où les Etats-Unis et l'Arabie saoudite, entre autres, arment et financent une myriade de groupes de résistance, afghans ou étrangers. Dans les ruelles de Peshawar, base arrière des maquisards, un modéré tel que Ahmed Chah Massoud, combattant légendaire de la résistance et ancien élève du lycée français de Kaboul, peut croiser Abdul Rasul Sayyaf, wahhabite soutenu par les Etats du Golfe. Le jeune Oussama Ben Laden, arrivé d'Arabie saoudite, se lie avec Gulbuddin Hekmatyar, fondamentaliste alors apprécié de Washington et d'Islamabad. C'est l'époque où, avec le cynisme de ceux qui n'ont rien à perdre, des officiels de la CIA promettent de « lutter contre les Soviétiques jusqu'au dernier Afghan ». Emportés par la logique de la guerre froide, les Etats-Unis consolident sans cesse le camp djihadiste et renforcent le pouvoir des services de renseignements militaires pakistanais.

Renonçant à toute politique de quadrillage, les Soviétiques se bornent à contrôler les agglomérations et les principaux axes routiers. Les

5 000 hommes du commandant Massoud ne perdront jamais le contrôle de la vallée du Panshir, longue de 250 kilomètres, qui barre, au cœur de l'Hindu Kuch, la route stratégique entre Kaboul et l'URSS. Et pour cause. A plus de 2 000 mètres d'altitude, la capacité d'emport d'un MI-8, l'hélicoptère lourd déployé par Moscou, n'est plus que de quatre hommes. Quant au MI-24, un hélicoptère d'attaque capable de voler à plus de 300 km/h, il se révèle incapable d'ouvrir le feu à plus de 4 500 mètres d'altitude.

A partir de 1986, la livraison par l'ami américain des redoutables missiles Stinger à visée optique et guidage infrarouge, capables d'atteindre tout aéronef à 5 000 mètres d'altitude, marque un tournant dans la guerre : les Soviétiques perdent la maîtrise du ciel. Au sol aussi les moudjahidine multiplient les infiltrations et harcèlements : en janvier 1985, sur la grande base de Bagram, dans l'est du pays, plusieurs dizaines d'appareils sont détruits en une seule nuit.

Comment partir ?

Deux mois plus tard, Mikhaïl Gorbatchev est nommé à la tête du Parti communiste de l'Union soviétique. Convaincu de la nécessité d'un retrait d'Afghanistan, il autorise le développement d'une campagne hostile à la guerre, menée par des vétérans et les familles des soldats. Moscou veut mettre un terme à l'occupation sans pour autant sembler essuyer une défaite : « Gorbatchev s'inquiétait des dégâts qu'un retrait hâtif pourrait causer au prestige soviétique, écrit l'historien Artemy Kalinovski. Il cherchait à mettre en place à Kaboul un régime viable, qui puisse perdurer après le départ des troupes soviétiques. » Ce sera la tâche confiée à Mohammed Najibullah, un ancien patron de la police secrète, qui, en 1986, sur ordre de Moscou, remplace à la présidence Babrak Karmal, hâtivement rapatrié en Union soviétique, où il mourra dix ans plus tard. Malgré sa politique pragmatique au service d'une prétendue « réconciliation nationale », Najibullah échoue. Réussir aurait supposé l'appui des Etats-Unis, principaux protecteurs des moudjahidine. Or l'administration Reagan, à Washington, conditionne la fin de l'aide aux rebelles à l'arrêt pur et simple de toute forme de soutien soviétique au gouvernement de Kaboul. De guerre lasse, Gorbatchev ordonne le retrait.

Avec le recul, l'occupation soviétique paraît plus maladroite que cruelle, comme la propagande de la guerre froide, dans les années 1980, a voulu le faire croire. L'utilisation d'armes chimiques ou de jouets piégés, par exemple, n'a jamais existé.

En février 1989, quand le général Boris Gromov, portant l'étendard de la 40e armée, traverse le « pont de l'amitié » à la frontière afghane, il est accueilli par des journalistes, des fonctionnaires municipaux et quelques curieux. Les représentants de Moscou, civils ou militaires, sont absents. Les « Afghantsi », ces vétérans souvent malades et traumatisés, retrouvent un pays indifférent et en crise. L'Empire rouge éclatera moins de trois ans plus tard, sans que la défaite ait joué le rôle central qu'on lui a longtemps attribué. L'occupation de l'Afghanistan a terni le prestige de l'Union soviétique, certes, en particulier auprès de ses alliés du tiers-monde, mais sur le plan économique le coût de l'opération est resté faible. Le bilan humain, lui, est terrible : 15 000 morts, d'après Moscou. En bref, cette défaite humiliante apparaît davantage comme un révélateur que comme un accélérateur de la fin de l'« homme rouge ».

Honte et embarras

Côté afghan, surtout, les chiffres donnent le vertige. La guerre a entraîné entre 600 000 et 1 500 000 morts. Près de un habitant sur dix est mutilé. Près de un sur trois a fui à l'étranger. Mal conçue et bâclée, l'intervention a créé les conditions du chaos et d'une course vers l'abîme. Après avoir armé jusqu'aux dents les islamistes les plus radicaux, les Américains, ivres de la victoire, laissent les Afghans à leur sort. Aveuglement fatal : entre 1992 et 1996, les groupes moudjahidine se déchirent, en l'absence d'un ennemi commun, dans une guerre civile meurtrière. Kaboul est transformée en champ de ruines avant que les talibans n'y imposent, à partir de 1996, un régime sanguinaire, grâce auquel Oussama Ben Laden peut installer les camps d'entraînement d'al-Qaida. Quant à Najibullah, chassé du pouvoir en 1992, il sera arrêté et torturé quatre ans plus tard. Appuyés par Islamabad, les talibans accrocheront son corps tuméfié à un poteau de signalisation proche du palais présidentiel, là où jadis il avait critiqué le Pakistan pour son intervention dans la guerre…

Au fond, le « Grand Jeu » n'a jamais cessé : seuls les acteurs changent au fil du temps. Après avoir été, dans les années 1980, l'un des derniers terrains d'affrontement nés de la guerre froide, le territoire afghan, à partir de la décennie suivante, devient le théâtre principal du conflit qui oppose le camp occidental à l'islamisme radical. Les attentats du 11 septembre 2001 ont été conçus ici.

Vingt ans après la retraite soviétique, le 16 février 2009, le parlement russe a adopté, pour la première fois, une résolution saluant les vétérans d'Afghanistan, qui ont « fait avec conviction leur devoir de soldat, au nom de l'héroïsme, de la bravoure et du patriotisme ». Le régime de Vladimir Poutine, si prompt à chanter les exploits de l'Armée rouge, n'évoque guère cet épisode de l'histoire nationale. Comme s'il était une source de honte. Pour tout le monde ?

Marc EPSTEIN

Bibliographie sélective

Svetlana Alexievitch, *Les Cercueils de zinc*, Christian Bourgois éditeur, 1991.
Michael Barry, *Le Royaume de l'insolence : l'Afghanistan 1504-2011*, Flammarion, 2011.
Rodric Braithwaite, *Afgantsy : The Russians in Afghanistan, 1979-1989*, Oxford University Press, 2011.
Artemy Kalinovski, *A Long Goodbye : the Soviet Withdrawal from Afghanistan*, Harvard University Press, 2011.

13

La guerre Iran-Irak : première guerre du Golfe (1980-1988)

La guerre Iran-Irak a marqué un tournant dans l'histoire du Moyen-Orient. Le 22 septembre 1980, l'armée irakienne envahit l'Iran après des semaines d'incidents frontaliers et des mois de vociférations acrimonieuses entre les dirigeants de la nouvelle république islamique et Saddam Hussein. En lançant une offensive limitée contre la plaine riche en pétrole du Khouzistan, dans le sud-ouest de l'Iran, le dictateur irakien espère conduire une guerre éclair qui ne doit pas durer plus de trois mois. Cette guerre titanesque durera en réalité huit ans. Elle peut être considérée comme la plus longue et la dernière guerre totale du XX*e siècle, au cours de laquelle seront engagés simultanément jusqu'à 2 millions de combattants, 10 000 blindés, 4 000 pièces d'artillerie et un millier d'aéronefs. De part et d'autre, tous les moyens militaires, humains, économiques, politiques et diplomatiques seront mobilisés. La plupart des pays du Moyen-Orient s'y retrouveront impliqués, de même que les grandes puissances qui verront là l'opportunité d'améliorer leurs positions dans la région stratégique du Golfe,* *formidable réservoir d'hydrocarbures. A l'exception de Washington, de Moscou et de Pékin, qui feront prévaloir la logique idéologique de guerre froide, tous les autres acteurs, y compris les Européens, se positionneront en fonction de leurs intérêts pragmatiques du moment. Au bout du compte, la guerre Iran-Irak montrera le caractère rationnel du pouvoir iranien et l'importance du concept de sécurité des approvisionnements énergétiques. Ses conséquences sont toujours perceptibles aujourd'hui : marginalisation de l'Irak sur la scène régionale ; renforcement de la présence militaire occidentale dans le Golfe ; enfin, poursuite du programme nucléaire iranien pour permettre à Téhéran de dissuader tout agresseur potentiel et d'éviter qu'une telle guerre ne se reproduise.*

Une guerre motivée par le nationalisme et la quête du pouvoir

En attaquant l'Iran, Saddam Hussein, qui a pris formellement le pouvoir deux ans seulement auparavant, a plusieurs objectifs en tête. Tout d'abord, il souhaite humilier militairement l'ayatollah Khomeiny pour affaiblir son régime et lui faire comprendre qu'il ne pourra pas exporter la révolution islamique dans l'Irak baasiste. Le dictateur irakien a mis en effet onze ans, depuis le coup d'Etat du 17 juillet 1968, pour prendre la tête du parti Baas et mettre l'Irak sur la voie du modernisme et de la laïcité[1]. Ce n'est donc pas

1. En adoptant un agenda résolument laïc et nationaliste, le parti Baas irakien cherche à gommer le sectarisme et les rivalités entre sunnites, chiites et Kurdes, que les Américains

pour être renversé par les mollahs iraniens qui disposent de puissants relais au sein du clergé chiite irakien. Il agit donc préventivement, convaincu que l'ayatollah Khomeiny, qui le déteste, est déterminé à le déboulonner. Ensuite, il cherche à s'emparer de gages territoriaux pour renégocier en position de force la frontière avec l'Iran, notamment au niveau du fleuve Chatt al-Arab. Le dictateur irakien souhaite aussi renforcer son pouvoir personnel en occupant l'armée, car il n'est pas militaire et se méfie de ses généraux[2]. Il entend bien profiter également de cette croisade pour s'imposer comme le leader incontesté du monde arabe et comme son bouclier naturel face à l'expansionnisme révolutionnaire iranien. Ce n'est donc pas un hasard si Saddam baptise son offensive « Echo de Qadisiya », en référence à la grande bataille de 636 au cours de laquelle les Arabes ont écrasé les Persans à proximité de Nadjaf, permettant à l'Empire abbasside de conquérir et d'islamiser la Perse. Malgré l'avis très réservé de son entourage, qui fait valoir les risques d'une telle entreprise, Saddam est confiant. Même si l'Iran est plus vaste, plus peuplé, plus riche et mieux armé que l'Irak, il sait que le moment est propice, car l'armée iranienne est désorganisée par les purges qui ont suivi

feront resurgir en 2003 en s'emparant de Bagdad et en démantelant ce parti.

2. Les généraux irakiens ont une longue tradition putschiste. Contrairement à la branche syrienne du parti Baas, dominée par les militaires, la branche irakienne du Baas est contrôlée par un pouvoir politique civil qui affirme sa prééminence sur l'institution militaire.

la révolution islamique de 1979. Le départ précipité des techniciens américains, après la prise d'otages de l'ambassade américaine de Téhéran, a accéléré ce processus de désorganisation, immobilisant une partie du parc des blindés et clouant au sol les deux tiers de l'aviation. Dans la pagaille qui a suivi le retour en Iran de l'ayatollah Khomeiny, le nouveau président Bani Sadr a même suspendu le service militaire.

Côté iranien, l'ayatollah Khomeiny accueille cette guerre comme « une aubaine », bien conscient qu'elle va lui permettre de souder la jeune république islamique contre l'adversaire arabe héréditaire, mais qu'elle va aussi lui permettre de renforcer le pouvoir du clergé, de marginaliser les partis laïcs, de déstructurer une société civile jugée trop moderniste et d'éliminer tous les adversaires intérieurs du régime. Car le gouvernement iranien mène trois guerres de front : la première, dans les villes, contre les opposants au régime ; la deuxième, à la périphérie, contre les mouvements indépendantistes[3] ; la troisième, enfin, à la frontière occidentale, contre l'armée irakienne. L'ayatollah Khomeiny est convaincu qu'à l'approche des troupes iraniennes, la population chiite irakienne se soulèvera pour renverser Saddam. Il se trompe lourdement puisque les chiites irakiens resteront fidèles à leur pays. La

3. L'Iran englobe en effet d'importantes minorités kurdes, azéries, baloutches et arabophones qui profitent du chaos engendré par la révolution islamique pour obtenir davantage d'autonomie, voire pour conquérir leur indépendance (pour les Kurdes).

guerre permettra également à deux des principaux chefs de guerre iraniens, les mollahs Ali Khamenei et Akbar Hachemi Rafsandjani, d'asseoir leur pouvoir personnel en écartant tous leurs rivaux, facilitant ainsi leur ascension aux deux postes clés de la République : guide suprême pour le premier, président pour le second.

Les forces en présence

L'armée irakienne est structurée selon un schéma soviétique rigide. Ses modes d'action sont prévisibles et tout est fait pour décourager le sens de l'initiative. Au début des hostilités, elle aligne 250 000 hommes, 12 divisions (dont 5 blindées), 1 750 chars, 1 350 canons, 295 avions de combat et 14 patrouilleurs lance-missiles. Ses matériels sont initialement tous russes. En face, l'armée iranienne, qui s'inspire des modèles britannique et américain, beaucoup plus souples, totalise 290 000 hommes, 7 divisions (dont 3 blindées), 1 710 chars, 1 100 canons et 420 avions de combat. Son matériel est occidental. Elle est handicapée par un manque de munitions et de pièces de rechange, par un déficit de mécaniciens et d'ingénieurs dont beaucoup ont fui le nouveau régime, mais aussi par les purges qui ont jeté en prison nombre d'officiers qualifiés. Pour les nouveaux responsables militaires, l'essentiel n'est pas de se battre efficacement, mais de rester fidèle au dogme de la révolution islamique. La marine iranienne, forte de 25 navires de guerre, s'impose en revanche comme la plus forte du golfe Arabo-Persique.

Pendant le cours de la guerre, les deux camps vont considérablement se renforcer, tant sur le plan des effectifs que des armements. A la fin du conflit, en 1988, l'Irak comptabilisera 800 000 hommes, 51 divisions (dont 7 blindées), 3 400 chars, 2 300 canons, 360 avions de combat et 140 hélicoptères d'attaque. De son côté, l'armée iranienne, renforcée par le corps des gardiens de la révolution – les fameux pasdarans qui forment une armée parallèle chargée d'assurer la défense du régime islamiste –, alignera près de 900 000 hommes, 48 divisions (dont 5 blindées), 1 100 chars, 900 canons, 60 avions de combat et 40 hélicoptères d'attaque. Saddam Hussein, qui devra ménager à la fois sa population et ses généraux, privilégiera l'achat de matériel, tout particulièrement français (les Mirage F-1 notamment), et mènera une guerre à crédit, s'équipant à grands frais d'armements qu'il n'hésitera pas à sacrifier pour repousser les hordes iraniennes. Côté iranien, le régime conduira une guerre très économe sur le plan financier et matériel, sachant qu'il ne dispose que de ses seuls revenus pétroliers pour financer la poursuite des hostilités, personne n'étant prêt à lui prêter de l'argent. Misant sur les importants stocks d'armes constitués par le chah, il achètera surtout des munitions et des pièces de rechange. Il dépensera en revanche sans compter la seule ressource peu coûteuse dont il dispose en grande quantité : la vie de ses soldats. Les mollahs n'hésiteront pas non plus à envoyer au combat plusieurs centaines de milliers d'enfants-soldats – les bassidjis – pour épauler l'armée régulière et les pasdarans. Leur calvaire symbolisera toute l'horreur de cette guerre.

Les grandes phases de la guerre

L'invasion irakienne, précédée d'une offensive aérienne qui échoue lamentablement, s'enlise très rapidement. Une seule des cinq grandes villes proches de la frontière est conquise avec la plus grande difficulté : Khorramchahr. Les quatre autres (Kermanchah, Dezful, Ahwaz et Abadan qui abrite la plus grande raffinerie de pétrole au monde) restent entre les mains de l'armée iranienne. Cette dernière est étrillée, a dû céder du terrain, mais elle a tenu le choc et s'est même payé le luxe de couler une partie de la marine irakienne, instaurant le blocus naval de l'Irak. Fin décembre 1980, lorsque s'achève la première phase de la guerre, les Irakiens ne se sont emparés que d'une fine bande d'une trentaine de kilomètres de profondeur (moins de 1 % du territoire iranien). Conscient de son échec, Saddam Hussein multiplie les gestes en direction de l'Iran et propose un cessez-le-feu suivi d'un retour à la situation *ante*. Les mollahs iraniens, bien décidés à punir Saddam, ne l'entendent pas de cette oreille et ont besoin de faire durer cette guerre pour asseoir leur pouvoir. Ils posent donc des conditions inacceptables par Bagdad : Saddam Hussein doit reconnaître sa responsabilité dans le déclenchement de la guerre et il doit quitter le pouvoir ; l'Irak doit payer d'importantes compensations financières en guise de dommages de guerre ; enfin, les chiites et les Kurdes irakiens doivent pouvoir se prononcer sur leur autonomie.

De janvier 1981 à juin 1982, l'Iran reconquiert les territoires perdus, tandis que les Kurdes iraniens, soutenus par les Irakiens, se soulèvent. Cette seconde phase culmine lors de la seconde bataille de Khorramchahr (8-24 mai 1982) qui se solde par un désastre pour l'armée irakienne, incitant Saddam Hussein à rapatrier ses forces sur la frontière internationale et à décréter un cessez-le-feu unilatéral, repoussé par les dirigeants iraniens, qui décident de poursuivre la guerre, espérant faire chuter le régime irakien.

En juillet 1982, les Iraniens portent les combats en territoire irakien. L'armée iranienne s'épuise à son tour dans de vaines offensives au cours desquelles elle ne grignote que quelques kilomètres carrés de terrain, pendant que la rébellion kurde se poursuit. Les combats se déroulent sur deux fronts : le long de la frontière irakienne, dans le sud de l'Iran, et dans les provinces montagneuses du Kurdistan, dans le nord-ouest du pays. Les militaires iraniens souffrent du manque de munitions et de pièces de rechange, mais surtout des rivalités opposant les pasdarans à l'armée régulière. Ils parviennent cependant à mater la rébellion kurde et à s'emparer des îles Majnoun, riches en pétrole, lors de la bataille des marais au nord de Bassora (février-mars 1984). Partout ailleurs, le front se stabilise *grosso modo* le long de la frontière. Les hostilités prennent alors la forme d'une guerre de tranchées, ponctuée d'attaques par vagues humaines, qui rappelle la Première Guerre mondiale. Parallèlement, puisqu'ils ne peuvent obtenir la décision sur le front, les belligérants développent des stratégies indirectes pour s'affaiblir mutuellement. Ils commencent par bombarder les grandes villes pour tenter, sans succès, de démoraliser les populations civiles. Ce sera la fameuse « guerre des villes » qui culminera en janvier-février 1988, lorsque Iraniens et Irakiens tireront 374 missiles balistiques sur Bagdad et Téhéran. Les deux belligérants vont également se livrer à une guerre économique en bombardant les infrastructures pétrolières et en attaquant le trafic pétrolier dans le Golfe, pour tenter d'assécher leurs ressources financières respectives et réduire ainsi leur capacité à lancer de grandes offensives. Ce sera la « guerre des pétroliers » qui prendra toute son ampleur entre 1986 et 1988, obligeant les Etats-Unis, la France et le Royaume-Uni à escorter leurs pétroliers dans le Golfe. La présence de ces navires de guerre entraînera plusieurs méprises, comme l'attaque de la frégate *USS Stark* par l'aviation irakienne (17 mai 1987) ou la destruction d'un Airbus civil d'Iran Air par le croiseur *USS Vincennes* (3 juillet 1988).

L'Iran ouvre également un nouveau front au Liban pour y combattre la France et les Etats-Unis qui soutiennent ouvertement l'Irak. Le pouvoir iranien fomente des attentats et kidnappe de nombreux ressortissants occidentaux, *via* les milices chiites aux ordres de Téhéran. Pour obtenir leur libération, plusieurs Etats fermeront les yeux sur les trafics d'armes et de munitions en direction de l'Iran. Ce sera tout particulièrement le cas des Etats-Unis, épinglés dans l'affaire de l'Irangate (automne

1986) qui leur a permis de financer la rébellion anti-marxiste au Nicaragua grâce aux sommes versées par l'Iran en paiement des missiles livrés à Téhéran en échange de la libération des otages américains retenus au Liban. Le pouvoir iranien n'hésite pas non plus à miner le Golfe et à conduire des attaques de harcèlement dans le détroit d'Ormuz, provoquant la marine américaine, qui humilie la marine iranienne lors d'une bataille aéronavale d'anthologie au large de ce détroit (18 avril 1988) au cours de laquelle elle coule deux frégates, plusieurs vedettes et un patrouilleur lance-missiles iraniens, sans perte de son côté. La communauté internationale est totalement désemparée. Ni l'ONU, ni la Ligue arabe, ni l'Organisation de la conférence islamique ne parviennent à imposer un cessez-le-feu. L'Iran rejette systématiquement les plans de paix proposés par les uns ou les autres. A l'été 1985, pour contraindre les mollahs à la négociation, Washington et Riyad s'entendent pour accroître considérablement la production de pétrole et pour faire flotter le dollar, faisant ainsi s'effondrer le prix du baril. En six mois, l'économie iranienne, qui dépend quasi exclusivement du pétrole, est à genoux après avoir perdu les deux tiers de ses revenus.

En février 1986, les Iraniens s'emparent par surprise de la péninsule de Fao située en bordure du Golfe, à l'embouchure du Chatt al-Arab. Ils lancent leurs ultimes forces dans la bataille pour tenter de conquérir Bassora, véritable poumon économique de l'Irak. Pendant plus d'une année, ils multiplient les offensives à outrance contre cette cité fluviale, sacrifiant leurs combattants et leurs dernières ressources dans une terrible bataille qui rappelle celle de Verdun. Les Irakiens cèdent du terrain mais parviennent à tenir Bassora. Au début du printemps 1987, l'armée iranienne, épuisée et démoralisée, reporte ses derniers efforts au nord, pour appuyer avec un certain succès la rébellion des Kurdes irakiens. Elle oblige ainsi l'armée irakienne à intervenir massivement dans cette région, soulageant par là même la pression sur les autres secteurs du front.

Au printemps 1988, l'armée irakienne, remarquablement équipée et désormais bien entraînée, lance une contre-offensive de grande ampleur qui lui permet de récupérer la péninsule de Fao et les marais au nord de Bassora, puis de poursuivre en territoire iranien, menaçant de s'emparer d'une partie du Khouzistan. Pour éviter l'effondrement de l'armée iranienne, l'ayatollah Khomeiny, qui sait que l'Iran a le couteau sous la gorge et que les caisses de l'Etat sont vides, accepte « comme on avale un poison » le plan de paix promu par l'ONU (résolution 598 du Conseil de sécurité). Les hostilités cessent le 20 août 1988.

Un conflit terriblement meurtrier

Dans chacun des deux camps, les pertes humaines ont été effroyables : 680 000 morts et disparus (180 000 côté irakien, quelque 500 000 côté iranien, dont près de 80 000 enfants-soldats) et un peu plus d'un million et demi de blessés ou mutilés. Ces pertes ont longtemps été surestimées au million de morts, chacun ayant intérêt, pour des raisons différentes, à gonfler l'addition. Pour Bagdad, il s'agissait de prouver aux monarchies du Golfe que l'Irak avait vaillamment tenu son rôle de bouclier contre l'expansionnisme révolutionnaire chiite, de manière à les convaincre de renoncer à leurs créances pour prix du sang versé. De son côté, Téhéran comptait renforcer la martyrologie ambiante pour justifier l'arrêt des hostilités et accroître la victimisation des chiites face aux sunnites. Ce bilan dantesque fait de la guerre Iran-Irak le conflit le plus meurtrier – et de très loin – de toute l'histoire du Moyen-Orient. Contrairement à la plupart des conflits de la seconde moitié du XXe siècle, les pertes civiles ont été proportionnellement très faibles (4 % des pertes totales, en y incluant les Kurdes non combattants). Elles n'en ont pas moins été médiatisées par les clichés de villes frontalières en ruine, mais surtout par les images de femmes et d'enfants gazés à Halabja, le 16 mars 1988, pour punir la population kurde irakienne d'avoir pactisé avec l'envahisseur iranien.

Les pertes matérielles ont été également impressionnantes et représentent l'équivalent de ce qu'ont perdu *grosso modo* les armées arabes et israéliennes pendant les guerres de 1967, 1973 et 1982 réunies : 9 000 blindés dont 4 600 chars (2 500 côté irakien, 2 100 côté iranien), 1 650 pièces d'artillerie, un millier d'aéronefs (dont 305 avions de combat irakiens et 180 iraniens) et une trentaine de navires de guerre, sans compter 72 bâtiments de commerce naviguant dans le Golfe.

Au bout du compte, le coût de cette guerre, estimé à 1 100 milliards de dollars à sa valeur de 1988 (supporté à 40 % par Bagdad et à 60 % par Téhéran), a retardé considérablement le développement économique et social de l'Irak et de l'Iran. Le régime des mollahs, conforté dans sa vision paranoïaque comparant l'Iran à une citadelle assiégée entourée de voisins hostiles, en a tiré – on l'a dit, mais il est important de le souligner – la conclusion qu'une telle catastrophe ne devait plus jamais se reproduire et qu'il lui fallait se doter d'une capacité nucléaire pour dissuader ses adversaires.

Quid des armes chimiques ?

Lorsque l'aviation israélienne détruit le réacteur nucléaire Osirak, le 7 juin 1981, Saddam Hussein comprend qu'il n'aura jamais la bombe atomique et qu'il lui faut une autre arme de destruction massive pour repousser les Iraniens et les dissuader de poursuivre la guerre. Il lance alors un programme « d'armes spéciales » grâce à l'appui technique des Soviétiques, des Allemands de l'Est et de plusieurs entreprises occidentales[4]. Les premières armes chimiques, dérivées du gaz moutarde, sont prêtes en 1983 et utilisées massivement en 1984, lors de

4. Plusieurs sociétés allemandes (notamment Karl Kolb), américaines, belges, danoises, hollandaises et françaises (Protec, De Dietrich, Carbone Lorraine) ont été pointées du doigt pour avoir collaboré dans ce domaine avec l'Irak.

la première bataille des marais, pour éviter que les Iraniens ne percent le front en direction de Bassora. Dès lors, l'armée irakienne ne va plus cesser d'y recourir jusqu'à la fin de la guerre pour repousser chaque offensive des Iraniens, cette fois grâce à des armes neurotoxiques. Ce n'est qu'en 1988, lors de l'opération *Anfal* visant à punir les Kurdes irakiens ayant collaboré avec l'envahisseur iranien, que Saddam Hussein ordonne le gazage d'Halabja, afin de stopper une percée iranienne en direction du barrage de Darband Khan qui alimente Bagdad en électricité. C'est à partir de là que la communauté internationale va s'émouvoir et que les capitales occidentales vont prendre leur distance avec Bagdad. Au bout du compte, les armes chimiques irakiennes auraient tué environ 30 000 personnes (dont 25 000 combattants) pendant les quatre années où elles ont été utilisées (4 % des pertes totales). Leur effet n'a pas été décisif, même si elles ont contribué à désorganiser les offensives iraniennes. Les Iraniens n'ont utilisé l'arme chimique qu'une fois, au début de l'été 1988, pour tenter de repousser la contre-offensive irakienne victorieuse au nord de Bassora. Une fois la guerre Iran-Irak terminée, le risque de prolifération des armes chimiques convainc les Nations unies d'adopter une convention internationale bannissant leur emploi, leur fabrication et leur stockage. Cette convention, adoptée le 13 janvier 1993, a mis en place des mesures de vérification très intrusives et s'applique aujourd'hui à la quasi-totalité des Etats.

Une victoire à la Pyrrhus

Au bout du compte, la guerre Iran-Irak se solde par un match nul, les belligérants occupant peu ou prou les mêmes positions qu'initialement. Saddam Hussein revendique une victoire militaire, car ses troupes sont parvenues à enfoncer le front lors d'une offensive de la 25e heure. Il n'en sort pas moins isolé et discrédité, tant sur la scène internationale qu'au sein d'une société irakienne épuisée par huit années d'une guerre terrible. En face, le conflit a soudé le régime islamique avec sa population et lui a permis d'assurer son emprise jusqu'au Liban, par-delà la mort de l'ayatollah Khomeiny (3 juin 1989). Même si la société et l'économie iraniennes sortent exsangues de la guerre, Ali Khamenei et Akbar Hachemi Rafsandjani, élus respectivement aux postes de guide suprême et de président de la République, peuvent se targuer d'une victoire politique. Finalement, pour occuper son armée devenue pléthorique et effacer une partie de ses dettes, Saddam Hussein n'hésitera pas à se lancer dans le « hold-up du siècle » en envahissant le Koweït, déclenchant par là même la deuxième guerre du Golfe (1990-1991). Une fois encore, le dictateur irakien se trompera lourdement en misant sur la passivité des Occidentaux. Cette erreur d'appréciation enclenchera un cycle qui lui sera fatal.

Pierre RAZOUX

Bibliographie sélective

Nigel Ashton et Bryan Gibson (dir.), *The Iran-Iraq War : New International Perspectives*, New York, Routledge, 2013.

Roland Dumas, *Affaires étrangères (1981-1988)*, Fayard, 2007.

Jean Guisnel, *Armes de corruption massive – Secrets et combines des marchands de canon*, La Découverte, 2011.

Efraim Karsh, *The Iran-Iraq War 1980-1988*, Oxford, Osprey Publishing, 2002.

Pierre Razoux, *La Guerre Iran-Irak – Première guerre du Golfe (1980-1988)*, Perrin, 2013.

Kevin Woods, *Saddam's Generals – Perspectives of the Iran-Iraq War*, Alexandria, Institute for Defense Analyses (en coopération avec la National Defense University of Washington), 2011.

—, *The Saddam Tapes – The Inner Workings of a Tyrant's Regime (1978-2001)*, Cambridge University Press, 2011.

14

La guerre des Malouines (1982)

La junte argentine n'aurait jamais imaginé que des soldats britanniques iraient mourir pour les Falkland, archipel perdu au milieu de l'Atlantique Sud, à 12 000 kilomètres de Londres. C'était sans compter sur le caractère, le nationalisme et le sens de l'honneur de Margaret Thatcher : la Dame de fer.

« J'accepte de négocier, pas de me rendre. » Ce vendredi 2 avril 1982, Rex Masterman Hunt pense qu'il a la poisse. Le gouverneur britannique des îles Falkland, archipel minuscule de l'Atlantique Sud (12 000 kilomètres carrés, moins de 2 500 habitants pour 700 000 moutons) n'a-t-il pas été contraint de quitter à la hâte Saigon en avril 1975 ? Rebelote sept ans plus tard. Cette fois, les tireurs d'élite de l'armée argentine jouent le rôle du Viêt-cong. Aplati sur le plancher de sa résidence, Hunt n'a rien à négocier : ses 80 Royal Marines ne font pas le poids face aux 3 000 commandos argentins. Il peut juste sauver les apparences en quittant ses rochers en tenue d'apparat, avec bicorne à plumes d'autruche. Un taxi londonien le conduit à l'aérodrome, où un appareil argentin l'attend pour l'emmener à Montevideo, capitale de l'Uruguay.

A Buenos Aires, le général Galtieri, depuis un peu plus de deux mois chef de la junte portée au pouvoir en 1976, salue la foule depuis le balcon du palais Rose, sur la place de Mai. Ce cavalier trapu, amateur de boxe et de femmes, exulte. Toute l'Argentine est derrière lui, même les péronistes de gauche (les Montoneros) et le prix Nobel de la paix Adolfo Pérez Esquivel, opposant farouche. Au son des « bombos », de gros tambours, la foule scande : « Ar-gen-ti-na ! » et déplie des banderoles : « Les pingouins nous appartiennent aussi ! »

A Londres, c'est la consternation. *« Shamed »*, titre le *Daily Mail.* « Démission ! », hurle l'opposition travailliste à la Chambre des communes. De fait, le ministre des Affaires étrangères, lord Carrington, est obligé d'abdiquer pour ne pas avoir pris au sérieux les informations des services secrets. Margaret Thatcher, quant à elle, jure que rien ne laissait présager une telle déroute. Personne ne la croit. Selon des documents officiels secrets déclassifiés à la fin 2012, le Premier ministre britannique n'a jamais cru à une telle invasion. « C'était une chose tellement stupide à faire », déclara-t-elle devant une commission d'enquête.

Pas pour le général Galtieri (55 ans), déterminé à rétablir la souveraineté argentine « usurpée » par la Grande-Bretagne avant le 150e anniversaire de l'annexion britannique. Soit avant 1983. Petit rappel historique. Les Falkland sont découvertes par le Portugais Magellan en 1520. Elles sont occupées une première fois en 1764 par une colonie de pêcheurs de Saint-Malo – d'où leur nom, Malouines, ou Malvinas en espagnol – transportés par Bougainville. Elles sont cédées à l'Espagne trois ans plus tard alors que des Anglais occupent déjà les îlots. En 1770, les Espagnols débarquent en force et délogent ces derniers, avant de les autoriser finalement à y résider. L'Argentine indépendante de 1816 revendique le territoire et y installe une colonie pénitentiaire en 1832. Mais les Anglais reconquièrent l'archipel l'année suivante. Pour des raisons stratégiques : avant l'ouverture du canal de Panama en 1914, ces îles constituent une escale pour les navires passant du Pacifique à l'Atlantique, au sud du cap Horn, à 1 000 kilomètres de là.

L'invincible Armada

En 1982, l'enjeu stratégique n'est plus le même. Mais des revues spécialisées évoquent l'existence de réserves de pétrole au large des Falkland. Au sud, un continent riche de minerais, d'hydrocarbures et de promesses se déploie : l'Antarctique. Enfin, il y a les principes : « La démocratie est la règle de la loi », martèle Margaret Thatcher. Depuis 1965, des résolutions de l'ONU ont beau appeler au dialogue bilatéral, rien n'y fait.

En Argentine, le général Galtieri a un besoin urgent de faire vibrer la corde nationaliste. La situation économique est catastrophique : inflation à

150 %, chômage à 15 %, chute du produit intérieur brut de 6 %, dette vertigineuse (35 milliards de dollars), dépréciation de la monnaie, grogne de la CGT péroniste.

Mais personne ne veut vraiment croire à la guerre, même pas ce 5 avril lorsque la « plus grande flotte de guerre qui ait jamais navigué en temps de paix » – une quarantaine de bâtiments en tous genres et de toutes tailles, porte-avions, frégates, sous-marins, croiseurs, destroyers, ravitailleurs, appuyés par des navires de commerce – quitte Portsmouth. D'ailleurs, personne ne la souhaite, à commencer par les Etats-Unis, tiraillés entre leur solidarité interaméricaine avec Buenos Aires et leur alliance transatlantique avec Londres. Le secrétaire d'Etat Alexander Haig entame une navette nord-sud épuisante pour recoller les morceaux, en se fondant sur la résolution 502 du Conseil de sécurité : arrêt des hostilités, retrait des Argentins, négociations. La Communauté économique européenne décrète de son côté un embargo sur les importations argentines. Agitation inutile.

« La frégate s'approche, elle ouvre le feu. Ils ont débarqué derrière la colline. » Le 25 avril à 17 h 10, le commandant argentin de la Géorgie du Sud, une île à 1 300 kilomètres à l'est des Falkland, transmet son dernier message à Buenos Aires. En moins de douze heures, les Anglais remportent leur premier test. Commentaire laconique du commandant en chef de la *Task Force*, le vice-amiral John Foster Woodward, surnommé « Sandy » pour la couleur sable de sa chevelure : « Ce n'est qu'un apéritif.

Le plat de résistance va arriver derrière. » De fait, la « victoire de Grytviken », le port principal de cet îlot inconnu du monde entier, est d'abord psychologique. A Buenos Aires, le gouvernement est embarrassé. Les syndicalistes saisissent l'occasion pour descendre dans la rue.

C'est le 30 avril que les Anglais entament le plat de résistance. Un bombardier Vulcan, un appareil de plus de vingt-cinq ans, venu de l'île de l'Ascension – une base américaine à 6 000 kilomètres au nord – bombarde le petit aéroport de Port Stanley, suivi quelques heures plus tard par des avions à décollage vertical Harrier et des hélicoptères Sea King. L'objectif : empêcher les Argentins d'utiliser les Malouines comme porte-avions terrestre contre la flotte britannique, mais aussi contraindre leur aviation – Mirage III français, Dagger israéliens, Skyhawk américains – à s'engager. Les Britanniques n'attendent pas longtemps. Le 1er mai, en fin de matinée, les radars signalent une formation. Quatre appareils argentins sont abattus. « J'ai tiré mon missile dans le sillage du réacteur ennemi. Il y a eu une explosion et je me suis senti triste », confie un capitaine anglais. Le même jour, Washington sort de l'ambiguïté en apportant son soutien au Royaume-Uni. Une humiliation supplémentaire pour Buenos Aires.

Le 2 mai, le plat de résistance prend un goût amer. Le sous-marin anglais *Conqueror* coule le vieux croiseur argentin *General Belgrano* : 323 morts. La Marine argentine parvient, malgré des conditions périlleuses – des lames de 10 mètres, une température de l'eau proche de 0 °C – à sauver l'essentiel de l'équipage. Le navire, sorti des chantiers navals américains, a survécu à Pearl Harbor et à la guerre du Pacifique, pas à l'invincible armada anglaise. Deux jours plus tard, c'est au tour du *Sheffield*, un des bâtiments les plus modernes de la Royal Navy, d'être détruit par un missile Exocet – de fabrication française – lancé par un Super-Etendard – également français. Bilan : 30 morts, 24 blessés. Titre du *Sunday Times* : « La *French Connection* a-t-elle envoyé le *Sheffield* par le fond ? »

La diplomatie n'a pourtant pas dit son dernier mot. Entre le 4 et le 9 mai, une trêve est décrétée. Le secrétaire d'Etat Alexander Haig, entaché de suspicion par l'alignement de Washington sur Londres, a dû céder sa place au secrétaire général de l'ONU, le Péruvien Pérez de Cuéllar. En réalité, les deux hommes se partagent le travail : au premier revient la tâche d'assouplir la position de Margaret Thatcher, au second, celle de la junte. Las, le 9 mai, les bombardements britanniques reprennent sur Port Darwin et Port Stanley, tandis que la Royal Navy encercle l'archipel.

Le 20 mai, le secrétaire général de l'ONU reconnaît l'échec de sa mission. *« Time is running out »* (« Le temps presse »). C'est le leitmotiv à Londres au fur et à mesure que l'hiver austral approche. Le 21 mai, devant les Communes, Maggie Thatcher prend des accents churchilliens : « Nous allons audevant de jours difficiles, mais la Grande-Bretagne y fera face, convaincue que notre cause est juste. » Tandis que le très patriotique *Financial Times* publie chaque matin à la une un bulletin météo du champ de bataille : « Prévisions pour les Falkland. Vent de nord-est, force 7 à 8. Creux de cinq à six mètres. Rafales sous les grains. Visibilité faible. Température autour de 4 °C. »

Ce même 21 mai à l'aube, les barges débarquent en à peine quatre heures 2 500 soldats britanniques et leur matériel. L'Union Jack est planté dans le sol. Les faibles effectifs argentins sont rapidement neutralisés. Mais à 9 heures du matin, l'aviation de Buenos Aires fait son apparition. Toute la journée, en une noria impressionnante depuis leur base où ils font le plein en carburant et en missiles, Mirage, Skyhawk et Pucará – petits appareils d'attaque au sol antiguérilla – bombardent les Britanniques. Pour échapper aux radars, les appareils volent au ras de l'eau, les pilotes maintiennent le silence radio et échangent par signes depuis leurs cockpits, avant de fondre sur les navires à hauteur de mât. Seize appareils argentins sont abattus, mais les Britanniques perdent cinq navires. Le 23 mai, neuf appareils argentins sont abattus, le 24, huit, le 25, trois… C'est l'hécatombe, et malgré tout, les jeunes pilotes argentins, héroïques, reviennent à la charge.

L'attaque surprise

Personne ne s'attend à un débarquement britannique. D'autant que tout a été mis en œuvre par les services de la guerre psychologique pour faire croire à son impossibilité. Le monde entier s'est laissé berner, y compris les consultants militaires. « Pas question de débarquement jour J, d'un assaut frontal. Ce sera une guerre d'usure », claironne le major général Edward Fursdon dans le *Daily Telegraph*. Les experts sont formels : sans une supériorité numérique de l'ordre de 7 contre 1 et une couverture aérienne sans faille, tout assaut est vain. C'est sans compter sur l'idée de génie de Sandy : scinder l'armada en deux formations, l'une pour les *sunlights*, la presse, l'opinion mondiale, l'autre pour l'ombre et l'efficacité. Côté lumière, le navire amiral *Hermès* – d'où il commande les opérations – flanqué d'un second porte-avions, de destroyers et de frégates, se poste le long de la côte est des Malouines. Les Harrier décollent et attaquent les positions argentines à Port Stanley, Goose Green et Fox Bay, relayés par l'artillerie de marine. Pendant ce temps, dans le plus grand secret, l'autre partie de la Royal Navy longe la côte nord de l'archipel, s'engage dans le détroit séparant les deux îles des Falkland, Soledad à l'est, Grande Malouine à l'ouest. C'est là, dans l'estuaire de la rivière San Carlos, l'endroit le plus inhospitalier, qu'a lieu le débarquement auquel personne ne croit, préparé depuis des semaines par les forces spéciales, en coopération avec les îliens. Le port principal a l'avantage d'être en eau profonde, entouré de deux plages de sable et bordé par des collines où seront installés radars et batteries de missiles sol-air. Port Stanley, la capitale des Falkland, n'est qu'à 80 kilomètres. Mais les sentiers sont dans un état si déplorable qu'il faut quatorze heures pour s'y rendre en Land Rover.

Le 25 mai, l'aviation argentine célèbre la fête nationale en lâchant des Exocet contre deux navires britanniques, le destroyer *Coventry* et le porte-conteneurs *Atlantic-Convoyer*, qui, par sa position, protège le navire amiral. L'Angleterre vient de frôler la catastrophe. A Buenos Aires, Astor Piazzolla joue un classique du tango, *Cambalache*, en compagnie du chanteur Roberto Goyeneche : « C'est la dernière cuite, que le numéro s'achève, que tombe le rideau sur les chœurs. » Sur la place San Martin, les enfants agitent des drapeaux bleu et blanc. « Un, deux, trois, celui qui ne saute pas est anglais. *Ingleses, atrás, los chicos quieren paz.* Anglais, en arrière, les enfants veulent la paix. » L'aumônier de la garnison de Puerto Argentino (Port Stanley) est confiant : « Dieu est avec nous et le théâtre d'opérations est sous la protection de la Vierge du Rosaire. » Le général Galtieri est ovationné par la foule.

Dès le lendemain, les soldats britanniques attaquent Port Darwin et Goose Green. Pendant quinze jours, des combats violents les opposent aux Argentins retranchés dans leurs bunkers. Le 13 juin, ils encerclent Port Stanley, défendu par 7 000 soldats. La télévision argentine interrompt la retransmission de la messe dite par le pape Jean-Paul II à Buenos Aires pour annoncer la mauvaise nouvelle. Le lendemain, le général Menéndez, spécialiste de la lutte antiguérilla nommé gouverneur militaire de l'archipel le 3 avril, jour de ses 52 ans – « Joli cadeau d'anniversaire », commente-t-il –, capitule. La guerre des Malouines est finie, elle a duré soixante-quatorze jours. Son bilan : 649 morts argentins, 255 Britanniques et 3 habitants de l'île.

Les braises

Le 15 juin, à Londres, quelques heures après le cessez-le-feu, un membre du Conseil qui doit à nouveau administrer l'archipel sous la direction de l'ancien gouverneur Rex Hunt déclare à la BBC : « L'élevage du mouton va continuer, nous allons développer le tourisme et la pêche. » Margaret Thatcher est applaudie devant le 10 Downing Street comme le « Churchill ressuscité ». La reine Elisabeth se déclare « enchantée et soulagée, attristée par les pertes en vies humaines, mais fière du courage et du professionnalisme » des soldats. A nouveau, *« Britannia rules the waves »*.

A Buenos Aires, les Argentins pleurent leurs morts, leurs prisonniers estropiés et leurs illusions. Ils manifestent sur la place de Mai, là où la foule avait acclamé la junte ; cette fois, pour exiger la fin de la dictature. La manifestation tourne à l'émeute, plusieurs centaines de personnes sont arrêtées. Le 18, Galtieri démissionne. « Il faut mettre en marche la transition civile », déclare Raúl Alfonsín, dirigeant du parti radical, deuxième parti argentin après celui des péronistes. Il sera le premier président élu de l'après-junte, en décembre 1983.

Dans le reste du monde, les stratèges tirent les leçons du premier conflit maritime de cette ampleur depuis 1945. Leçon n° 1 : la maîtrise, même locale, de la mer autour d'une île fait tomber celle-ci. Leçon n° 2 : une flotte ne peut pas s'engager sous la menace d'une aviation basée à terre sans l'avoir « assouplie ». Leçon n° 3 : réquisitionner une flotte de commerce procure un avantage décisif. Leçon n° 4 : les missiles antimissiles sont indispensables.

Les années suivantes seront celles de l'apaisement. Le gouvernement britannique lève les barrières commerciales imposées aux produits argentins (1985), suivi par l'Argentine, quatre ans plus tard. Le 15 février 1990, les deux pays rétablissent des relations diplomatiques, à défaut de signer une paix. Le président argentin Carlos Menem se rend à Londres en 1998 et Tony Blair est reçu à Buenos Aires trois ans plus tard. Mais ce réchauffement est de façade. La commémoration du trentième anniversaire du conflit ravive les plaies. La présidente argentine Cristina Kirchner réaffirme devant le Conseil de sécurité de l'ONU les droits inaliénables de son pays sur l'archipel. La « détermination » de Londres à soutenir les Malouines « ne faiblira pas », lui répond en écho le Premier ministre David Cameron. De leur côté, les 1 672 électeurs des Malouines confirment à 98,8 % leur appartenance au Royaume-Uni dans un référendum organisé en mars 2013. Six mois plus tôt, l'ambassadeur britannique au Chili devient la dernière victime collatérale de la guerre des Malouines. Dans un tweet qu'il pense adresser à son compte privé, il écrit : « Argentins, tapettes, ils vous ont pris les Malouines parce que vous êtes des abrutis. » Il doit présenter ses excuses. Mais désormais, il sait que Twitter est aussi dévastateur qu'un Exocet.

Emmanuel HECHT

Bibliographie sélective

Charles Maisonneuve et Pierre Razoux, *La Guerre des Malouines*, Larivière, 2002.

Philippe Paitel, *La Guerre des Malouines*, Ed. Marines, 2005.

Roger Planchar, *La Guerre du bout du monde*, Denoël, 1988.

Margaret Thatcher, *10, Downing Street, Mémoires*, t. 1, Albin Michel, 2013.

Jean-Louis Thiériot, *Margaret Thatcher*, Perrin, coll. « Tempus », 2011.

15

La guerre du Golfe (1990-1991)

Ruiné, criblé de dettes après sa longue guerre avec l'Iran, l'Irak de Saddam Hussein décide, au cours de l'été 1990, de faire main basse sur le richissime Koweït. Le dictateur de Bagdad espère que les Occidentaux, qui l'ont soutenu dans son combat contre Téhéran, laisseront faire. Mais ceux-ci ne sauraient se désintéresser d'une région qui abrite 60 % des réserves mondiales de pétrole. L'engrenage est inévitable. La coalition conduite par les Etats-Unis n'ira pas jusqu'à faire chuter le régime de Bagdad. Mais l'Irak, balayé par l'opération Tempête du désert, *est traité en vaincu. Et l'influence de Washington dans le Golfe est à son apogée.*

Les traînées rouges des balles traçantes de la défense antiaérienne zèbrent la nuit tandis que retentissent les premières explosions. Il est 2 h 40 du matin, ce jeudi 17 janvier 1991, et le ciel de Bagdad s'embrase. Des centaines d'avions, américains et britanniques, pilonnent, vague après vague, leurs objectifs. L'opération *Tempête du désert* vient de commencer. Et avec elle la guerre du Golfe. C'est une guerre annoncée, l'ultime acte d'une longue crise qui s'est ouverte au cœur de l'été précédent lorsque les troupes de Saddam Hussein ont envahi le Koweït et fait main basse sur les puits de pétrole du richissime émirat.

Après huit années de guerre avec l'Iran (voir le chapitre de Pierre Razoux) l'Irak est à bout de souffle. Il a perdu des centaines de milliers d'hommes, subi de très lourdes destructions et sa dette extérieure est estimée à 80 milliards de dollars. Le 28 mai 1990, Saddam Hussein, qui reçoit à Bagdad ses pairs arabes, accuse les Etats du Golfe de contribuer à la baisse des cours du pétrole en produisant davantage que les quotas qui leur sont assignés par l'OPEP. Il réclame l'effacement des prêts que ceux-ci lui ont octroyés pendant la guerre, ainsi que 10 milliards de dollars, pour prix du sang versé pour stopper l'avancée des mollahs iraniens. Le 17 juillet, il réitère publiquement ces propos, accusant en outre le Koweït de « voler » une partie du pétrole irakien en pompant dans une nappe située à la frontière entre les deux pays. Dix jours plus tard, l'OPEP accepte d'augmenter le prix de référence du baril et de plafonner sa production. Les Koweïtiens, qui avaient fait la sourde oreille jusque-là, proposent de prêter 9 milliards de dollars à l'Irak. C'est trop peu, trop tard. Quelque 30 000 Irakiens sont déjà massés à la frontière avec l'émirat et Saddam Hussein est décidé à aller jusqu'au bout. Il veut le pétrole et l'argent – 120 milliards de capitaux investis à l'étranger – du Koweït. Pour reconstruire son pays plus vite, élargir son accès aux eaux du Golfe et prétendre enfin, une fois sa puissance retrouvée, au *leadership* du monde arabe.

Le 2 août, à l'aube, les blindés de l'armée irakienne foncent sur Koweït City. Il leur suffit de quelques heures pour s'emparer de l'émirat. Le cheikh al-Ahmad al-Sabah et sa famille se réfugient en Arabie saoudite. Bagdad décrète la fusion « totale et irréversible » des deux pays. Vu de la capitale irakienne, cet *anschluss* corrige une situation héritée de la période coloniale[1]. Mais le dictateur a sous-estimé la réaction de la communauté internationale. Quelques jours plus tôt, il a reçu l'ambassadrice américaine à Bagdad, April Glaspie. Celle-ci lui a dit que les Etats-Unis « n'avaient pas d'opinion » sur son « différend frontalier » avec le Koweït. A-t-il interprété ces propos comme un feu vert américain ? C'est probable.

Les puits du Golfe sous la menace de Bagdad

A Washington, la réaction ne se fait pas attendre. Car, vu des Etats-Unis, ce sont, au-delà du Koweït, toutes les réserves de pétrole du Golfe qui sont désormais sous la menace de Bagdad. Le représentant américain aux Nations unies, Thomas Pickering, est réveillé en pleine nuit, ce même 2 août, par le Département d'Etat. Les Américains veulent obtenir sans délai une résolution du Conseil de

1. Les frontières entre l'Irak et le Koweït ont été délimitées par les accords d'Akir de 1922-1923 conclus sous l'égide de la Grande-Bretagne qui représentait à la fois l'Irak et le Koweït.

sécurité. Les ambassadeurs des cinq membres permanents se réunissent aussitôt au siège de la mission française, au 44e étage du Dag Hammarskjöld Plaza, un immeuble de Manhattan proche du siège de l'ONU. Les consultations ne prennent que quelques heures. Le Conseil de sécurité au grand complet est convoqué peu avant l'aube. Il exige « un retrait immédiat et inconditionnel » des troupes irakiennes. Il n'y a aucune voix contre et une seule abstention, celle du Yémen.

Cette première résolution porte le numéro 660. La suivante, adoptée quatre jours plus tard, décrète un embargo. Il y en aura près d'une dizaine d'autres. Jusqu'à la résolution 678, adoptée le 29 novembre, qui autorise le recours à la force au cas où l'Irak n'aurait pas évacué l'émirat le 15 janvier. Un ultimatum que la Chine et l'URSS choisissent de ne pas bloquer. Pékin s'abstient, en grande partie sans doute pour ne pas envenimer davantage sa relation avec le monde occidental, quinze mois après le massacre de Tien'anmen. L'URSS, irritée par l'entêtement irakien, furieuse de ne pas avoir été informée par son allié[2] de ses projets d'invasion du Koweït, vote pour. Pour Mikhaïl Gorbatchev, la crise du Golfe est l'occasion de montrer au monde sa modération. L'appui des Soviétiques sera décisif pour entraîner certains pays arabes, à commencer par la Syrie du président Hafez el-Assad. George Bush trouvera les mots qu'il faut pour convaincre les Israéliens de rester à l'écart.

2. Depuis le traité soviéto-irakien de 1972.

La crise des otages

Les Américains veulent une coalition aussi large que possible. Ils obtiennent très vite le feu vert de leurs principaux alliés : la Grande-Bretagne, le Canada, la France à la mi-septembre – après l'attaque de son ambassade par les forces irakiennes à Koweït City –, l'Italie. Dès le 10 août, réunis en sommet au Caire, pas moins de 12 Etats arabes s'engagent à participer à une force panarabe. Au total, la coalition comptera 37 pays et près de 800 000 hommes dont 430 000 Américains. L'arsenal déversé par des norias d'avions-cargos géants sur la base saoudienne de Dahran par l'armée américaine est impressionnant : 1 000 chars, 2 000 transports de troupes, 1 500 hélicoptères, plus de 1 300 avions.

La détermination des Occidentaux est renforcée par la crise des otages. Le 9 août, une semaine après s'être emparé du Koweït, l'Irak décide de fermer ses frontières. Les étrangers présents sur son territoire ont l'interdiction d'en sortir. Le 21 août, Saddam Hussein apparaît à la télévision irakienne en compagnie de ressortissants britanniques dont plusieurs enfants. Le dictateur caresse devant les caméras les cheveux d'un blondinet qui n'en peut mais. Un pas de plus est franchi lorsque certains des « invités » – c'est le terme utilisé à l'époque par les Irakiens – sont expédiés sur les sites stratégiques du pays pour y servir de « boucliers humains ». Saddam Hussein va ensuite procéder à des libérations au compte-gouttes, au gré des visites, toujours très médiatisées, des diverses personnalités qui tentent de jouer les bons offices : l'Autrichien Kurt Waldheim, l'Allemand Willy Brandt, le Japonais Yasuhiro Nakasone, l'Algérien Ahmed Ben Bella, le Russe Evgueni Primakov... Chacun repart avec son lot d'« invités ». Restent les ressortissants des nations qui participent directement à la coalition. Bagdad tente d'utiliser les otages pour enfoncer un coin entre les alliés. En France, depuis plusieurs semaines déjà, deux hommes s'activent particulièrement : Claude Cheysson, l'ancien ministre des Affaires extérieures devenu député européen, et Edgard Pisani, le patron de l'Institut du monde arabe. Mais François Mitterrand ne veut pas qu'ils fassent le voyage de Bagdad tant que le dictateur irakien détient des otages. Après avoir organisé une rencontre à Tunis entre Claude Cheysson et Tarek Aziz, le chef de la diplomatie irakienne, Yasser Arafat propose alors de se rendre à Bagdad. Il y obtient la libération des 262 otages français. Ceux-ci sont de retour en France le 27 octobre. Vient ensuite le tour des Allemands, le 20 novembre. Puis Bagdad annonce que tous les « invités » pourront quitter le pays entre le 25 décembre et le 25 mars à la condition que « rien ne vienne perturber le climat de paix ». Ils sont alors encore plus de 3 000 et seront finalement tous élargis le 13 décembre.

Les émissaires de Mitterrand

La participation de la France à la coalition n'allait pas de soi. Mais très vite François Mitterrand est convaincu que les Français doivent en être s'ils veulent continuer à peser dans les instances internationales. Paris va donc coller à Washington… tout en s'efforçant de faire entendre sa différence, au risque d'irriter les Anglo-Saxons. La ligne adoptée par Mitterrand est la suivante : dès lors qu'il apparaîtra que la guerre est la seule solution, la France y participera. Cependant, tout doit d'abord être fait pour convaincre Saddam Hussein d'accepter une solution pacifique. Le premier détachement de l'opération *Daguet* (du nom de la division engagée) débarque à Yanbu, un port saoudien de la mer Rouge, le 29 septembre. Mais cinq jours plus tôt, dans un discours à l'ONU, le chef de l'Etat français a tendu une perche au dictateur irakien. Alors que la communauté internationale exigeait jusqu'ici un retrait sans conditions des troupes irakiennes du Koweït, François Mitterrand ne demande plus à Saddam Hussein que « d'annoncer son intention » de se retirer. Le retrait, contrôlé par le Conseil de sécurité, déboucherait sur la restitution de sa souveraineté au Koweït « dans l'expression démocratique des choix de son peuple » puis sur « une dynamique de bon voisinage » à l'échelle de la région – en clair la reprise de négociations de paix sur le dossier israélo-palestinien. En guise de réponse, les Irakiens demandent à Paris de leur dépêcher un émissaire. S'agit-il d'une manœuvre ? Y a-t-il une chance pour que Saddam Hussein saisisse l'offre de la France ? Rien ne peut se passer tant que tous les otages n'auront pas été libérés. Une fois que les derniers d'entre eux ont regagné leurs pénates, François Mitterrand accepte finalement d'envoyer Michel Vauzelle à Bagdad. Président de la commission des affaires étrangères de l'Assemblée nationale, il connaît bien le monde arabe. Le 2 janvier, le soir même de son arrivée, il est reçu par Tarek Aziz. Le lendemain, le rendez-vous avec Saddam Hussein est fixé. Ce sera le dimanche 5 janvier, à 10 heures. Mais le dictateur irakien ne fait aucune avancée, si ce n'est pour suggérer un déplacement du ministre des Affaires étrangères, Roland Dumas. Quatre jours plus tard, Tarek Aziz s'entretient, à Genève, avec le secrétaire d'Etat américain James Baker. Sans plus de résultats.

Edgard Pisani propose de se rendre à Bagdad pour une mission de la dernière chance. François Mitterrand hésite. Le secrétaire général de l'ONU, Pérez de Cuéllar, qui doit lui-même faire le voyage, a prévu de passer par Paris à son retour. On attendra donc de l'avoir vu. Or c'est le récit d'une humiliation que fait au chef de l'Etat français le secrétaire général de l'ONU. Saddam Hussein semble avoir été convaincu, jusqu'à la dernière minute, que les Occidentaux ne mettraient pas leurs menaces à exécution. Etrange aveuglement d'un dictateur largement coupé des réalités et que nul dans son entourage n'ose contredire… Edgard Pisani n'ira donc pas à Bagdad. Le 15 janvier dans l'après-midi, André Janier, le chargé d'affaires français en Irak, reçoit l'ordre de fermer la chancellerie. Lorsqu'il franchit la frontière jordanienne, après plusieurs heures de route, Bagdad est déjà sous les bombes. Le Pentagone fera état de 400 raids aériens pour les trois premières heures. Et de quelque 18 000 tonnes d'explosifs déversées sur les infrastructures militaires et économiques irakiennes, les centres de commandement, les lignes de communication et d'approvisionnement ainsi que certains ministères. Quelque 150 journalistes suivent en direct cette première nuit de bombardements depuis l'hôtel Rashid à Bagdad. Parmi eux, Peter Arnett, l'envoyé spécial de la chaîne américaine CNN, qui couvre en direct l'événement. La guerre du Golfe restera indéniablement dans l'histoire comme celle qui a marqué le début de l'information continue par satellite.

La guerre de cent heures

Le pilonnage de l'Irak se poursuit pendant trois semaines. Le chef d'état-major de l'armée américaine, Colin Powell, et le général Norman Schwarzkopf, qui commande le dispositif sur place, veulent détruire le plus grand nombre possible d'objectifs avant la campagne terrestre qu'ils savent inévitable, mais qu'ils veulent aussi rapide et surtout aussi peu meurtrière que possible. Les Irakiens, qui disposent de nombreux lanceurs de missiles, ripostent par des tirs de Scud contre Israël et l'Arabie saoudite. Ils mettent aussi le feu aux puits de pétrole du Koweït. Mais la supériorité de la coalition conduite par les Etats-Unis est écrasante. Les Alliés s'assurent très vite la maîtrise du ciel. Puis, à partir du 10 février, les armées de la coalition commencent à préparer l'attaque au sol. Afin de permettre aux chars de se tailler un chemin, les bombardements visent les champs de mines semés par les Irakiens au Koweït. Les Américains utilisent pour cela les bombes *Daisy cutters* qui servaient au

Vietnam à dégager des aires d'atterrissage pour les hélicoptères. Les tirs se concentrent désormais sur les régions proches des frontières entre le Koweït, l'Irak et l'Arabie saoudite.

Les forces de la coalition pénètrent en Irak un peu avant l'aube du 24 février. Quelque 250 000 hommes participent à cette offensive terrestre dans les plaines du sud de l'Irak. Démoralisés, de nombreux soldats irakiens se rendent : plus de 50 000 sont faits prisonniers. Les alliés reprennent le Koweït et poursuivent leur avancée jusqu'à Bassora, la grande ville du Sud irakien. Dans la nuit du 27 au 28 février, trois jours seulement après le début des combats, l'Irak déclare accepter toutes les résolutions du Conseil de sécurité. La victoire de la coalition est totale. Elle a perdu 466 hommes, dont 389 Américains. Côté Irakiens, les morts, civils ou militaires, se comptent par dizaines de milliers. Il faudra cependant attendre le 3 avril 1991 pour que soit proclamé formellement le cessez-le-feu. La résolution 687 des Nations unies met l'Irak sous tutelle. L'embargo pétrolier reste en vigueur tant que Bagdad n'aura pas éliminé ses armes de destruction massive. Saddam Hussein est par ailleurs sommé de reconnaître les frontières du Koweït et de s'engager à payer des dommages de guerre.

L'Irak est humilié mais les alliés veulent éviter sa partition. En acceptant le cessez-le-feu dès le 27 février, les Américains signifient clairement au dictateur irakien qu'ils n'entendent pas se mêler de ce qui se passe à l'intérieur de l'Irak, ni jouer l'effondrement du régime. Washington entend préserver la cohésion de la coalition. Pas question, notamment, de se couper des frères d'armes arabes, à commencer par l'Arabie saoudite ou l'Egypte, opposés à un changement de régime à Bagdad qui ferait perdre sa prééminence à la communauté sunnite. Pas question non plus de favoriser l'éclatement de cette mosaïque de communautés qu'est l'Irak, au risque de déstabiliser toute la région.

Révoltes kurde et chiite

Deux fronts s'embrasent pourtant. Dans le Nord, les insurgés kurdes réussissent à s'emparer d'une vingtaine de localités avant la contre-offensive de l'armée irakienne qui jette sur les routes des milliers de réfugiés. Dans le Sud, ce sont les chiites qui se révoltent. La rébellion éclate d'abord à Zubayr, où se sont regroupés des soldats en fuite, puis elle s'étend. Le 3 mars, les Irakiens obtiennent du général Schwarzkopf l'autorisation d'utiliser des hélicoptères et de l'artillerie lourde contre les insurgés. La garde républicaine de Saddam assiège la mosquée de Nadjaf, lieu saint du chiisme, où se sont réfugiés de nombreux rebelles. Les Américains disent et répètent que les résolutions de l'ONU, qui ont permis l'opération *Tempête du désert*, ne concernaient que la libération du Koweït et qu'elles ne leur permettent pas d'intervenir sur le sol irakien. La décision est politique. La grande force de Washington a été de réunir une très large coalition. Pas question de prendre le risque de diviser les alliés au lendemain de leur victoire. Or les grands pays arabes sunnites, Arabie saoudite en tête, sont hostiles à l'idée d'aider les chiites. La Russie de son côté milite pour le maintien de l'intégrité territoriale de l'Irak. Surtout, ni Washington ni ses alliés ne souhaitent faciliter la mise en place dans le sud de l'Irak d'une république islamique inféodée à Téhéran, moins encore un chaos généralisé. Les armées occidentales restent donc l'arme au pied pendant que les soldats de Saddam répriment dans le sang les révoltes chiite et kurde. Elles n'interviendront qu'en avril pour permettre le retour chez eux des réfugiés kurdes.

Si Saddam Hussein a réussi à sauver son régime, il est traité en paria et en vaincu. L'Irak est désormais sous tutelle internationale. L'embargo décrété par l'ONU en août 1990 est toujours en vigueur. Ce régime de sanctions, qui vise à obtenir de Bagdad le démantèlement de ses armes de destruction massive, va rester en vigueur pendant plus de dix ans. En 1993, les Irakiens acceptent la mise sous surveillance onusienne de leur industrie de l'armement. L'année suivante, ils reconnaissent officiellement le Koweït ainsi que le nouveau tracé de la frontière entre les deux pays demandé par les Etats-Unis. Pour Washington, cela reste insuffisant. Pas question de lever l'embargo tant que le rapport des inspecteurs de l'ONU n'aura pas apporté la preuve que les Irakiens n'ont plus ni armes chimiques, ni armes nucléaires, ni missiles balistiques ! Le seul aménagement consenti, en 1996, concerne la possibilité pour l'Irak de vendre une partie de son pétrole pour importer de la nourriture.

Les Américains ne tardent pas à prendre langue avec les opposants irakiens, ce qu'ils n'avaient pas fait lors du lancement de l'opération *Tempête du désert*. Les premiers contacts entre Ahmed Chalabi, l'un des chefs de l'opposition chiite, et la CIA remonteraient à 1992. En 1998, le Congrès des Etats-Unis vote l'*Iraq Liberation Act*. Le président américain est officiellement autorisé à aider l'opposition irakienne. L'article 3 du texte précise que « la politique des Etats-Unis doit avoir pour but la chute du régime dirigé par Saddam Hussein et la promotion d'un gouvernement démocratique en Irak ». Le 25 janvier 1999, une poignée d'opposants irakiens sont introduits dans une salle de réunion de l'ambassade américaine à Londres. Ils sont rejoints par Frank Ricciardone, un diplomate chevronné du Département d'Etat. Quelques jours plus tôt, la secrétaire d'Etat Madeleine Albright l'a informé qu'il allait quitter son poste de numéro 2 à l'ambassade américaine d'Ankara pour celui de « représentant spécial de la transition en Irak ». Avec comme mission d'aider l'opposition irakienne à renverser le dictateur. Quatre ans plus tard, les Américains s'en chargeront directement.

La guerre du Golfe a surtout permis aux Etats-Unis de renforcer leur influence sur la région. Au Koweït, les contrats de la reconstruction profitent pour l'essentiel aux sociétés américaines, de même que les contrats de ventes d'armes que signent à tour de bras les pétromonarchies. Les relations entre Washington et l'Arabie saoudite, première puissance pétrolière mondiale, n'ont jamais été aussi étroites. Les alliés arabes de la coalition sont récompensés : l'Egypte voit sa dette militaire effacée, la Syrie a désormais les mains libres au Liban. La guerre du Golfe débouche aussi, conformément au vœu exprimé à plusieurs reprises par François Mitterrand, sur la conférence de Madrid, première tentative de la communauté internationale pour engager un processus de paix au Proche-Orient en impliquant dans la négociation toutes les parties au conflit. Soutenue conjointement par Washington et Moscou, la conférence s'ouvre pour trois jours le 30 octobre 1991. Elle permettra surtout d'amorcer un processus que poursuivront ensuite à l'abri des caméras les négociateurs palestiniens et israéliens. Jusqu'aux accords d'Oslo[3] signés à Washington le 13 septembre 1993.

Mais la guerre livrée à Saddam, parce qu'elle a conduit, pour la première fois, des soldats occidentaux à débarquer au cœur de l'Arabie saoudite, va avoir une autre conséquence : l'Amérique a désormais un nouvel ennemi. Il s'appelle Oussama Ben Laden. Rentré en Arabie saoudite après le retrait des troupes russes d'Afghanistan, le fondateur d'al-Qaida s'insurge contre la présence des infidèles sur la « terre sacrée » de l'islam. Brouillé avec les autorités de Riyad, il quitte le royaume dès le mois d'octobre 1991 pour le Soudan. En décembre 1992, des soldats américains en route pour la Somalie sont victimes d'un attentat au Yémen. Une autre guerre commence.

Dominique LAGARDE

---

3. Ensemble de textes négociés secrètement dans la capitale norvégienne par les Palestiniens et les Israéliens. L'idée était de trouver une solution avec deux Etats, par étapes intérimaires, dont une première période d'autonomie de cinq ans pour les territoires palestiniens.

LA GUERRE DU GOLFE

Bibliographie sélective

Josette Alia et Christine Clerc, *La Guerre de Mitterrand*, Olivier Orban, 1991.

Frédéric Guelton, *La Guerre américaine du Golfe*, Presses universitaires de Lyon, 1996.

Colin Powell, *Un enfant du Bronx*, Odile Jacob, 1995.

Pierre Salinger et Eric Laurent, *Guerre du Golfe, le dossier secret*, Oliver Orban, 1990.

Général Norman Schwarzkopf, *Mémoires*, Plon, 1992.

16

Yougoslavie : le cimetière des illusions (1991-2000)

Sanglant et convulsif, le démembrement de la « Fédération des Slaves du Sud » a soldé au prix fort l'héritage de l'Empire soviétique, ravivé les tensions identitaires et sidéré par sa cruauté une Europe impuissante. A la clé, 200 000 à 300 000 morts et un million de déplacés et réfugiés. Quatre-vingts ans après l'assassinat de François-Ferdinand d'Autriche, le calvaire de Sarajevo aura enterré l'idéal d'une coexistence harmonieuse entre Serbes, Croates et Musulmans bosniaques. Chacun chez soi. Et Dieu pour tous ? Voire…

De repas de famille en conférence de rédaction, la formule redoutée finissait immanquablement par surgir, pour peu que la discussion abordât, au creux de l'hiver 1992-1993, les rivages désolés d'une Yougoslavie à l'agonie. « Quand même ! Une telle barbarie à deux heures d'avion de Paris. Et qui plus est à l'orée du troisième millénaire… » Comme si le carnage était l'apanage de l'hémisphère Sud. Comme si la Shoah avait eu pour théâtre, au cœur du Moyen Age, un atoll océanien. Les faits sont têtus : neuf années durant, un coin d'Europe s'est livré corps et âme à ses vieux démons. Neuf ans d'une guerre d'hier menée, de Vukovar à Pristina, avec des moyens d'aujourd'hui. La guerre et ses hordes de civils hébétés et meurtris, la guerre et son cortège de massacres, de pactes honteux, de trêves illusoires, de traités bancals. Ses héros et ses salauds. Son lot d'Oradour et de Guernica, son défilé de Jean Moulin balkaniques et de Goebbels slaves, flanqués de Chamberlain, britanniques ou pas.

Deux cent mille à 300 000 morts plus tard, le fracas des armes s'est tu. Mais à quel prix ? Sur la défunte Fédération yougoslave régneront à l'approche de l'an 2000 la paix des cimetières et le silence des charniers. L'oubli, antidote au remords, fera le reste. Escamotée, l'errance narcissique des Malraux mondains. Effacées, les harangues des avocats égarés de la cause serbe ; de ceux qui, sur les bords de Seine, invoquaient la défense de l'Occident chrétien et la fraternité d'armes forgée jadis dans les tranchées de Verdun ; et qui feignaient de croire que l'héroïsme des aïeux devait suffire à absoudre la sauvagerie de leur descendance.

Poudrière balkanique

« Les Balkans, grommelait Winston Churchill, produisent plus d'histoire qu'ils n'en peuvent digérer. » Faute de mieux, les autocrates serbe, croate et bosniaque, héritiers de la République fédérative socialiste de Yougoslavie (RFSY), ont recyclé l'excédent en anathèmes patriotiques. Bricolée au lendemain de la Grande Guerre, à la faveur du fameux traité signé le 28 juin 1919 dans la galerie des Glaces du château de Versailles[1], cette « maison commune » des Slaves du Sud cultiva longtemps son aura flatteuse de mosaïque apaisée et d'élève indocile et latin de la classe soviétique. Un mirage : muselés au nom du socialisme réel par Josip Broz, dit Tito, métallo de père croate et de mère slovène, les élans nationalistes resurgirent à l'heure de son trépas[2]. Slobodan Milošević, apparatchik autiste parvenu aux commandes en mai 1989, délaissera à temps le cheval fourbu du communisme pour

1. La naissance d'une Fédération des Slaves du Sud, sous le nom de « royaume des Serbes, des Croates et des Slovènes », relève des traités annexes qui régissent le démantèlement de l'Autriche-Hongrie, négociés à Saint-Germain-en-Laye puis au Trianon. L'ensemble comprend alors la Serbie, le Monténégro, la Croatie, la Slovénie, la Bosnie-Herzégovine et la Voïvodine (minorité hongroise). Cette clause du grand marchandage versaillais sera abrogée en 2003.

2. Président à vie de la RFSY, le maréchal Josip Broz est décédé à Ljubljana (Slovénie) le 4 mai 1980. La Yougoslavie titiste était composée de six « républiques socialistes » : la Serbie, flanquée de deux « provinces autonomes » (Kosovo et Voïvodine), la Croatie, la Bosnie-Herzégovine, la Slovénie, la Macédoine et le Monténégro. En clair, un patchwork communautaire, linguistique et confessionnel dont les particularismes et les antagonismes historiques fermenteront sous l'étouffoir du communisme.

enfourcher celui, plus fringant, de la Grande Serbie. Il trouvera, dans sa mortelle chevauchée, des alliés inespérés. A commencer par le Croate Franjo Tudjman, ancien maréchal de l'armée titiste. Les deux despotes passèrent d'ailleurs en mars 1991 un marché plus ou moins clandestin sur le dos de la Bosnie-Herzégovine, dont ils convoitaient la dépouille, dûment dépecée.

Dès 1992, tandis que pleuvent sur Sarajevo les obus serbes, Zlatko Dizdarevic, alors rédacteur en chef du quotidien *Oslobodenje* (« Libération »), met ainsi en garde ses visiteurs : « Tant que ce trio infernal – Milošević, Tudjman et leur *alter ego* bosniaque Alija Izetbegović – n'aura pas quitté la scène, rien ne fera taire les tambours de la guerre. » Comme il paraît loin, déjà, ce 28 juin 1989, lorsque le « roi Slobo » revêtit la toge du sauveur des Serbes persécutés. Ce jour-là, on célébrait le 600e anniversaire de la bataille de Kosovo Pole, le « Champ des Merles », où le sultan ottoman Mourad Ier avait terrassé le prince orthodoxe Lazare. Si insolite que cela pût paraître, la nation serbe s'était choisi pour mythe fondateur une défaite. Bref, c'était mal parti. D'autant qu'on exhumera bientôt d'inquiétants parrains. Les miliciens croates ressuscitent les emblèmes du régime oustachi d'Ante Pavelić, protégé d'Adolf Hitler et de Benito Mussolini[3].

3. Fondateur du mouvement nationaliste croate des Oustachis (« insurgés », en serbo-croate), le catholique Ante Pavelić dirige l'« Etat indépendant de Croatie », créé en avril 1941 et inféodé à l'Allemagne nazie et à l'Italie mussolinienne, dont il adopte les institutions, les rituels et les obsessions.

Quant aux Serbes, on les voit dévoyer l'épopée des Tchetniks, les maquisards antinazis du colonel monarchiste Draža Mihailović[4]. Rien de tel pour raviver les « brasiers mal éteints[5] » qu'attisent aussi disparités économiques et ressentiments sociaux.

Les prémices du grand carnage ont quelque chose d'ubuesque. Au sein de la présidence fédérale, théâtre d'ombres collégial, la guérilla n'est d'abord qu'institutionnelle, voire juridique. Dans les républiques rebelles, on se borne alors à brandir, d'élection en référendum, la seule arme du bulletin de vote. Légalisme trompeur : les premiers accrochages surviennent en août 1990 en Croatie, autour des barrages routiers qu'érigent aux portes de leurs fiefs locaux les nationalistes serbes. Quant aux trois premiers morts, ils tombent le 31 mars 1991 à Plitvice, village croate. Un trimestre plus tard, la prospère Slovénie, moins balkanique

---

Son régime persécute les Juifs, les Serbes et les Tziganes et ses troupes combattent aux côtés des forces de l'Axe les partisans communistes de Tito et les résistants monarchistes. En 1945, Pavelić fuit en Argentine *via* Rome. Il meurt en 1959 à Madrid, où il est enterré.

4. Le général monarchiste serbe Dragoljub « Draža » Mihailović fut, à la tête de ses volontaires tchetniks, la figure de proue de la résistance à l'occupant nazi. Lâché en 1944 par les Alliés au profit des partisans communistes, il sera condamné à mort et fusillé en juillet 1946 sur ordre de Tito. Si Charles de Gaulle a toujours refusé de rencontrer ce dernier, c'est qu'il le tenait à juste titre pour responsable de l'exécution de Mihailović, avec qui il avait tissé des liens cordiaux avant la Seconde Guerre mondiale.

5. Titre du recueil d'articles du journaliste Yves Heller (disparu en septembre 1996), Le Monde Editions, 1996.

qu'austro-hongroise, se déclare *urbi et orbi* souveraine. Aussitôt, le Premier ministre yougoslave Ante Marković, syndic d'une faillite annoncée, ordonne à l'armée d'enrayer la dissidence. C'est que ce Croate libéral voit là un accroc fatal à son idéal fédéraliste, déjà moribond. Les combats sont violents mais brefs. Quoique désireux de mater Ljubljana, Milošević et les siens ne peuvent invoquer le devoir de protection de la minorité serbe : peuplée en quasi-totalité de Slovènes de souche, la république insoumise devra à son homogénéité ethnique d'être épargnée. Las ! le dénouement du bras de fer, hâté par une médiation européenne, conduit l'Occident à surestimer dans un même élan son influence et le pouvoir de la diplomatie. Il lui faudra trois ans pour comprendre que « Slobo » n'entend que le langage de la force.

Si Ljubljana et Zagreb proclament de concert leur « dissociation » de la Fédération yougoslave le 25 juin 1991, l'analogie s'arrête là. Car la présence sur son sol d'une puissante communauté serbe promet à la Croatie des lendemains de cendres. A cette date, voilà déjà quatre mois que l'enclave de la Krajina, aux confins de la Serbie voisine, a fait sécession. Et voilà quelques semaines que des miliciens ont massacré une équipe de policiers croates à Borovo Selo. Bientôt, les escarmouches virent à la guerre totale avec les forces fédérales de l'Armée populaire yougoslave (JNA).

Devancés par l'Allemagne, les onze autres pays membres de la Communauté européenne reconnaissent l'indépendance des deux entités pionnières – Slovénie et Croatie – en janvier 1992, sans leur fournir les moyens de l'exercer. Faveur hâtive, qui aura pour effet de stimuler l'ardeur des va-t-en-guerre. En point d'orgue d'une offensive d'envergure sur la Slavonie, plaine agricole croate, l'armée de Belgrade et ses milices assiègent Vukovar dès la fin août 1991, donnant ainsi le coup de grâce à un treizième cessez-le-feu mort-né. Posée sur le Danube, la coquette ville aux façades pastel, où l'on recensait avant guerre 44 % de Croates et 37 % de Serbes, tombe le 18 novembre de la même année. Ce jour-là, Mile Dedaković, alias « le Faucon », cerveau de la résistance, donne par radio au dernier carré le signal de la reddition. Ne reste de Vukovar, symbole lâché par Zagreb, qu'un cauchemar de ruines, de boue et de sang qui rejoint, dans le martyrologe des cités anéanties, Stalingrad, Dresde, Varsovie, Beyrouth ou Kaboul. Les rescapés ? Ceux que leurs bourreaux surnomment « les rats » émergent des décombres du centre-ville, spectres livides et hagards. Au lendemain de la capitulation, 250 médecins, infirmières, malades et combattants disparaissent de l'hôpital. On retrouvera cinq ans plus tard 200 cadavres non loin de là, dans le charnier d'Ovcara. Plus au sud, sur la côte dalmate, les artilleurs serbes pilonnent Dubrovnik, dont les vieilles pierres racontaient le passé vénitien puis turc. A Paris, l'écrivain Jean d'Ormesson claironne son intention de sauter en parachute sur l'ancienne Raguse. Ce qu'il ne fera pas. Les bombes tombent du ciel. Pas les académiciens.

L'embrasement

La scène date de mars 1992. Assailli de questions, un ministre bosniaque ânonne à Sarajevo son discours lénifiant. « Mais non, insiste-t-il, la contagion n'est pas fatale. Rien ne prouve que la guerre gagnera la Bosnie-Herzégovine. Ce n'est pas pour rien qu'on la décrit comme la Suisse des Balkans. » Ce Candide ignore-t-il qu'avant 1975 Beyrouth faisait figure de « Suisse du Proche-Orient », et qu'à la veille du génocide de 1994, le Rwanda passait encore pour l'Helvétie de l'Afrique des Grands Lacs ? Las ! Le destin de la république enclavée est inscrit dans ses gènes. Car le patchwork communautaire compte alors 44 % de Musulmans – confession élevée au rang de nationalité au temps du titisme –, 31 % de Serbes et 17 % de Croates. Sarajevo… C'est là que, le 28 juin 1914, l'archiduc François-Ferdinand, neveu de l'empereur François-Joseph et héritier du trône austro-hongrois, succomba aux balles de l'anarchiste serbe Gavrilo Princip. « Ces coups de feu, martèlent depuis lors les historiens, feront huit millions de morts. » De fait, l'assassinat déclencha, par le jeu des alliances, la Première Guerre mondiale.

Dès février 1992, des échauffourées enfièvrent la Bosnie-Herzégovine. Même motif, même punition : comme en Croatie, un embryon de « République serbe » y voit le jour le 6 avril. La veille, des dizaines de milliers de pacifistes avaient défilé sur l'artère principale de Sarajevo, brandissant le drapeau fédéral ou l'effigie de Tito. Jusqu'au moment où des francs-tireurs, moins francs que lâches, embusqués au sommet de l'hôtel Holiday Inn ou du Musée national rafalèrent la foule affolée. Ainsi commence le siège de la capitale cosmopolite, vitrine un peu factice d'une Yougoslavie multiethnique. Il durera quarante-trois mois. Fin mai, changement de calibre : les premiers tirs d'obus endeuillent la métropole de l'héroïsme ordinaire. On y risque sa vie pour un seau d'eau, une miche de pain ou un fagot de bois de chauffage. On y crève, femme, enfant, vieillard, parce qu'un *sniper* ivre a cédé à une envie de « carton ». On se terre dans les caves dont les plus téméraires ne sortent que pour traverser les carrefours au pas de course, tête baissée et la peur au ventre. Jour après jour, nuit après nuit, le désespoir et la lassitude gagnent du terrain. Comme les cimetières. Faute de place, celui du Lion a enjambé la route pour annexer le stade en contrebas.

Sarajevo, c'est ce directeur de minoterie qui, fidèle au poste sous la mitraille, place toute sa dignité dans son nœud de cravate. C'est l'ancienne cantatrice recluse dans l'hospice de Nedzarici, îlot perdu en plein champ de bataille, et qui ne comprend rien à ce boucan terrifiant. Ce sont les mots de l'imam de la mosquée du Bey, costume trois-pièces et béret vissé sur la tête, privé de sa fille et de ses illusions par un bombardement aveugle : « J'ai toujours vécu tourné vers l'Occident, soupire-t-il. Mais l'Occident nous a abandonnés. Et le noyé ne regarde pas la couleur de la bouée qu'on lui lance. » C'est l'étudiante transie qui, pour faire la nique à la mort, relit Chateaubriand dans sa chambre glaciale, à la lueur d'une bougie. Le 27 mai 1992, trois obus de mortier, tirés d'une caserne fédérale, pulvérisent une boulangerie de la rue Vase Miskina : 22 morts. Puis viendra le tour de spectateurs fauchés en plein match de foot, de gamins foudroyés au beau milieu d'une partie de cache-cache, d'une famille musulmane décimée à l'instant d'enterrer l'un des siens. Mais d'où vient l'acharnement que mettent des paysans serbes déguisés en guerriers, perchés sur leurs promontoires, à châtier ceux d'en bas ? Vieille rancœur de terriens envers la ville, son aisance et ses audaces ? Il y a de ça. Haro sur Sodome et Gomorrhe… Il faut, pour comprendre cette frénésie nihiliste, percer le mystère de Radovan Karadžić, le gourou des Serbes de Bosnie en son bastion de Pale, villégiature montagnarde perchée au sud-est de Sarajevo. Karadžić, psychiatre dément, incarnation de la névrose balkanique, poète moins maudit que raté, n'a jamais supporté que l'élite bosniaque, volontiers narquoise, retoque ses vers de rimailleur halluciné, au temps où il errait de bar en café en quête de public. Ce blocus sanglant, c'est aussi la vengeance du plouc à la crinière argentée.

Ainsi s'ouvre l'ère des miliciens, des tortionnaires, des violeurs, des petites frappes arrachées à leur néant par la guerre. De tous les voyous promus au rang d'icônes par la grâce d'une kalachnikov. Voici venu le temps du « nettoyage ethnique », de la « purification ». En clair, la haine de l'Autre à l'état pur. Voici le temps des camps d'internement et des miradors. L'usine de céramique de Keraterm, les mines de fer d'Omarska, Ternopolje, Manjaca… Le monde découvre, incrédule, ces visages émaciés aux regards éteints, ces corps décharnés derrière les barbelés. A Foča, les soldats serbes et leurs supplétifs font régner la terreur. S'adonnant, entre une école et un complexe sportif, au viol et à la torture. Point de manichéisme : les disciples de Karadžić n'auront pas, loin s'en faut, le monopole des crimes contre l'humanité et de la cruauté. Maints chefaillons croates auraient mérité de finir leurs jours dans les cellules du Tribunal pénal international pour la Yougoslavie, ou TPIY, de La Haye (Pays-Bas). A commencer par ceux qui orchestrèrent en avril 1993 le massacre des villageois bosniaques d'Ahmici, point d'orgue de la campagne d'« épuration » menée dans la vallée de Lasva, en Bosnie centrale. Quant aux atrocités perpétrées par les « moudjahidine », ces volontaires islamistes étrangers, elles ont gravement terni l'image des musulmans de Sarajevo et d'ailleurs. A preuve, les tueries commises en septembre 1995 à Kesten et au camp de Kamenica, fatales à 52 soldats serbes. De même, si le TPIY a en partie dédouané le chef d'état-major de l'armée de Bosnie-Herzégovine Rasim Delić, il l'a néanmoins condamné en 2008 à trois ans de prison.

Face à l'intolérable, l'ONU finira par instaurer des « zones de sécurité ». En fait, des enclaves musulmanes, réserves à demi protégées. Goražde, Zepa, Bihać, Tuzla, Srebrenica. Srebrenica ou l'autre nom de la honte. Ecrit en 1993, le prologue ne manquait pourtant pas de panache. Perclus d'angoisse, les civils qui s'y coudoient retiennent alors le général français Philippe Morillon, patron de la Forpronu, la Force de protection des Nations unies. Touché, ce don Quichotte étoilé décide de rester et jure de ne jamais lâcher ses « geôliers ». Lesquels consentent à déposer les armes et rebaptisent « rue Filip-Morijon » l'artère centrale de la cité assiégée. Sursis trompeur. Deux ans plus tard, livrée à elle-même par le président bosniaque Izetbegović, qui privilégie le sauvetage de Sarajevo, l'enclave tombe aux mains de Ratko Mladić, chef militaire des Bosno-Serbes. On voit alors ce massacreur trapu caresser la tête d'un gamin craintif et promettre aux reclus du pain et du chocolat. Obscène mise en scène, prélude à la plus vaste tuerie des guerres yougoslaves. De 7 000 à 10 000 musulmans passés par les armes, l'exode dantesque des survivants traqués à travers bois, le tout sous l'œil des casques bleus néerlandais pétrifiés. Bien plus tard, Kofi Annan, secrétaire général de l'ONU, reconnaîtra les « erreurs de jugement » de l'époque et cette terrible « incapacité à saisir l'ampleur du mal ».

Dans le brasier balkanique, le cru 93 doit plus à Néron qu'à Victor Hugo. L'incendie se propage sur un nouveau front, croato-bosniaque cette fois. Les ultras de la « République croate d'Herceg-Bosna », principauté autoproclamée, rêvent eux aussi de disloquer le puzzle bosniaque, quitte à pactiser avec l'ennemi serbe. Ce que fait leur chef de bande Mate Boban à Graz (Autriche), où il ébauche la partition avec le bon Dr Karadžić. L'enjeu urbain a ici pour nom Mostar, un Berlin que baigneraient les eaux de la Neretva : 35 % de Croates à l'ouest et 34 % de musulmans, Slaves islamisés, bientôt relégués dans leur ghetto de la rive est, sous l'œil des canonniers serbes qui tiennent les hauteurs.

Le 9 novembre, les premiers nommés détruisent le vieux pont ottoman, « ce croissant de lune en pierre » qui enjambe la rivière. Pendant cinq siècles, le *Stari Most* avait résisté aux batailles et aux séismes. Paix à ses ruines.

L'heure du sursaut

En février 1994 survient, au cœur de Sarajevo, « le massacre de trop ». Un autre de ces raccourcis ineptes chers aux stratèges de salon. Existerait-il, en matière de carnages, un seuil de tolérance à ne pas franchir ? Il n'empêche : c'est bien en ces termes que « le concert des Nations », qui oscillait jusqu'alors entre mutisme et cacophonie, perçoit la tragédie du marché de Markale, ravagé par un obus de 120 millimètres. Soixante-huit tués, des corps déchiquetés, des jambes arrachées, des lambeaux de chair projetés sur les murs. Cette fois, la communauté internationale hausse le ton. Et somme les porte-flingues du tandem Karadžić-Mladić d'éloigner leurs canons de la capitale. Le vent a tourné, et le Croate Franjo Tudjman le sent. Dès l'année suivante, ses troupes reconquièrent à la hussarde la Slavonie occidentale et la Krajina de Knin, enclave annexée par le dentiste sécessionniste serbe Milan Babić. Le 25 mai, une nouvelle boucherie ensanglante Tuzla, en Bosnie centrale : 76 morts. Les chasseurs bombardiers de l'Alliance atlantique entrent en scène, deux jours avant que les marsouins du 3e régiment d'infanterie de marine de Vannes (Morbihan) ne reprennent en force le pont sarajévien de Vrbanja. En représailles, les soudards de Ratko Mladić kidnappent 400 casques bleus de la Forpronu, dont une centaine de Français. Désarmés, humiliés, les otages seront réduits au rang de boucliers humains, dispersés au hasard des sites que menacent les raids de l'Otan, enchaînés ici à la pile d'un pont, là au portail métallique d'un dépôt de munitions ou à un pylône.

Un temps suspendue, la campagne aérienne reprend le 21 août, après une énième hécatombe sur un marché de Sarajevo. L'ONU exige enfin le retrait effectif de l'armement lourd en dehors d'une « zone d'exclusion » des 20 kilomètres instaurée… dix-huit mois auparavant. Milošević n'a plus le choix. Pour sauver son trône, il lui faut transiger. Les palabres de Dayton (Ohio) accoucheront d'une cote mal taillée, signée sous les lambris de l'Elysée le 14 décembre 1995. Dans le rôle du maître de cérémonie, Jacques Chirac, flanqué de son homologue américain Bill Clinton, du Premier ministre russe Viktor Tchernomyrdine, du chancelier allemand Helmut Kohl, du Britannique John Major et de l'Espagnol Felipe González. En 165 pages et 102 cartes, l'« accord de paix », dicté pour l'essentiel par Washington, met fin à l'infernale litanie des tueries. Mais il entérine aussi le triomphe du purisme ethnique et du primat des armes. Et, au nom de la *realpolitik*, élève le « roi Slobo » au rang de garant du traité. Dayton prolonge en outre la fiction d'une Bosnie-Herzégovine unitaire. En fait, un attelage contre nature, où la *Republika srpska* de Karadžić côtoie une Fédération croato-musulmane dotée de 51 %

du territoire. La Forpronu s'efface au profit de l'Ifor – de l'anglais *Implementation Force* –, dispositif multinational de 60 000 hommes placé sous l'autorité de l'Otan. Précipitées, sinon bâclées, les élections consacrent partout la suprématie des courants ultra-nationalistes.

« Une Algérie dans l'Orléanais. » Ainsi André Malraux dépeignait-il le Kosovo, berceau de la nation serbe et casse-tête soigneusement escamoté lors des marchandages de Dayton. C'est là, dans cette province insoumise peuplée aux neuf dixièmes d'Albanais, que se jouera le dernier acte du drame yougoslave. Soucieux de contenir les appétits grand-serbes, Tito avait octroyé aux Kosovars une ample autonomie, que Milošević abolit brutalement en 1989. Neuf ans plus tard, Belgrade, exaspéré par les coups de main de l'Armée de libération du Kosovo (UCK), entreprend de mater la rébellion, sinon de vider la province de ses albanophones. Villages incendiés, rafles, expulsions massives, tout l'arsenal y passe. Le 19 janvier 1999, on découvre à Račak les dépouilles d'une quarantaine de paysans exécutés. Comme pour effacer les atermoiements passés, et apaiser sa conscience tourmentée, l'Occident livrera ici la guerre qu'il avait omis d'engager à temps en Bosnie. Le 23 mars, l'Alliance atlantique déclenche une campagne de raids aériens de trois mois. En riposte, le despote serbe intensifie la répression, jetant sur les routes des centaines de milliers d'Albanais. Autant de naufragés qui viendront s'échouer au pays des Aigles – l'Albanie souveraine, qui a Tirana pour capitale – ou dans le cloaque macédonien de Blace.

Matraqués, les Serbes défient crânement les « criminels de l'Otan », quitte à rallier le panache vert-de-gris de Slobo, gourou dépressif, voire suicidaire, et de sa virago d'épouse Mira Marković. Allégeance éphémère : bientôt, le « peuple glorieux » dont Belgrade exalte la geste se lasse de mourir pour l'artisan de son malheur ; et le moulin à prières du chauvinisme se grippe. Affaibli, le Saddam Hussein des Balkans doit se rendre sinon à Canossa, du moins à Rambouillet. C'est en effet dans les Yvelines qu'il cédera au diktat récusé avec dédain quelques semaines plus tôt. Le voilà contraint de retirer ses troupes de la terre sacrée du Kosovo. Le Champ des Merles aura donc été son chant du cygne. Et le chantre hautain de la Grande Serbie léguera aux siens une patrie peau de chagrin, exsangue et maussade. Pour solde de tout compte, Slobodan le fossoyeur aura droit à ce double châtiment : l'exil intérieur, puis, en juin 2001, un aller simple pour La Haye (Pays-Bas), siège du Tribunal pénal international pour l'ex-Yougoslavie. C'est dans sa cellule du centre de détention de Scheveningen, et avant même que ne s'achève son procès, qu'il succombe cinq ans plus tard à un infarctus du myocarde. Terrassé par une hémorragie interne en décembre 1999, Franjo Tudjman avait échappé pour sa part aux foudres du TPIY. Quant au Bosniaque Alija Izetbegović, il s'éteint à Sarajevo le 19 octobre 2003, vaincu par une affection cardiaque.

Il est tentant, bien sûr, de traiter le brutal démembrement du royaume des Slaves du Sud comme un épiphénomène, un anachronisme, une queue de comète historique, l'ultime convulsion, en ses confins méridionaux, d'un Empire soviétique en phase terminale. L'éclatement du « Titoland » fut cela, mais ne fut pas que cela. Car ce conflit réputé « d'un autre âge » aura dissipé quelques chimères intemporelles et dynamité au prix fort un artifice géopolitique. On se doutait bien qu'en se fissurant, la chape de plomb communiste libérerait les pulsions nationalistes étouffées depuis un demi-siècle, quoique jamais anéanties. Mais nul n'avait deviné l'intensité et la brutalité des réveils identitaires, assortis à mesure que le bras de fer se radicalisait de crispations confessionnelles ; au point d'attirer des volontaires étrangers, russes ou grecs d'un côté, arabes de l'autre. Qu'importe si la piété débonnaire des « musulmans » de Sarajevo s'accommodait de maintes entorses à la règle : si sommaire soit-elle, l'idée selon laquelle la ligne de front entre islam et chrétienté épouse les méandres de la Miljacka, le fleuve qui traverse Sarajevo, fera son chemin. Corollaire du constat précédent, l'essor du phénomène milicien. Débordée, puis atomisée, l'armée fédérale a d'emblée échoué à canaliser la capacité de nuisance de factions combattantes cornaquées par des « patriotes » locaux, anciens officiers, repris de justice ou caïds régnant sur des clubs de supporters de foot fanatisés. Enfin, le bourbier balkanique aura mis en évidence l'incapacité de l'Europe supposée unie à accorder ses violons afin de prévenir puis de traiter une crise aiguë survenue à sa porte. En reconnaissant unilatéralement, dès décembre 1991, l'indépendance de la Croatie et de la Slovénie, l'Allemagne a imposé à ses partenaires la logique du fait accompli. Une autre institution supranationale pâtira plus encore de son manque de clairvoyance et de fermeté : l'ONU. Il est vrai que ses palinodies eurent pour effet de doper le sentiment d'impunité des boutefeux de toutes obédiences. Nul doute que le « machin » new-yorkais, dont Charles de Gaulle fustigeait les errements, aura dilapidé beaucoup de son crédit entre Belgrade, Zagreb et Sarajevo. A deux heures d'avion de Paris.

Vincent HUGEUX

Bibliographie sélective

Jean-Christophe Buisson, *Mihailović, héros trahi par les Alliés*, Perrin, coll. « Tempus », 2011.

Jean-Arnault Dérens et Catherine Samary, *Les Conflits yougoslaves de A à Z*, Editions de l'Atelier, 2000.

Diane Ducret, *Femmes de dictateurs II*, Perrin, 2012.

Paul Garde, *Vie et mort de la Yougoslavie*, Fayard, 2000.

Florence Hartmann, *Milošević, la diagonale du fou*, Denoël, 1999.

Jean Hatzfeld, *L'Air de la guerre*, L'Olivier, 1994.

Richard Holbrooke, *To End a War*, New York, Random House, 1998.

Philippe Morillon, *Croire et oser. Chronique de Sarajevo*, Grasset, 1994.

Les Permanences balkaniques au XXe siècle, revue trimestrielle d'histoire, coll. « Guerres mondiales et conflits contemporains », PUF, janvier 2005.

Daniel Vernet et Jean-Marc Gonin, *Le Rêve sacrifié. Chronique des guerres yougoslaves*, Odile Jacob, 1995.

17

La guerre en Afghanistan

(2001- ?)

« Il est plus facile d'être en guerre avec des ennemis sages que d'être en paix avec des amis insensés. »

Proverbe afghan.

« Pour tendre des embuscades, il faut d'abord être sûr du terrain et des populations environnantes, sous peine de voir le piège se retourner contre soi. »

Patrice Franceschi, *Ils ont choisi la liberté : la guerre d'Afghanistan* (1981).

Lorsqu'il prend le pouvoir par un coup d'Etat le 17 juillet 1973, le Premier ministre afghan Mohammed Daoud ne sait pas qu'il vient d'ouvrir une boîte de Pandore. Depuis cette époque, le pays est en proie aux troubles puis à la guerre ouverte. Les seigneurs de la guerre moudjahidine affrontent l'occupant soviétique (voir le chapitre de Marc Epstein) puis le régime de Najibullah de 1979 à 1992, avant de se déchirer ensuite pendant deux ans et finir par être refoulés par la milice des talibans (« étudiants en religion »). Ces derniers sont presque vainqueurs lorsqu'ils accueillent Oussama Ben Laden et al-Qaida en 1996, faisant de l'Afghanistan la base arrière d'un terrorisme international qui va déchaîner la puissance américaine.

Campagne brillante, échec stratégique

Les grandes évolutions de la guerre en Afghanistan sont contenues dans les décisions qui suivent les attentats du 11 septembre 2001. Les Etats-Unis bénéficient alors d'un très vaste soutien international et notamment celui, essentiel, du Pakistan. Ils auraient pu choisir de s'appuyer sur ces derniers et de mener une campagne de raids contre al-Qaida tout en ménageant les talibans, alliés d'Islamabad. Ils ont préféré trancher avec les méthodes de *soft power* chères à Bill Clinton pour essayer à la fois de détruire rapidement l'organisation terroriste mais aussi de châtier l'Etat hôte. Cette stratégie imposait cependant une réussite militaire totale, sous peine de voir les ennemis des Etats-Unis se réfugier au Pakistan et gérer le vide politique laissé par la disparition du régime taliban.

L'opération *Enduring Freedom (Liberté immuable)* débute le 8 octobre par une série de frappes aériennes tandis que les forces spéciales américaines prennent contact avec les seigneurs de la guerre ouzbeks et tadjiks toujours en lutte contre les talibans et regroupés sous la bannière de l'Alliance du

Nord[1]. Il faut à peine plus d'un mois pour balayer les forces ennemies et occuper Kaboul. Le modèle opérationnel trouve alors ses limites. Les seigneurs du Nord sont réticents à s'engager dans les provinces pachtounes du Sud et de l'Est où se sont réfugiés le mollah Omar, leader taliban, et Oussama Ben Laden, tandis que le commandement américain refuse toujours d'engager des troupes au sol. Les Américains font donc appel à des hommes forts locaux peu fiables qui permettent la fuite des derniers ennemis au Pakistan. A la mi-décembre 2001, la première phase de la guerre est terminée. Le succès tactique n'a pas débouché sur un succès stratégique et l'opération *Enduring Freedom* bute désormais sur la frontière pakistanaise.

Après le refus par les Américains d'un retour au pouvoir du roi Zaher Chah, exilé depuis 1973, et la disparition du commandant Massoud, héros de la guerre contre les Soviétiques, assassiné par al-Qaida le 9 septembre, il n'y a guère de grandes figures dont la légitimité aurait pu s'imposer à tous. Les Américains imposent leurs alliés de l'Alliance du Nord et placent au pouvoir Hamid Karzai, un chef de tribu pachtoun proche d'eux depuis plusieurs années. Cette domination des nordistes renverse la prédominance traditionnelle des grandes tribus pachtounes, d'où sont issus les talibans. Elle se révèle d'autant plus inefficace que la Constitution,

---

1. L'ethnie pachtoune, présente surtout dans le sud et l'est du pays, représente 40 % de la population. Après eux les Tadjiks représentent 32 % de la population, les Azaras (chiites) 9 % et les Ouzbeks 8 %.

adoptée en 2004, introduit une séparation nette des pouvoirs, ce qui aboutit à des tractations permanentes entre la Présidence et les divers hommes forts de l'Assemblée. Les institutions et l'administration qui sont ainsi mises en place sont faibles, corrompues et peu reconnues, surtout dans les provinces pachtounes. Pour les soutenir, le Conseil de sécurité des Nations unies organise la mise en place d'une Force internationale d'assistance et de sécurité (FIAS) dont les premiers éléments arrivent en janvier 2002.

Une coalition schizophrénique

L'opération *Enduring Freedom* se poursuit le long de la frontière avec le Pakistan, avec des moyens accrus mais encore limités. Les effectifs américains, auxquels s'ajoutent quelques centaines de soldats alliés, plafonnent à 10 000 hommes pendant plusieurs années. Leur mission est de détruire les dernières poches de résistance par une combinaison de frappes aériennes, de raids de forces spéciales et d'opérations de recherche. Si cette pratique, qui se désintéresse de la population, a une certaine efficacité contre les organisations sans implantation locale comme al-Qaida, elle se révèle stérile, pour ne pas dire négative, contre les talibans. Chercher à éliminer tous les rebelles s'apparente en effet à un travail de Sisyphe au sein d'une population pachtoune comptant plusieurs millions d'hommes en âge de prendre les armes et auxquels un code d'honneur strict impose le devoir de vengeance.

De son côté, la FIAS qui se met en place en parallèle privilégie l'appui aux forces de sécurité afghanes et l'aide au développement en excluant alors toute idée d'opérations de coercition. Peu appréciée du Pentagone mais aussi des seigneurs de la guerre afghans, qui freinent son arrivée dans leurs fiefs, la FIAS reste longtemps limitée à 4 000 hommes et cantonnée à Kaboul. Un premier tournant a lieu en août 2003, lorsque les Etats-Unis décident de concentrer leurs efforts sur l'Irak et font appel à l'Organisation du traité de l'Atlantique Nord (Otan) pour assurer le commandement de la FIAS. En s'appuyant en priorité sur le réseau des équipes de reconstruction provinciales (ou *Provincial Reconstruction Teams*, PRT) destinées à favoriser le développement économique, les dizaines de contingents de la FIAS s'implantent dans les secteurs calmes du nord du pays à la fin 2003 puis de l'est en 2005 avant d'aborder, au bout de trois ans, les provinces pachtounes en 2006. Cette extension s'accompagne d'un accroissement des effectifs jusqu'à 20 000 hommes. Les principaux contributeurs sont le Royaume-Uni (6 000 soldats), l'Allemagne (2 800), le Canada (2 500), les Pays-Bas (2 000) et la France (1 000).

Les efforts de la coalition sont lents à produire des effets. L'armée nationale afghane ne compte toujours que 27 000 hommes en 2006 pour une population d'environ 31 millions d'habitants. Cette institution, et la police plus encore, souffre d'un manque de moyens, de la corruption, d'un taux de désertion élevé et d'une image auprès de la population pachtoune pour le moins mitigée.

L'aide au développement est longue à se mettre en place. Elle est dispersée dans des centaines d'organisations gouvernementales ou non, parfois concurrentes, et reste insuffisante par rapport aux immenses besoins. Les effectifs et les moyens engagés dans cette action civile représentent environ 10 % de ceux de l'action militaire, pour finalement offrir une aide par habitant dix fois inférieure à celle qui a été prodiguée au Kosovo depuis 1999. Sur les 30 milliards de dollars promis en 2001, seuls trois ont été utilisés cinq ans plus tard pour reconstruire l'économie et les services sociaux afghans, avec des progrès indéniables dans certains domaines comme la santé, l'éducation et certaines infrastructures routières. Le reste s'est perdu dans les promesses non tenues, les frais des entreprises occidentales d'expertise ou de sécurité et les bureaux des ministères afghans. En créant des dépendances, des déséquilibres locaux et surtout en favorisant la corruption, les effets de cette aide sur la sécurité du pays se révèlent insuffisants et souvent contre-productifs.

Les nouveaux rebelles

Pendant ce temps, les talibans, aidés par les services spéciaux d'Islamabad (*Inter-Services Intelligence*, ISI), ont su se transformer de simple milice religieuse en organisation de guérilla – la plus efficace de l'histoire afghane. Après une phase de réorganisation autour de la ville pakistanaise de Quetta, ils se réimplantent progressivement à partir de 2003 dans les zones rurales pachtounes en partant des provinces frontalières de Paktika et de Zaboul pour remonter vers le centre du pays et rayonner ensuite vers l'est et surtout au sud. A partir de 2005, ils s'établissent solidement dans les deux grandes provinces du Helmand et de Kandahar, également principaux centres de production d'opium du monde. Cette pénétration, réalisée avec des effectifs réduits, s'appuie surtout sur des alliances locales et un contrôle de la population par la peur, mais aussi par l'attrait d'une administration et d'une justice alternatives qui apparaissent comme plus honnêtes et plus efficaces que celles du gouvernement. De la radio aux DVD distribués dans les bazars, en passant par les rumeurs, les talibans gagnent progressivement la bataille de la propagande.

La rébellion ne se confond pas avec le mouvement taliban, et celui-ci n'est pas non plus unitaire puisque au-delà du corps principal, la « choura » de Quetta[2], il accueille des organisations associées dont la principale est le groupe de Djalâlouddine Haqqani[3]. Proche de l'ISI et implanté dans la province pakistanaise du Waziristan, le « réseau Haqqani » est en grande partie responsable de l'introduction des attaques suicides en Afghanistan. A l'est, les provinces de Kunar et du Nurestan, hostiles à la présence étrangère et d'une obédience religieuse opposée à celle des talibans,

2. Organe de commandement des talibans.

3. Homme politique et chef militaire, membre de la tribu pachtoune des Zadran, il reste autonome par rapport aux talibans auxquels il est allié.

abritent plusieurs groupes dont le plus important est le Hezb-e-Islami Gulbuddin (HIG), fondé en 1977 par Gulbuddin Hekmatyar[4].

Au niveau tactique, les 20 0000 à 30 0000 combattants rebelles (dont un quart seulement opérant à plein temps) conservent une mobilité très supérieure à celle des forces américaines ou alliées de la coalition, certes protégées mais statiques. Cette légèreté, associée à la connaissance du terrain et surtout à celle de l'ennemi, dont tous les mouvements sont connus, leur permet de disposer de l'initiative presque complète des combats et de piéger les routes à l'aide d'engins explosifs improvisés (IED : *Improvised Explosive Device*), responsables de la moitié des pertes de la coalition à partir de 2006. Toutes les actions de combat ne visent pas à détruire physiquement les forces ennemies, mais à les placer sur la défensive afin de réduire leurs possibilités de contrôle sur la population, l'objectif premier.

Le tournant de 2006

En 2006, l'extension du mandat de la FIAS dans le Sud et l'Est fait office de révélateur des faiblesses et des illusions de la coalition. Avant d'engager ses

4. Il a d'abord combattu les Soviétiques lors de la guerre d'Afghanistan (1979-1989), dans le cadre de l'opération *Cyclone* de la CIA et avec le soutien de l'*Inter-Services Intelligence* pakistanais (ISI). Fin 2004, Hekmatyar appelle à la guerre sainte contre les Etats-Unis.

forces dans la province de Helmand, le ministre de la Défense britannique John Reid déclare qu'il espère qu'aucune cartouche ne sera tirée. En réalité, les premiers soldats engagés ont découvert que la zone réputée calme était occupée par de multiples seigneurs de guerre, trafiquants de drogue et groupes rebelles qui ont eu le temps de prospérer dans ce vide à la fois sécuritaire et gouvernemental. La surprise a aussi été totale pour des pays comme le Canada ou les Pays-Bas, adeptes des opérations de maintien de la paix, et dont l'opinion publique a été largement ébranlée par la violence des combats. La FIAS se trouve d'un seul coup fragmentée entre les pays de l'Alliance qui s'engagent dans des opérations de combat – malgré eux comme le Royaume-Uni, le Canada et les Pays-Bas, ou volontairement comme la France à partir de 2008 – et ceux qui persistent à ne pas vouloir le faire comme l'Allemagne, l'Italie et l'Espagne.

Tous les membres de l'Otan, en particulier au sommet de Bucarest à l'été 2008, s'accordent sur une stratégie globale combinant actions militaires et économiques avec la mise en place d'une bonne gouvernance afghane et des négociations avec les Etats environnants. L'idée s'inspire largement des principes des conflits de contre-insurrection du siècle précédent en Malaisie ou en Algérie en particulier, en essayant de les appliquer dans un Etat étranger souverain. Mais ce que des puissances comme le Royaume-Uni ou la France pouvaient entreprendre, forte d'un projet politique et d'une unité à peu près complète de direction, l'Otan est incapable de le faire avec ses différentes chaînes de commandement, ses centaines de règles d'engagement particulières, ses multiples « sous-traitants » civils, organisations non gouvernementales ou sociétés militaires privées. Enfin, elle pâtit de son association avec un Etat afghan fragile et corrompu.

Malgré les renforcements successifs des moyens militaires et civils, l'échec est patent sur fond de contestation grandissante des opinions occidentales. En août 2009, la FIAS compte 64 500 hommes, soit un soldat de la coalition pour 465 Afghans, là où il en faudrait dix fois plus. Les aides internationales mais aussi les dépenses directes du département américain de la Défense finissent par créer des entrées financières supérieures au produit intérieur brut. Une partie importante de ces sommes favorise la corruption et, par le biais de rackets et détournements divers, également les talibans.

Pour la plupart des observateurs, la situation ne cesse de se dégrader et les conditions d'une victoire semblent s'éloigner. Les rebelles gardent le contrôle des zones rurales et progressent encore au centre de l'Afghanistan en frappant régulièrement à Kaboul, par le biais du réseau Haqqani, puis dans des zones calmes jusque-là, comme les provinces d'Herat, à l'ouest, ou de Kunduz, au nord.

Le sursaut raté

La deuxième conséquence de l'extension de la FIAS à l'ensemble du territoire est la superposition géographique de ses actions avec *Enduring Freedom*. Pour plus de cohérence, les deux opérations sont placées en 2008 sous un même commandement, qui ne pouvait qu'être américain. De fait, après une phase de désintérêt, de l'invasion de l'Irak en 2003 au rétablissement relatif de la sécurité dans ce pays cinq ans plus tard, la conduite du conflit afghan se « réaméricanise » avec l'administration Obama. Les effectifs militaires américains doublent également en un an pour atteindre 65 000 hommes en septembre 2009, tandis qu'une réflexion stratégique en profondeur est lancée.

Sur le fond, cette réflexion, purement américaine, se résume à un débat entre les tenants de la lutte antiterroriste et ceux de la contre-insurrection. Les premiers dissocient la lutte contre al-Qaida de celle contre les organisations afghanes, considérant que seule la première mérite vraiment d'être gagnée et que la seconde dépasse les moyens des Etats-Unis. Les seconds estiment au contraire que les deux conflits, s'ils sont de forme différente, restent indissociables et qu'une victoire des talibans signifierait également un retour d'al-Qaida en Afghanistan et sa régénération d'autant plus rapide que le camp islamiste radical apparaîtrait comme vainqueur.

Placé à la tête de la FIAS et des troupes américaines en juin 2009, le général McChrystal appartient clairement à cette dernière école qui s'inspire de la stratégie dite du « sursaut » *(Surge)* qui a permis le rétablissement de la situation en Irak en 2007-2008. McChrystal propose d'abord de frapper les esprits grâce à un renforcement massif et de se recentrer sur la protection des populations, en particulier dans les provinces difficiles. Il espère ainsi démontrer la détermination américaine et obtenir le ralliement d'un certain nombre de chefs rebelles. L'armée et la police afghanes, dont la montée en puissance doit être accélérée, prendront ensuite progressivement la relève dans les zones sécurisées. En décembre 2009, le président Obama valide cette approche en y apportant toutefois deux bémols d'envergure : un engagement de 30 000 hommes, au lieu des 60 000 demandés, et la promesse d'un retrait des troupes américaines à partir de la mi-2011. Les forces américaines atteignent presque 100 000 hommes pour 40 000 soldats (dont 4 000 Français) des autres nations.

L'application de la première partie du plan est clairement un échec. Les premières opérations destinées à réimplanter l'administration afghane dans le Helmand se révèlent une nouvelle fois stériles puisque les talibans reviennent systématiquement dès le départ des troupes de la FIAS. Dans un deuxième temps, et alors que le général Petraeus[5] a pris le commandement, les opérations prennent un tour beaucoup plus coercitif, avec notamment une multiplication des raids des forces spéciales. Si les talibans semblent contenus, les opérations de coercition ou de séduction de la coalition ne semblent plus suffire à remédier à un désespérant

5. Le général David Petraeus a commandé les forces de la coalition en Irak en 2007 et est apparu comme l'artisan de la stabilisation de la situation dans ce pays. En 2008, il a pris le commandement du *Central command*, responsable de l'action des forces américaines dans le grand Moyen-Orient. Il prend le commandement des forces de la coalition en Afghanistan en juin 2010, remplaçant le général McChrystal relevé de ses fonctions.

manque d'efficacité et de légitimité du gouvernement afghan. On atteint ainsi les limites d'une doctrine de contre-insurrection qui n'est efficace qu'adossée à un projet politique cohérent.

Chaos suspendu

A défaut de victoire militaire, deux évolutions permettent cependant d'entrevoir la possibilité d'un repli honorable de la coalition. La première est l'élimination d'Oussama Ben Laden le 2 mai 2011 par un raid au Pakistan parachevant l'affaiblissement général d'al-Qaida et sa disparition du territoire afghan. La seconde est la réussite de la formation accélérée des forces de sécurité afghanes. L'armée nationale afghane compte 200 000 hommes en 2012 contre 27 000 six ans plus tôt. La relève des forces de l'Otan par les forces de sécurité locales peut donc s'effectuer progressivement jusqu'au mois de juin 2013. A partir de cette date, les forces de la coalition n'ont plus qu'une mission d'appui, de formation et de soutien logistique destinée à se réduire au fur et à mesure d'un désengagement censé se terminer à la fin de 2014.

Pour un coût humain de près de 3 400 soldats tués (dont 2 300 Américains et 89 Français) et le triple de blessés graves, un coût financier de 83 milliards d'aide économique et environ douze fois plus de dépenses militaires, le bilan de l'intervention internationale apparaît pour le moins médiocre. Les Etats-Unis et leurs alliés laissent derrière eux un pays plus divisé que jamais et dévasté dans de nombreux endroits, même si certaines régions sont relativement prospères. Les talibans et leurs alliés sont solidement implantés dans le sud et l'est du pays et ont une grande liberté d'action dans la plupart des autres provinces. Ils sont contenus par les forces de sécurité afghanes, mais celles-ci éprouvent de plus en plus de difficultés au fur et à mesure que l'appui de la coalition se réduit. Surtout, elles ne peuvent fonctionner sans un financement extérieur d'au moins 4 milliards de dollars par an. Tant que celui-ci perdurera et qu'il restera sur place une force américaine dont les contours restent encore à définir, la situation militaire peut demeurer dans cette situation de blocage pendant de nombreuses années. La situation politique peut en revanche basculer très vite en fonction de la légitimité des nouveaux hommes au pouvoir à partir des élections présidentielle de 2014 et parlementaires de 2015, d'un accord possible avec les talibans ou encore de la lassitude du Congrès des Etats-Unis.

Michel GOYA

LA GUERRE EN AFGHANISTAN

Bibliographie sélective

Hervé Asquin, *La guerre la plus longue*, Calmann-Lévy, 2013.

Gérard Chaliand, *L'Impasse afghane*, Editions de l'Aube, 2011.

Bernard Dupaigne et Gilles Rossignol, *Le Carrefour afghan*, Gallimard, 2002.

Olivier Hubac et Matthieu Anquez, *L'Enjeu afghan : la défaite interdite*, André Versaille, 2010.

Jean-Charles Jauffret, *La Guerre inachevée : Afghanistan, 2001-2013*, Autrement, 2013.

Dominique Lagarde, *Afghanistan. En finir avec la guerre ?*, Editions L'Express, 2010.

Nicolas Le Nen, *Task force Tiger : Journal de marche d'un chef de corps français en Afghanistan*, Economica, 2010.

Nicolas Mingasson, *Afghanistan, la guerre inconnue des soldats français*, Acropole, 2012.

18

La guerre d'Irak : une victoire défaite (2003)

A Washington, au lendemain des attentats du 11 septembre 2001, les néoconservateurs qui entourent le président George W. Bush vont tout faire pour obtenir de celui-ci la chute du régime de Bagdad, même s'ils savent que Saddam Hussein n'est pour rien dans l'effondrement des Twin Towers. *Le 20 mars 2003, l'armée américaine intervient en Irak sans l'aval du Conseil de sécurité des Nations unies, malgré l'hostilité de la France, de la Russie et de la Chine. Dix ans plus tard l'Irak, débarrassé de son dictateur, reste une poudrière. Tandis que l'opinion américaine renoue avec l'isolationnisme.*

La guerre d'Irak aurait-elle eu lieu sans Paul Wolfowitz ? Au moment des attentats du 11 septembre 2001, cet idéologue néoconservateur est le numéro deux du Pentagone. Moins d'une semaine après l'effondrement des *Twin Towers*, alors que l'Amérique vient de déclarer la guerre au terrorisme, il plaide pour une attaque de l'Irak. Cela n'est d'ailleurs pas la première fois. Dès 1998, constatant l'échec de la politique des sanctions, il avait signé une lettre ouverte au président Clinton l'invitant à « chasser Saddam Hussein et son régime ». Wolfowitz est persuadé, en cette fin 2001, que le dictateur irakien continue à amasser des armes de destruction massive. Surtout, il est convaincu que l'Irak, une fois Saddam renversé, deviendra une démocratie et que les autres pays de la région suivront rapidement le même chemin. Un « nouveau Moyen-Orient » émergera alors, tout entier acquis aux valeurs de liberté défendues par les Etats-Unis...

Il va lui falloir quelques mois pour imposer sa conception. Même en cherchant bien, la CIA ne parvient pas à démontrer que Saddam Hussein est derrière les attentats du 11 Septembre ou qu'il ait jamais eu le moindre lien avec les réseaux d'Oussama Ben Laden. Wolfowitz n'en continue pas moins à plaider sa cause. En janvier 2002, il peut se féliciter d'entendre George W. Bush, dans un discours sur l'état de l'Union, citer l'Irak parmi les pays de « l'axe du Mal ». Il lui faudra cependant patienter quelques mois encore, jusqu'en août 2002, pour que le renversement de Saddam Hussein soit définitivement inscrit sur l'agenda de la Maison-Blanche. Le 26 août 2002, le vice-président Dick Cheney évoque pour la première fois une « attaque préventive » que justifierait « la menace nucléaire irakienne ». C'est le début d'une formidable opération de désinformation qui va servir de prétexte à la guerre. Les Américains accusent Saddam Hussein d'avoir reconstituer les armes de destruction massive détruites pendant les quatre années de travail des inspecteurs de l'ONU et de dissimuler un arsenal chimique et bactériologique. Après la chute de Bagdad, le monde découvrira qu'il n'en était rien, tout simplement parce que le pays, exsangue après dix années d'embargo, n'en avait pas les moyens.

Tractations à l'ONU

C'est dans le palais de verre des Nations unies, à New York, que se joue le premier épisode de la guerre d'Irak. Les diplomates se mettent d'accord, au cours de l'été 2002, sur un système d'inspection renforcée. Les uns espèrent pousser Saddam à la faute, les autres, au contraire, clore enfin le dossier des sanctions. Saddam Hussein finit par donner son accord, le 16 septembre, au retour des inspecteurs de l'ONU qu'il avait expulsés en 1998. Pendant des semaines, Américains et Britanniques d'un côté, Français et Russes de l'autre vont batailler ferme. Les premiers veulent obtenir du Conseil de sécurité qu'il autorise le recours automatique à la force en cas de violation par l'Irak de ses obligations, les seconds s'y opposent. Un texte de compromis – la résolution 1441 – est finalement adopté à l'unanimité le 8 novembre. Mais les divergences demeurent. Car George W. Bush est déterminé à entrer en guerre et le Premier ministre britannique Tony Blair est bien décidé à le suivre.

Le 5 février 2003, le secrétaire d'Etat américain Colin Powell s'adresse directement au Conseil de sécurité. Flanqué de George Tenet, le patron de la CIA, il assure qu'il a toutes les preuves de la duplicité de Saddam. Le dictateur irakien, dit-il, a entrepris des recherches « sur des douzaines d'agents biologiques provoquant des maladies telles que la gangrène gazeuse, la peste, le typhus, le choléra, la variole et la fièvre hémorragique ». Pour faire bonne mesure, il affirme aussi qu'il existe un lien entre Saddam Hussein et la centrale terroriste al-Qaida. Croit-il ce qu'il dit ? Colin Powell reconnaîtra après la guerre avoir été trompé par les services de renseignements américains. A moins qu'il n'ait été complice… Le 14 février, c'est au tour de Dominique de Villepin, le ministre des Affaires étrangères français, de prendre la parole dans l'enceinte de l'ONU. Mettant en garde contre les « risques considérables » d'une intervention militaire, il plaide, au nom d'un « vieux pays » qui a connu « les guerres, l'occupation, la barbarie », pour que la priorité soit donnée au désarmement pacifique de l'Irak. Son discours est salué par des applaudissements nourris. Américains et Britanniques, soutenus par les Espagnols, n'ont pas renoncé pour autant à obtenir du Conseil de sécurité un nouveau texte validant leur projet de guerre. Les réunions se succèdent aux Nations unies. Chacun s'efforce de convaincre ses alliés. L'Europe est divisée : « nouveaux » Européens, les pays de l'Est s'alignent sur Washington, tandis que Berlin soutient Paris. Au Conseil de sécurité, six pays « flottants » – Chili, Mexique, Guinée, Angola, Cameroun et Pakistan – sont ardemment courtisés par les deux camps. Le 10 mars, le ministre des Affaires étrangères russe Igor Ivanov promet que

Moscou mettra son veto à une résolution anglo-américaine autorisant le recours à la force. Jacques Chirac fait de même quelques heures plus tard, au cours d'une interview sur TF1. Washington et Londres renoncent alors à soumettre leur texte au Conseil de sécurité dont les débats sont ajournés. Le 17 mars, la Maison-Blanche annonce que les Etats-Unis rentreront en guerre si Saddam Hussein n'a pas quitté le pouvoir dans les quarante-huit heures. Les inspecteurs de l'ONU font leurs bagages. Le 20 mars, les premières bombes anglo-américaines s'abattent sur la capitale irakienne et sur les puits de pétrole du sud du pays.

« Choc et stupeur »

La coalition rassemblée derrière la bannière de George W. Bush et Tony Blair n'a pas l'ampleur de celle qui avait été constituée pour la guerre du Golfe. Elle compte néanmoins une trentaine de pays, même si la participation de nombre d'entre eux est largement symbolique. Plus de 300 000 hommes sont engagés. Contrairement à ce qui s'était passé en 1991, la campagne aérienne et le déploiement des forces terrestres sont cette fois menés de front. Quelques heures après les premiers bombardements, dans la soirée du 20 mars, les premières troupes franchissent la frontière du Koweït où elles avaient été déployées. Dès le lendemain, les Royal Marines britanniques prennent le contrôle des stations de pompage de pétrole de la péninsule de Fao, dans le sud de l'Irak. Commence alors une campagne de bombardements intensifs baptisée « Choc et stupeur ». Objectif : écraser l'adversaire, annihiler surtout sa volonté de combattre par une démonstration de force spectaculaire. Les infrastructures sont tout particulièrement visées, qu'il s'agisse des moyens de communication, des transports, de la distribution de l'eau, de l'électricité…

Les attaques terrestres visent aussi bien le sud que le nord du pays. Le 23 mars, de violents combats opposent les troupes alliées aux soldats irakiens à Oum Qassr, Nassiriya et Bassora, dans le Sud. Trois jours plus tard, 1 000 soldats de la 173e brigade de l'armée américaine sont parachutés au Kurdistan, au nord, où les combattants kurdes profitent de l'abandon par l'armée irakienne de plusieurs positions visées par les raids américains pour avancer en direction de Kirkouk. Le 3 avril, les troupes américaines s'emparent de la ville sainte chiite de Nadjaf. Le 9, elles prennent le contrôle de Bagdad. Elles y investissent d'abord le quartier du pouvoir sur la rive droite du Tigre : le palais de la République, lieu d'accueil des hôtes du régime, les principaux ministères. En plein centre de la capitale irakienne, place Al-Ferdaous, quelques badauds et autant de journalistes assistent au déboulonnage d'une statue de Saddam Hussein par un blindé américain. Les Britanniques contrôlent de leur côté Bassora, au sud, tandis que les Kurdes, soutenus par les Américains, s'emparent de Mossoul, au nord. Le 13 avril enfin, les troupes américaines entrent dans Tikrit, la ville natale du dictateur où son demi-frère, Barzan al-Tikriti, est arrêté. Les chefs des tribus demandent l'arrêt des bombardements pour négocier la reddition des miliciens. Le 1er septembre, George W. Bush annonce, depuis le porte-avions *Abraham Lincoln*, que « l'essentiel des combats est terminé ». Washington dépêche sur place quelques dirigeants de l'opposition qui se voient distribuer de luxueuses villas dans les quartiers chic de Bagdad et nomme un diplomate, Paul Bremer, pour piloter la reconstruction.

La pacification du pays est cependant loin d'être acquise. Et le tyran reste introuvable, de même que la plupart des dirigeants du régime. Commence alors une véritable chasse aux baasistes. Le Pentagone distribue à ses troupes un jeu de cinquante-cinq cartes qui représentent les personnalités les plus recherchées. Dès la mi-juin, les forces américaines repartent à l'assaut contre les pro-Saddam qui harcèlent la coalition dans le « triangle » sunnite, dans le nord et le nord-ouest du pays. De violents combats ont lieu à Fallouja, puis à Mossoul où les deux fils et le petit-fils du dictateur sont tués. La tête de Saddam Hussein est mise à prix : les Américains offrent une récompense de 25 millions de dollars pour toute information qui conduirait à sa capture.

L'escalade de la violence

Dès l'été 2003 les attentats se multiplient : 22 morts le 19 août au siège de l'ONU à Bagdad, plus d'une centaine dix jours plus tard à Nadjaf, dont l'ayatollah Mohammad Baqir al-Hakim, le chef de l'Assemblée suprême de la révolution islamique en Irak (ASRII), l'une des personnalités chiites les plus respectées. Le 3 septembre, le premier gouvernement de l'après-Saddam prête serment à Bagdad. Toutes les tendances de l'exil y sont représentées, mais elles sont en désaccord sur à peu près tout... Les Kurdes veulent d'abord s'assurer de leur autonomie et du contrôle des puits de pétrole du Nord, les chiites, majoritaires, sont divisés en multiples factions plus ou moins proches de Téhéran, les sunnites, qui vont figure de vaincus, sont tentés de se radicaliser. D'attaque en représailles, l'insécurité est totale. A la mi-septembre, on déplore plus de 20 attentats par jour en moyenne. Aux 13 000 Irakiens, dont 4 300 civils, tués pendant l'offensive viennent chaque jour s'ajouter des dizaines d'autres. A la mi-septembre, l'Amérique compte déjà plus de soldats morts après la fin des hostilités que pendant la guerre proprement dite. Et Saddam, lui, court toujours. Une poignée d'autres dirigeants ou membres de son clan ont été tués ou interpellés, un seul – l'ex-chef de sa diplomatie, Tarek Aziz – s'est rendu. Mais lui continue à se terrer.

13 décembre 2003 : une escouade de Marines pénètre dans une ferme des environs de Tikrit. Ils se dirigent vers une cache aménagée en sous-sol dont l'entrée est dissimulée par des briques et des ordures. De ce trou à rats ils extirpent un homme hirsute et hagard qui les exhorte à ne pas tirer. L'homme n'offre aucune résistance, indique sans se faire prier qu'il est bien Saddam Hussein, le « raïs », et se prête sans rechigner,

sous l'œil d'une caméra, aux prélèvements de salive destinés à vérifier son ADN. On retrouvera dans son terrier 750 000 dollars en liquide, ainsi qu'un pistolet et deux kalachnikovs. L'emplacement, une ferme appartenant à l'un de ses anciens aides de camp, aurait été révélé par un membre de sa famille au cours d'un interrogatoire. Incarcéré au Camp Cropper, près de l'aéroport de Bagdad, l'ex-dictateur est condamné le 5 novembre 2006 par le Tribunal spécial irakien chargé de juger les crimes du régime et pendu au petit matin du 30 décembre, dans les sous-sols d'une ancienne caserne du renseignement militaire du quartier chiite de Kadhimiya à Bagdad. Il est enterré le lendemain, à la sauvette, dans son village natal d'Aouja, près de Tikrit.

La neutralisation du tyran ne signifie pas, loin s'en faut, l'arrêt de la violence. A la fin de l'année 2006, l'Organisation mondiale de la santé (OMS) fait état de plus de 150 000 civils irakiens tués entre 2003 et 2006. L'ONU avance pour sa part le chiffre de 34 000 pour la seule année 2006. On est loin des espoirs que nourrissaient Paul Wolfowitz et les néoconservateurs lorsqu'ils prédisaient que la démocratie fleurirait en Irak avant de s'étendre à toute la région… Les Américains ont gagné la guerre, mais ils ont perdu la paix.

Les ratés de la reconstruction

La mauvaise gestion des premiers mois de l'après-guerre explique pour une large part les difficultés qui ont émergé par la suite. Dès les premières heures qui suivent la prise de Bagdad, la capitale est livrée aux pillards. Les soldats américains laissent faire, une attitude que leur reprocheront par la suite nombre d'Irakiens. Mais c'est surtout la façon dont l'Irak occupé est administré qui va accentuer les divisions et précipiter le pays dans la guerre civile. Les arabisants du Département d'Etat avaient tiré la sonnette d'alarme à plusieurs reprises, expliquant que la mise en place d'une démocratie serait difficile dans cette mosaïque de tribus et de communautés qu'est l'Irak. Or ils sont systématiquement écartés par le Pentagone de la planification et de la supervision de l'après-guerre. Donald Rumsfeld, le secrétaire à la Défense, accorde toute sa confiance à un riche exilé chiite proche des néoconservateurs, Ahmed Chalabi, dont certains conseils vont se révéler désastreux. Ce n'est que le 20 janvier 2003, huit semaines avant le déclenchement de l'opération, que le Pentagone crée un Bureau de la reconstruction et de l'aide humanitaire (ORHA). Mais jamais les effectifs américains, qu'il s'agisse des militaires ou des personnels civils, ne seront à la hauteur des enjeux. Deux décisions, surtout, prises par Paul Bremer au cours des premiers mois ont de graves conséquences : la brutale « débaasification » du pays, visant à nettoyer l'administration irakienne de tous les membres de l'ex-parti unique, voulue par Chalabi, et la dissolution de l'armée de Saddam Hussein. Ces deux décrets privent littéralement le pays de sa colonne vertébrale. Ils condamnent en outre au chômage, du jour au lendemain, des milliers de fonctionnaires et de militaires irakiens, sunnites pour la plupart. Beaucoup d'entre eux, loin d'être des militants convaincus, n'avaient pris leur carte du parti que pour pouvoir faire carrière. Leur exclusion, alors que les chiites, majoritaires dans le pays, se voient confier pratiquement tous les pouvoirs, favorise la naissance d'un mouvement insurrectionnel auquel vont largement adhérer les principales tribus sunnites du centre du pays. Cette rébellion est instrumentalisée par la centrale terroriste d'Oussama Ben Laden, laquelle trouve là un nouveau terrain de bataille contre Washington. Les Américains finiront par se rendre compte de leur erreur. Une nouvelle stratégie est mise en place sous la houlette du général David Petraeus, qui réussit, à partir de 2008, à retourner les tribus sunnites en enrôlant et en rétribuant leurs miliciens, isolant ainsi al-Qaida. Parallèlement, les chiites au pouvoir sont priés de mettre en œuvre une politique de réconciliation nationale. Les élections régionales du 31 janvier 2009 marquent le retour de la minorité sunnite dans le jeu politique. Moins d'un mois plus tard, le 27 février, le nouveau président américain Barack Obama annonce le retrait progressif des troupes américaines.

Un peu plus de dix ans après l'intervention anglo-américaine, l'Irak, débarrassé de son tyran, reste encore un pays très instable. Au nord, les Kurdes sont ceux qui ont le mieux tiré leur épingle du jeu. Ils ont obtenu une large autonomie, sont protégés par leurs propres milices, et leur région, grâce à ses ressources pétrolières, est en pleine expansion. Les chrétiens ont presque tous été contraints à l'exil.

Mais chiites et sunnites continuent de s'affronter. Les premiers, majoritaires, dirigent le pays à travers le parti islamiste Dawa et le Premier ministre Nouri al-Maliki. Les seconds, marginalisés, sont les grands perdants. Depuis le départ, en 2011, de l'armée américaine, la situation sécuritaire s'est plutôt dégradée. Après une relative embellie en 2009 et 2010, le nombre de tués a augmenté en 2012, puis de nouveau en 2013. Selon l'ONU, durant le seul mois d'avril 2013, plus de 700 personnes ont été tuées et 1 600 blessées lors d'affrontements entre chiites et sunnites. Cette instabilité explique sans doute pour une large part que le pays, pourtant le 10e producteur de pétrole au monde, ne figure qu'au 132e rang mondial (sur 187) dans le tableau des Nations unies qui mesure l'indice de développement humain à travers toute une série de critères.

Le retour de l'isolationnisme

La guerre d'Irak a aussi changé la donne régionale. Paradoxe ? Ce sont les mollahs iraniens qui sont les principaux bénéficiaires de la victoire américaine. En chassant Saddam Hussein, George W. Bush les a en effet débarrassés de leur principal ennemi. En outre, les leaders des partis chiites qui se partagent le pouvoir aujourd'hui à Bagdad sont tous peu ou prou les obligés des autorités iraniennes, qui les avaient accueillis à l'époque de Saddam. L'Irak subit donc aujourd'hui largement l'influence de l'Iran, un pays ouvertement opposé à Washington sur plusieurs dossiers. Conséquence :

les pétromonarchies sunnites du Golfe, elles, soutiennent l'opposition sunnite, y compris dans sa déclinaison la plus extrémiste… Une situation que la récente guerre civile en Syrie ne pouvait qu'aggraver, les sunnites prenant fait et cause pour la rébellion contre le régime de Bachar el-Assad, aidé, lui, par Téhéran.

Enfin, la guerre d'Irak a changé l'Amérique, et pas seulement à cause du scandale de la prison d'Abou Ghraib[1]. Les Américains ont appris à leurs dépens qu'il était illusoire de prétendre contrôler un pays de près de 35 millions d'habitants, sauf à y mobiliser pendant plusieurs années des effectifs énormes, ce que même la première puissance mondiale ne peut se permettre. Après l'Afghanistan, l'Irak a sans doute fait prendre conscience à l'Occident des difficultés du *nation building* dans des pays qui, contrairement à l'Allemagne de 1945, n'ont aucune tradition démocratique et dont les lignes de fracture sont communautaires. La guerre d'Irak et ses 4 486 morts américains expliquent très certainement les réticences de Barack Obama à engager l'armée américaine dans de nouveaux conflits. En Libye, il n'a pas voulu être en première ligne, préférant laisser ce rôle aux Français et aux Britanniques. En Syrie, il reste depuis le début de la crise d'une extrême prudence. Il a ainsi, au cours de l'été 2013, bloqué une initiative conjointe du Département d'Etat et du Pentagone qui sou-

1. Des prisonniers irakiens torturés et humiliés par les militaires américains chargés de les surveiller. Le scandale avait éclaté en 2004 à la suite de la diffusion de photos explicites.

haitaient livrer des armes aux insurgés. Echaudés par la guerre d'Irak – et par celle d'Afghanistan –, les Américains ne veulent plus aujourd'hui jouer les policiers du monde. Selon un sondage publié en mai 2013, au plus fort de la guerre civile en Syrie, ils étaient près des deux tiers (62 %) à se dire opposés à toute action militaire dans ce pays. Après avoir pendant plus d'un demi-siècle dominé le monde, l'Amérique semble aujourd'hui renouer avec l'isolationnisme de l'entre-deux-guerres. D'où l'extrême prudence du président actuel.

Dominique LAGARDE

Bibliographie sélective

Hans Blix, *Irak, les armes introuvables*, Fayard, 2004.

Frédéric Bozo, *Histoire secrète de la crise irakienne*, Perrin, 2013.

George W. Bush, *Instants décisifs*, Plon, 2010.

Thomas Cantaloube et Henri Vernet, *Chirac contre Bush, l'autre guerre*, JC Lattès, 2004.

Alain Frachon et Daniel Vernet, *L'Amérique des néo-conservateurs. L'illusion messianique*, Perrin, coll. « tempus », 2011.

Jean Guisnel, *Bush contre Saddam. L'Irak, les faucons et la guerre*, La Découverte, 2003.

Henry Laurens, *L'Orient arabe à l'heure américaine*, Hachette, coll. « Pluriel », 2008.

Pierre-Jean Luizard, *La Question irakienne*, Fayard, 2004

Jean-Marc de La Sablière, *Dans les coulisses du monde*, Robert Laffont, 2013.

19

La Libye : de la tyrannie à l'anarchie (2011)

Dans le sillage de ses voisins, le Tunisien Ben Ali et l'Egyptien Moubarak, Muammar Kadhafi, guide ô combien déroutant, aura lui aussi été balayé par l'harmattan du Printemps arabe. Parrain d'une insurrection hétéroclite, l'Occident, France en tête, peut certes se prévaloir d'un succès militaire. Mais la Libye, livrée au chaos, à la loi des milices et aux pulsions séparatistes, doit encore s'inventer un « après ». Quant à l'espace sahélien, il paiera longtemps les arriérés d'une aventure dont l'impact géopolitique fut amplement sous-estimé.

Nicolas Sarkozy espérait cueillir, à la faveur de sa campagne libyenne millésime 2011, son bâton de maréchal. Sans doute croyait-il aussi solder ainsi à bon compte les égarements et les palinodies de Paris envers le prologue tunisien d'un tumultueux Printemps arabe. Et escamoter le souvenir du traitement princier réservé à l'ex-paria Muammar

Kadhafi, lorsqu'il vint en décembre 2007 planter sa tente bédouine climatisée sur la pelouse de l'hôtel de Marigny, à deux pas du palais de l'Elysée. Las ! Ce scénario rose fera long feu. Les stratèges hexagonaux devront céder les commandes de l'offensive militaire, plus laborieuse qu'escompté, à ceux du Pentagone ; le procès en complaisance vis-à-vis du guide de la *Jamahiriya* – la République des masses – « libyenne, arabe, populaire et socialiste », poursuivra longtemps encore le prédécesseur de François Hollande, suspecté d'avoir monnayé ses faveurs diplomatiques ; quant à la « Libye nouvelle », Etat failli de naissance et livré d'emblée à l'arbitraire de phalanges rivales, elle ne s'est affranchie de son tyran que pour plonger dans une sanglante pagaille, au risque d'instaurer durablement un foyer d'instabilité en lisière d'une aire sahélienne anémiée par le travail de sape des djihadistes et des trafiquants de tout poil.

Là est le legs mortel de Kadhafi, sa vengeance posthume. Car ce Lénine des sables s'échina au fil de ses quarante-deux ans de règne à dissoudre les institutions étatiques dans le bain d'acide de ses chimères, théorisées au fil des trois tomes de son *Livre vert*, bréviaire utopiste et grandiloquent. Point de citoyens, mais des sujets astreints à jouer les figurants au sein de « comités populaires », répliques en toc de conseils élus. Pas d'armée digne de ce nom, mais des unités d'élite à la loyauté d'airain et un dense réseau de *mukhabarat*, agents de renseignements à la vigilance implacable. Et guère de nation, mais une galaxie de principautés tribales dont l'allégeance s'achetait à prix d'or noir. Dire que le jeune « officier libre » nassérien, fils unique d'un berger miséreux né selon la légende sous une guitoune en peau de chèvre, fut en 1969, année héroïque, la figure de proue du putsch fatal à la monarchie de l'indolent Idriss Ier, souverain parti suivre en Turquie sa cure thermale annuelle… C'est à lui qu'échut l'honneur de donner lecture du premier communiqué, idéaliste en diable, du Conseil de commandement de la Révolution. « L'espoir du monde arabe », tranche alors Georges Pompidou, fraîchement installé à l'Elysée. Pourvu d'une inépuisable garde-robe – du boubou chamarré à l'uniforme d'opérette –, Kadhafi endossera tour à tour divers costumes de scène. Celui du prophète de la *Oumma* arabe, la communauté des croyants, acharné à marier sa Libye à ses voisins. Celui du bienfaiteur de terroristes affublés, sous toutes les latitudes, d'un faux nez de « combattants de la liberté ». Celui, aussi, du paria repenti, disposé pour passer à temps sur la bonne rive de « l'axe du Mal » à brader son arsenal nucléaire et chimique. Celui, enfin, du « roi des rois traditionnels d'Afrique », continent qu'il étouffait sous son impérieuse sollicitude.

L'embrasement

Vue des bords de Seine, la « der des ders » de Muammar s'engage le 19 mars 2011, lorsqu'une poignée de Rafale et de Mirage 2000 frappés de la cocarde bleu-blanc-rouge vitrifient la colonne blindée « loyaliste » qui fonce sur Benghazi, berceau de l'insurrection. Illusion d'optique. Car la révolution, annoncée çà et là dès janvier par de timides défilés, a commencé au cœur de l'indocile capitale de la Cyrénaïque un bon mois plus tôt. Le 15 février, l'arrestation de l'avocat dissident Fathi Tirbil, opiniâtre défenseur des droits de l'homme, déclenche devant le quartier général de la police et le siège du tribunal local des manifestations étouffées par la force. Le surlendemain, inspirés par les cousins de Tunis et du Caire – le raïs égyptien a fui son palais une semaine auparavant –, les meneurs décrètent *via* le réseau social Facebook une « journée de la Colère », dont l'onde de choc ébranle une demi-douzaine de villes. Epaulé par ses miliciens, le régime de Kadhafi réprime les rassemblements à balles réelles. Ce qui a pour effet de métamorphoser la bronca civique en émeute, puis en rébellion armée. Le 19, Benghazi tombe aux mains des insurgés. Lesquels, aidés en cela par les défections de soldats et de policiers, s'emparent bientôt, entre Tobrouk et Ras Lanouf, de toute la frange littorale orientale du pays, si riche en sites pétroliers. Ecœurés par la brutalité de la répression, d'éminents dignitaires de la *Jamahiriya* rallient le soulèvement. A commencer par le général Abdel Fatah Younès, ministre de l'Intérieur, et son homologue à la Justice, Mustapha Abdeljalil. Le premier, dont l'assassinat, le 28 juillet suivant, ne sera jamais élucidé, accède au rang de chef d'état-major des forces rebelles ; le second prend la tête d'un Conseil national de transition (CNT), établi à Benghazi, que « Sarko », grisé par les objurgations lyriques de l'écrivain et philosophe Bernard-Henri Lévy, s'empresse de reconnaître dès le 10 mars.

Tandis qu'à Tripoli le Guide déboussolé jure tantôt de ne jamais céder, tantôt de périr en martyr, flétrissant au détour de harangues hallucinées ceux qui osent le défier, relégués au rang de « rats » drogués par al-Qaida ou stipendiés par l'ennemi sioniste et ses alliés « croisés », les insurgés progressent péniblement vers Syrte, fief tribal des Kadhafi. Plus à l'ouest, la contagion gagne. Notamment à Misrata, enjeu portuaire et commercial primordial, à Zawiya et à Zenten, place forte arabo-berbère du Djebel Nafusa au sud-ouest de Tripoli. Il n'empêche : le vent ne tarde pas à tourner. Un temps désarçonné, le pouvoir, quoique désavoué par la Ligue arabe – à l'exception notable de l'Algérie, de la Syrie et du Yémen –, lance la contre-offensive et reconquiert à la mi-mars le verrou pétrolier d'Ajdabiya. Sur le papier, il est vrai, la *Jamahiriya* a l'avantage du nombre et de la puissance de feu. Selon le fameux International Institute for Strategic Studies (IISS) de Londres, Tripoli disposait en 2009 de 50 000 hommes, dont une moitié de conscrits, 800 chars, 400 canons autotractés, 600 pièces d'artillerie et 200 avions de combat. Inventaire un rien trompeur. Au dire des experts, moins de la moitié de l'effectif a l'étoffe des guerriers. D'autant que Kadhafi se méfie du tout-venant de sa troupe. Un signe : au printemps 2011, ses sergents recruteurs enrôlaient encore des supplétifs subsahariens, appelés à seconder une Légion islamique peuplée de mercenaires tchadiens, nigériens ou maliens. Quant à la suprématie terrestre et aérienne, minée au demeurant par le virus de la vétusté, elle se révèle d'un piètre secours dès lors que l'ennemi tient les airs. En face, le CNT aligne à l'en croire 17 000 combattants. Contingent étoffé au fil des semaines par l'afflux de volontaires et de transfuges, et fragmenté en une myriade de brigades mobiles, équipées pour l'essentiel de fusils automatiques, de mitrailleuses montées sur des pick-up, de lance-roquettes et de canons antiaériens. Pilonnage à l'arme lourde d'un côté ; raids, incursions et embuscades de l'autre : le ballet initial esquisse la dramaturgie des combats à venir.

Pendant ce temps, à 8 000 kilomètres de là, la France mène sur le front onusien une autre bataille. Et arrache à la hussarde, le 17 mars, le vote par le Conseil de sécurité de la résolution 1973 coparrainée par le Royaume-Uni et le Liban. Certes, la Russie, la Chine et l'Allemagne s'abstiennent. Reste qu'au nom du devoir de protection des civils libyens, le texte instaure une *no fly zone* – zone d'exclusion aérienne – et autorise le recours aux bombardements et à « toute mesure nécessaire ». Seule option bannie : le déploiement terrestre. Bref, une manière de blanc-seing. Il était temps. Car l'armée kadhafiste approche des faubourgs de Benghazi, précédée du serment de ses chefs : « Il n'y aura ni pardon ni pitié. »

Le bain de sang redouté n'aura pas lieu. Face à l'urgence, la mission de reconnaissance entreprise le 19 mars par quatre Mirage et deux Rafale change *in extremis* de nature. Il s'agit désormais d'anéantir quelques batteries de DCA ainsi que l'avant-garde blindée des assaillants. Décisif, ce raid n'est que le prélude à un intense matraquage mené par une coalition de 19 pays, dotée d'une impressionnante armada aérienne où les bombardiers furtifs B-2 Spirit de l'US Air Force côtoient les Tornado et les Eurofighter britanniques, les CF-18 canadiens ou les F-16 aux couleurs du Danemark, de l'Espagne, de la Belgique, du Qatar et des Emirats arabes unis. Pour le Guide et les siens, le danger vient non seulement du ciel, mais aussi de la mer. Pour preuve, le déluge de missiles Tomahawk lâchés par les sous-marins américains et britanniques croisant en Méditerranée.

Le spectre de l'ensablement

A Paris, on mise sur une débâcle rapide de l'ennemi. « Une affaire de jours ou de semaines, mais pas de mois », hasarde Alain Juppé, alors ministre des Affaires étrangères. Erreur : l'opération *Aube de l'Odyssée* durera plus d'un semestre. Pourquoi ? Quatre facteurs éclairent l'étirement de l'échéancier. D'abord, les Occidentaux sous-estiment la pugnacité de la garde prétorienne de la *Jamahiriya*, alliage d'unités d'élite commandées par des fils ou de zélés féaux de Muammar Kadhafi. Ensuite, et symétriquement, ils tendent à idéaliser la performance au combat de la nébuleuse insurgée, assemblage hétéroclite de volontaires à l'indéniable vaillance, mais dépourvus pour la plupart de savoir-faire militaire. Si maints officiers, sous-officiers ou hommes du rang ont embrassé la cause, on croise surtout au gré des lignes de front étudiants, enseignants, ouvriers, ingénieurs, magistrats ou infirmiers. « Pathétiques », confiera l'amiral Edouard Guillaud, alors chef d'état-major des armées, sidéré par l'amateurisme des rebelles. Troisième écueil, très vite palpable : l'hétérogénéité d'un CNT où se coudoient monarchistes, libéraux, islamistes, résistants de l'intérieur et « revenants » de la diaspora ; mais aussi la persistance, au sein de cette galaxie, de vieilles lignes de faille régionalistes. Historiquement perméables à la tentation séparatiste, les pionniers de Benghazi n'ont souvent que mépris pour la tiédeur révolutionnaire des Tripolitains. Quant aux assiégés de Misrata, acteurs d'une résistance homérique soudés par une conscience identitaire aiguë, ils revendiqueront un statut privilégié conforme à leurs mérites. Enfin, les tensions et divergences d'emblée patentes à l'intérieur même de la coalition entravent son efficacité opérationnelle. Au grand dépit de la France officielle, lâchée en l'espèce par Londres, le commandement du dispositif échoit à l'Otan. Ce qui, compte tenu des pesanteurs inhérentes au processus de décision en vigueur au sein de l'Alliance atlantique, ralentit le tempo des frappes. Missiles, drones, avions ravitailleurs : même si Washington retire précocement sa flotte de bombardiers « tueurs de chars », la suprématie de l'arsenal *made in USA* prive en outre Nicolas Sarkozy de son *leadership* chronologique. En clair, qu'il s'agisse du choix des cibles ou de l'agenda des raids, ce sont bien les Etats-Unis qui dirigent la manœuvre.

Une certitude : à la fin du printemps 2011, la hantise de l'enlisement affleure. Et pour cause… Sur le terrain, l'insurrection collectionne les revers. A l'évidence, le canardage à distance ne suffit pas. Voilà pourquoi Paris engage des hélicoptères d'assaut et parachute dans les sanctuaires rebelles des armements dernier cri. Voilà toujours pourquoi le parrain qatari intensifie lui aussi ses livraisons *via* la Cyrénaïque. Voilà enfin pourquoi, soucieux d'améliorer la coordination entre l'Otan et les troupes du CNT et de discipliner les mouvements erratiques de celles-ci, les forces spéciales françaises et britanniques et des « conseillers » à l'accent yankee prennent pied dans l'Est, au cœur de l'enclave portuaire de Misrata et dans le Djebel Nafusa.

C'est d'ailleurs de ces reliefs escarpés, négligés à tort par les stratèges du Guide, que viendra pour l'essentiel le salut. L'inflexion tactique se révèle payante. Le 15 juillet, les « montagnards » de Zenten font sauter le verrou de Gharyan, ouvrant la voie vers la capitale. Tout indique alors que le maillage protecteur du dernier carré kadhafiste s'effiloche. D'autant qu'à la mi-mai, les Misrati sont parvenus à bouter hors les murs les *snipers* infiltrés dans la ville. Pour ce faire, les *thuwar* – insurgés – perforent les murs des maisons et des courées, histoire d'avancer à couvert pour aller débusquer, au poignard si besoin, les francs-tireurs qui sèment la mort depuis le sommet de la tour Tamin, l'immeuble le plus élevé de l'avenue de Tripoli. Eux qui, dos à la mer, s'obstinaient à défier Kadhafi, ses roquettes, ses obus de mortier et les chars de sa 32e brigade, aux ordres de son rejeton Khamis, réussissent enfin à desserrer l'étau.

Une guerre sans fin ?

Reste désormais à orchestrer la jonction qui hâtera la prise en tenaille d'un bastion tripolitain que certains croient encore inexpugnable. Voilà des semaines que les insurgés, épaulés par leurs mentors occidentaux, infiltrent armes et combattants dans la capitale. Pour sortir de l'ombre, leurs cellules dormantes n'attendent plus que l'appel de la Sirène, nom de code de cette opération *ad hoc*. Il retentit en août, au beau milieu du mois de jeûne du ramadan. Le 19, Zawiya, cité côtière stratégique à l'ouest de Tripoli, cède. Pendant ce temps, les maquisards de Zenten approchent par le sud et les *thuwar* de Misrata, acheminés par bateau, accostent discrètement à bord de canots pneumatiques dans le port de plaisance d'Abou Seïta, à l'est de la capitale ; là où, ironie de l'histoire, mouille le yacht de Saadi, autre héritier de Muammar Kadhafi. Deux jours plus tard, les rebelles sont dans la place. Leur objectif : le palais-caserne de Bab al-Aziziya. Le Guide disparaît l'avant-veille de la chute de son fortin, conquis le 23. Son épouse Safia et trois de ses enfants – Aïcha la pasionaria, enceinte jusqu'aux yeux, Mohamed et Hannibal – fuient par le désert en Algérie[1]. Fer de lance de l'estocade : la brigade

1. Depuis, Aïcha et Mohamed se sont établis à Oman, où ils ont obtenu l'asile politique. Longtemps réfugié à Niamey

du 17-Février, commandée par Abdelhakim Belhadj, un ancien du Groupe islamique combattant en Libye, phalange djihadiste réputée proche d'al-Qaida.

La conquête du bunker kadhafiste sonnerait-elle l'heure du cessez-le-feu ? Certes pas. D'autres bastions résistent encore : Syrte bien sûr, mais aussi l'oasis sudiste de Sebha, au cœur des dunes du Fezzan, et Bani Walid, fief d'une tribu loyale au régime aux abois. Il faut aussi et surtout mettre la main sur le tyran exécré. La traque dure deux mois et s'achève le 20 octobre dans une conduite de drainage en béton, théâtre d'un hallali barbare[2]. Rien ne refrène alors l'appétit de vengeance des vainqueurs. On retrouvera aux abords de l'hôtel Mahari de Syrte, non loin de l'ultime repaire de Kadhafi, les cadavres de 53 hommes exécutés par balle.

Trois jours après la mise à mort du caïd en cavale, Mustapha Abdeljalil, frêle timonier du Conseil national de transition, annonce solennellement la « libération » du pays. La Libye libérée ? De son fantasque garde-chiourme, soit. De ses démons, certes pas. Il ne suffit pas de rebaptiser en hommage aux « Martyrs » la place Verte, hier haut lieu des rassemblements mis en scène par la propagande maison, pour apurer le passé et assainir l'horizon. Réhabilité, le drapeau de

(Niger), Saadi a quant à lui été livré aux « autorités » de Tripoli le 6 mars 2014. Les trois autres fils du défunt colonel Kadhafi – Seif al-Arab, Khamis et Moatassim – ont péri durant les combats ou lors de la traque ultérieure.

2. Lire le chapitre consacré aux ultimes heures de Muammar Kadhafi dans *Les Derniers Jours des dictateurs* (Perrin, 2012 ; Pocket, 2014).

la monarchie, renversée le 1er septembre 1969, flotte non sur une nation, mais sur une mosaïque de baronnies régies par la seule loi des armes et travaillées par les prurits irrédentistes. Un indice parmi cent : trente mois après avoir capturé – le 19 novembre – Seif al-Islam Kadhafi, fils cadet du Guide, les miliciens de Zenten rechignaient toujours à le transférer à Tripoli. Le livrer à la Cour pénale internationale de La Haye ? Nul n'y a jamais songé. Les tombeurs de la *Jamahiriya* tiennent à juger – donc à condamner – ses caciques sur les lieux de leurs forfaits. Et il y a fort à parier que les mandats d'arrêt émis dès le 27 juin 2011 par la CPI à l'encontre de l'ex-héritier présomptif du défunt Muammar et du beau-frère et chef des services de renseignements de ce dernier, Abdallah al-Senoussi, arrêté à l'aéroport de Nouakchott (Mauritanie) en mars 2012 puis extradé, resteront lettre morte.

La Libye bascule bientôt dans le vertige, rançon du néant politique légué par Kadhafi. Dans la capitale comme ailleurs, les chefs de milice se taillent à la kalachnikov et au lance-roquettes des fiefs urbains. On se bat à Benghazi, à Zenten et dans le Sud-Est désertique, théâtre d'accrochages meurtriers entre tribus arabes, touarègues et toubboues. Mais on peut aussi s'emparer brièvement de l'aéroport de Tripoli ou dévaster le siège de la commission électorale. Bien sûr, le CNT s'efforce d'asseoir un semblant d'autorité, voire d'intégrer les insurgés au sein d'une armée à réinventer et d'une police embryonnaire. Bien sûr, les citoyens libyens élisent librement en juillet 2012 – exercice inédit – un Congrès général national (CGN), ersatz de parlement contrôlé en sous-main par les Frères musulmans et que noyauteront bientôt les boutefeux islamistes. Mais la tragédie de Benghazi, survenue quelques semaines plus tard, donne l'exacte mesure de la fragilité du processus de normalisation. Le 11 septembre, un commando d'Ansar al-Charia, faction salafiste de stricte obédience, attaque le consulat des Etats-Unis. Assaut fatal à l'ambassadeur américain Christopher Stevens et à trois de ses collaborateurs, un diplomate et deux agents de sécurité.

A Tripoli, où un attentat à la voiture piégée ravage l'ambassade de France le 23 avril 2013, les gangs armés prennent le pli d'investir ministères et bâtiments officiels pour imposer leurs desiderata. L'heure est au purisme révolutionnaire. Président du CGN et, *de facto*, chef de l'Etat par intérim, Mohamed al-Megaryef succombe en mai à cette surenchère. En démissionnant, ce vieux dissident ne fait qu'anticiper les effets d'une « loi d'exclusion » qui, adoptée sous la pression des milices, bannit des sphères du pouvoir quiconque a servi sous Kadhafi… Cinq mois plus tard, un commando de la « Cellule des opérations révolutionnaires » déboule dans l'hôtel Corinthia, palace voisin de la médina de Tripoli, pour y kidnapper en vertu d'un mystérieux « ordre du parquet » le Premier ministre Ali Zeidan. Certes, l'intéressé, qui sera d'ailleurs abruptement congédié le 11 mars 2014, recouvre sa liberté dans la journée. Reste que l'épisode perpétue une tenace impression de chaos. Impression entretenue par les affrontements meurtriers qui, à Benghazi, opposent gros bras « laïcs » et va-t-en-guerre islamistes. Sans doute faut-il imputer à cette guérilla la liquidation du colonel Mustapha al-Barghathi, chef de la police militaire libyenne, abattu sur le seuil de son domicile par des « inconnus ». Autre reflet, plus prosaïque, de l'impuissance d'une autorité centrale qui en manque tant, l'effondrement, durant l'été 2013, des recettes de l'or noir, qui procure au pays 96 % de ses revenus. Logique : emmenés par le charismatique trentenaire Ibrahim al-Jadran, les francs-tireurs fédéralistes de Cyrénaïque tiennent les terminaux pétroliers, dont ils verrouillent l'accès depuis l'été 2013, pour autant d'instruments de chantage. On les verra même, en mars 2014, marchander avec un mystérieux client une cargaison de brut, aussitôt enlevée par un tanker sous pavillon nord-coréen que les forces loyales à Tripoli tenteront vainement d'arraisonner. Périlleux défi, tant le spectre de la partition aspire dans son sillage celui de la guerre civile. Valeureuse mais vulnérable, la société civile libyenne n'échappe pas au primat de la violence. Pour preuve, l'assassinat, le 26 juillet 2013, d'Abdelsalam al-Mismari, avocat et militant renommé des droits civiques. Policiers, officiers, avocats, magistrats : en moins de deux ans, on aura recensé dans la seule ville de Benghazi une centaine de meurtres politico-crapuleux plus ou moins ciblés et perpétrés en toute impunité. Y compris à l'encontre d'étrangers, tel cet ingénieur français fauché à la kalachnikov le 2 mars 2014.

Boîte de Pandore

L'abîme ouvert ainsi sous les pas de la Libye nouvelle n'est pas, il s'en faut, qu'une affaire intérieure. Nul n'ignore combien le naufrage de la *Jamahiriya* a ébranlé le très fragile Sahel. L'ouverture à tous les vents d'arsenaux pléthoriques, le retour massif des travailleurs émigrés et des légionnaires de l'armée kadhafiste ont précipité le naufrage du Mali. Ils ont aussi garni les étals du marché noir de la terreur et stimulé la prolifération, du Sénégal au Nigeria, *via* la Mauritanie, l'Algérie, le Burkina Faso, le Niger, le Tchad, voire la République centrafricaine, des métastases terroristes. Aride, faiblement peuplé, cet immense espace de 8 millions de kilomètres carrés aux richesses largement inexploitées – pétrole, uranium, or, manganèse – n'avait pas besoin de cet afflux d'engins de mort, ultimes ingrédients d'un cocktail détonant où se mêlent porosité des frontières, faiblesse de l'Etat, pauvreté et tentations souverainistes. Et voilà que le Grand Sud libyen offre désormais aux fantassins du djihad global comme aux trafiquants d'armes, de drogue et de migrants, de nouveaux sanctuaires. Dont les stratèges occidentaux et tout le voisinage, de l'Egypte à la Tunisie *via* le Niger et le Mali, redoutent l'intense toxicité.

Ce pandémonium aurait-il surgi soudainement sur l'échiquier saharo-sahélien, poussé par le souffle de l'harmattan ? Evidemment non. A Paris et ailleurs, maints analystes civils et militaires avaient entrevu le potentiel explosif de la boîte de Pandore libyenne. Peine perdue : leurs mises en garde demeurèrent inaudibles pour des décideurs résolus à revêtir la toge du libérateur, quitte à voiler sous ses plis d'embarrassantes connivences passées. Là est sans doute la leçon la plus cruelle de ce conflit, réplique du précédent irakien : détrôner un tyran, si abject soit-il, ne garantit nullement la mue démocratique, et moins encore la stabilité régionale. En filigrane, les missiles Tomahawk, les F-16 et les Rafale auront laissé dans leur sillage d'autres enseignements. D'abord, et quoi qu'il en coûte aux orgueils nationaux, la permanence de la primauté américaine à la tête de tout dispositif militaire multinational d'envergure. Ensuite, le caractère inéluctable des dissensions au sein de l'Otan, qu'atteste l'hostilité de la Turquie aux raids aériens, et de l'Europe supposée unie, dont témoignent les réticences allemandes et polonaises. Enfin, la dimension aléatoire de la caution onusienne. Même si un tel manque de clairvoyance n'est guère à l'honneur de leurs diplomaties respectives, Moscou et Pékin auront beau jeu, pour justifier leurs obstructions futures, de reprocher au camp occidental de leur avoir forcé la main avant de dévoyer l'esprit de la résolution 1973.

Il paraît que la vérité est la première victime de toute guerre. Nul doute que l'illusion lyrique de la liberté au son du canon la suit de près. On entend d'ici l'aphorisme désabusé que pourrait énoncer un Woody Allen bédouin : « Dieu est mort, Kadhafi est mort, et la Libye elle-même ne se sent pas très bien. »

Vincent HUGEUX

Bibliographie sélective

Hélène Bravin, *Kadhafi, vie et mort d'un dictateur*, Bourin, 2012.

François Burgat et André Laronde, *La Libye*, PUF, coll. « Que sais-je ? », 2003.

Annick Cojean, *Les Proies. Dans le harem de Kadhafi*, Grasset, 2012.

Catherine Graciet, *Sarkozy-Kadhafi. Histoire secrète d'une trahison*, Seuil, 2013.

Patrick Haimzadeh, *Au cœur de la Libye de Kadhafi*, JC Lattès, 2011.

Bernard-Henri Lévy, *La Guerre sans l'aimer*, Grasset, 2011.

Isabelle Mandraud, *Du Djihad aux urnes, le parcours singulier d'Abdelhakim Belhadj*, Stock, 2013.

Mgr Giovanni Martinelli, *Evêque chez Kadhafi*, Bayard, 2011.

Alexandre Najjar, *Anatomie d'un tyran*, Arles, Actes Sud, 2011.

Jean-Christophe Notin, *La Vérité sur notre guerre en Libye*, Fayard, 2012.

20

Blitzkrieg au Mali (2013)

L'opération Serval *est venue contredire bien des analyses érigées en vérités absolues peu de temps avant son lancement inopiné début 2013. La France est intervenue pratiquement seule, contrairement au leitmotiv selon lequel ce cas de figure ne pouvait plus exister dans les conflits contemporains. Elle ne s'est pas enlisée dans les combats, comme le prédisaient un certain nombre d'oracles en brandissant le spectre de l'Afghanistan. Enfin, le thème de la « betteravisation » d'une armée de terre contrainte, après son retrait précipité d'Asie centrale, de revenir à une morne vie de caserne s'est révélé caduc.*

Une *petite guerre…* aux grands effets stratégiques. C'est ainsi que l'on peut résumer ce qui s'est joué au début de l'année 2013 dans le nord du Mali, sans diminuer en rien l'incroyable tour de force logistique et opérationnel de la France salué par tous ses alliés, notamment africains. En trois semaines, la Défense a engagé au Sahel 1 500 véhicules, une cinquantaine d'avions et d'hélicoptères de combat et de transport et projeté plus de 4 000 hommes[1], grâce notamment au soutien logistique de quelques pays alliés. Dans ce pays grand comme deux fois et demie l'Hexagone a été déversé en quelques semaines un flux logistique équivalent à ce qui était sorti d'Afghanistan durant toute l'année 2012[2]. La chaleur extrême (jusqu'à 65 °C), les élongations, la nature chaotique et changeante du terrain – entre sable et paysage lunaire – ont imposé aux hommes et aux machines des contraintes extrêmes. Mais cela n'a entravé ni la vélocité ni la combativité française. Le raid français a conduit les premiers commandos des forces spéciales dans le nord du pays une vingtaine de jours seulement après le début de *Serval.* Une véritable *blitzkrieg* dans les sables et les roches. Fin mars, les opérations les plus chaudes étaient achevées. Le 11 juillet 2013, soit six mois après le début des hostilités, l'ONU prenait le relais avec la MINUSMA[3]. Et un mois plus tard une élection présidentielle, conduite dans des conditions convenables[4], donnait enfin au pays un pouvoir

1. Plus de 5 000 militaires ont été mobilisés au total sur cette opération.

2. *Bilan géostratégique*, hors série, *Le Monde*, 2013.

3. Mission des Nations unies pour la stabilisation du Mali. Elle a succédé à la MISMA, la force africaine de soutien au Mali, qu'elle a intégrée.

4. Le 18 juin un accord est signé à Ouagadougou (Burkina Faso) entre les autorités maliennes et les groupes rebelles, dont le MNLA (Mouvement national de libération de l'Azawad/ Touaregs), pour la tenue d'une élection présidentielle et la présence de forces maliennes dans le Nord.

légal issu des urnes. Un résultat inconcevable quelques mois plus tôt et qui n'était pas gagné d'avance…

L'opération *Serval* – du nom d'un petit félin africain malin et furtif – s'est faite dans un cadre d'ordre fixé par le chef des armées, François Hollande, dont tous les témoignages militaires recueillis convergent pour le qualifier de « très clair et de particulièrement musclé ». La France n'a pas découvert le dossier en 2013. Le ministre de la Défense, Jean-Yves Le Drian, œuvrait depuis des mois pour sensibiliser non sans mal la communauté internationale à la nécessité d'une intervention africaine avec soutien occidental pour sauver le Mali et le Sahel de la gangrène salafo-djihadiste. Paris ne pouvait que s'alarmer de voir qu'en dix ans à peine le GSPC[5], un tout petit groupe de combattants salafistes rescapés de l'effroyable guerre civile algérienne (200 000 morts), était parvenu à se constituer un énorme trésor de guerre grâce au business des enlèvements d'Occidentaux (plusieurs dizaines de millions d'euros) et à nouer des liens étroits avec la population, jusqu'à marier certains de ses chefs de guerre avec des jeunes filles des grandes tribus de Tombouctou, pour finir par occuper le nord du Mali avec l'aide d'alliés locaux indépendantistes touaregs de circonstance. Adoubé par al-Qaida, le GSPC, devenu al-Qaida au Maghreb islamique (AQMI), a progressivement étendu son ombre dans toute la région, formant et finançant certains groupes terroristes, notamment maurita-

5. Groupe salafiste de prédication et de combat.

niens ou nigérians (Boko Haram)[6]. Des notes des renseignements français soulignaient d'ailleurs la volonté des islamistes de pousser leurs pions encore plus loin, notamment au Sénégal où les Français – cibles privilégiées – sont très nombreux.

Membre permanent du Conseil de sécurité, la France se sentait un peu seule à porter le dossier sahélien. Personne ne souhaitait vraiment s'en saisir, ni l'Union européenne qui estimait qu'il n'y avait que des coups à prendre en Afrique, ni la Communauté des Etats de l'Afrique de l'Ouest (CEDEAO), dont nombre de chefs d'Etat étaient eux-mêmes confrontés à des troubles intérieurs. Encore moins les Etats-Unis, de plus en plus enclins à l'isolement et au recentrage asiatique. Ce n'est donc que très mollement que les Etats africains s'étaient déclarés prêts à intervenir militairement, en 2013, dans un cadre onusien, avec l'aide logistique des Européens, Français en tête, pour libérer le Nord-Mali. Mais les risques d'ensablement du projet étaient encore nombreux. Puissance tutélaire dans la région, l'Algérie voyait d'ailleurs d'un mauvais œil cette implication de l'ancienne puissance coloniale dans son pré carré. Elle veillait au grain depuis longtemps sur le sud de son immense frontière passoire et semblait se satisfaire du statu quo, parrainant au fil des ans des accords éphémères entre Bamako et les Touaregs du Nord, jouant double ou triple jeu

6. Lire notamment : « L'expansion d'al-Qaida au Maghreb islamique dans le nord de l'Afrique » par le commissaire divisionnaire Philippe Migaux, *Bulletin de la réunion des officiers de réserve du service d'état-major*, n° 658, décembre 2012.

avec les groupes terroristes en fonction de ses intérêts. Tout le monde marchait donc sur des œufs… sauf les djihadistes des Katibas (groupes de combat) commandés par deux Algériens, Abdelhamid Abou Zeid[7] et Mokhtar Belmokhtar[8]. On en était là en décembre 2012, dans une sorte de surplace donnant aux djihadistes dans toute la bande sahélienne un ascendant psychologique considérable renforcé par leur capacité à acheter les hommes et les consciences grâce aux fruits de leurs multiples trafics.

Coup d'arrêt

Le 11 janvier 2013, Paris décide donc d'intervenir de vive force à la demande du gouvernement provisoire de Bamako et de la communauté internationale. L'objectif est d'éviter qu'une coalition hétéroclite de djihado-terroristes et d'indépendantistes ne vienne submerger le sud du pays après en avoir occupé le nord l'année précédente. Deux colonnes d'assaut (plus d'un millier de combattants) foncent depuis la veille sur la « ligne de démarca-

---

7. Tué au combat dans le nord du Mali (bataille de Tigharghâr) en février. Remplacé en septembre 2013 par l'Algérien Saïd Abou Moughatil.

8. Surnommé « M. Marlboro » ou « le borgne », il a combattu en Afghanistan et fait passer son infirmité accidentelle pour une blessure de guerre. Grand trafiquant (cigarettes, otages, armes, drogues, etc.), il a été condamné à mort par contumace par Alger. En 2013, il prend ses distances avec AQMI, qui lui reproche son indépendance et ses trop nombreux trafics. En 2013, les Américains mettent sa tête à prix pour 5 millions de dollars.

tion » : elles mêlent des Touaregs convertis à la charia (Ansar Dine[9]), des islamo-mafieux locaux (le MUJAO[10]) sous la conduite de djihadistes étrangers aguerris d'AQMI. Les véhicules tout-terrain équipés de canons sans recul, de mitrailleuses lourdes et de lance-roquettes, chargés chacun de cinq à quinze combattants, remplacent les rezzous à dos de dromadaires des expéditions d'antan. Les deux groupes progressent à l'est vers Diabali, à l'ouest vers Mopti-Sévaré. Deux verrous qu'ils veulent forcer pour déferler vers le sud.

La France ne laisse pas passer une si belle occasion, car les djihadistes sont pour la première fois massivement à découvert et en mouvement. Elle frappe les colonnes d'assaut avec d'autant plus de succès qu'elle dispose de forces prépositionnées, notamment ses forces spéciales (Burkina Faso) et ses avions de combat (Tchad). Une bonne nouvelle inattendue vient en outre de l'Algérie[11]. Le président Bouteflika accepte très vite – le 14 janvier – un survol de son espace aérien par des chasseurs Rafale partis de France (Saint-Dizier) pour un raid

9. Les défenseurs de l'Islam.

10. Le Mouvement pour l'unicité et le djihad en Afrique de l'Ouest.

11. Le 16 janvier, soit cinq jours après l'intervention française, l'Algérie est victime d'une attaque terroriste de grande ampleur : son site gazier de Tiguentourine (1 600 kilomètres au sud d'Alger, à deux pas de la frontière libyenne) est attaqué par un commando djihadiste. Tous les membres du commando (32) seront tués ainsi que 38 otages. Compte tenu de l'ampleur de l'attaque, il est fort possible qu'elle ait été préparée de longue date et exécutée dans l'urgence, suivant l'évolution du théâtre malien.

de 4 000 kilomètres[12]. Une évolution sans doute liée à la visite d'Etat réussie du président Hollande à Alger quelques semaines plus tôt. Au Nord-Mali, les militaires français ne sont pas en terre inconnue. Cela fait plusieurs années que Paris et ses alliés américains ont mis sous surveillance cette zone sahélienne devenue une base de départ de l'influence salafiste dans toute cette région dans laquelle plusieurs Français sont détenus en otages. Le général de brigade Grégoire de Saint-Quentin, qui commande l'opération *Serval*, est d'autant mieux préparé à cette fonction qu'il a travaillé très en amont, au sein de l'état-major des armées, sur la planification des objectifs à frapper si un jour… Cela ne veut pas dire que la France savait d'avance qu'elle le ferait, mais tout simplement que l'hypothèse n'étant pas à exclure, le travail de préparation devait être fait et actualisé en permanence, notamment grâce aux apports de grande qualité du renseignement français (DGSE/Services secrets et DRM/Direction du renseignement militaire).

Quelques heures seulement après le début de la chevauchée djihadiste, la France engage les hélicoptères de ses forces spéciales (FS). Le premier mort français, le lieutenant Damien Boiteux, est un pilote de Gazelle des FS[13]. Les Mirage venus

12. Le raid le plus long de l'histoire aérienne française conduit par quatre Rafale : dix heures de vol, deux heures de combat sur zone, vingt objectifs traités.

13. Une balle de kalachnikov lui a sectionné l'artère fémorale. Il ramènera néanmoins, avec son copilote, son hélicoptère à la base avant de décéder de sa blessure. Il a été élevé au grade de commandant à titre posthume. Sept soldats français sont morts au Mali au moment où ces lignes sont écrites (janvier 2014).

de N'Djamena attaquent à leur tour. Ils détruisent les têtes de colonne, bloquant net leur progression, puis très vite ils s'en prennent aux lignes d'approvisionnement des djihadistes. Ecrasés devant, coupés derrière, les djihado-terroristes se retrouvent très vite à court d'oxygène. Habitués jusqu'à présent à l'emporter sans peine, ils sont désorientés, sidérés, tétanisés. La foudre s'abat sur eux sans qu'ils puissent la voir venir. Broyés par les bombes, les roquettes et la mitraille, les djihadistes tentent alors de s'évaporer, de se disperser en petites entités. C'est ce que les militaires français nomment l'« effet mercure ». Certains d'entre eux se cachent sur place, cherchant les couverts – y compris du côté mauritanien – pour échapper aux yeux des pilotes français et des systèmes de surveillance. Les hommes d'al-Qaida ont très vite compris, quant à eux, qu'il y a péril en la demeure. Refusant le combat direct, ils remontent à marche forcée de nuit vers leur sanctuaire de l'Adrar des Ifoghas (extrême nord), sans passer par la case Tombouctou où ils ont leur base arrière. Ils y laissent nombre d'ordinateurs, de documents politiques, de manuels de combat du parfait terroriste et autres instructions de camouflage pour échapper aux systèmes de surveillance occidentaux qui feront les délices des commandos des forces spéciales arrivés les premiers sur place[14]. Ces documents exploités par le renseignement per-

14. La moisson est tellement importante que des journalistes arrivés dans cette ville peu après les commandos trouveront dans des maisons des documents confidentiels avec le timbre d'AQMI.

mettront notamment de confirmer le pilotage à distance d'AQMI par l'émir de l'organisation terroriste Abdelmalek Droukdel abrité quelque part dans les montagnes algériennes. Certaines lettres révèlent la colère de Droukdel, qui reproche à ses camarades d'avoir voulu imposer trop vite la charia au Mali et de s'être mis à dos la population musulmane en détruisant à la barre à mine les tombeaux des 333 saints de Tombouctou, « la perle de l'islam ».

La reconquête

Si dans son passé militaire la France a pu se voir reprocher de ne pas avoir su s'adapter « aux frottements de la guerre » chers à Clausewitz, dans les derniers conflits elle a en revanche manifesté son aptitude à le faire et à imposer à l'adversaire son propre tempo de la guerre. L'opération *Serval* en est une illustration flagrante, malgré la taille gigantesque d'un champ de bataille plaçant parfois la base logistique de départ à 2 000 kilomètres du théâtre des combats le plus éloigné. La pression sur l'adversaire n'a jamais faibli jusqu'aux ultimes combats dans le donjon d'AQMI, dans l'extrême nord du pays. Les Français ont notamment déclenché très vite la phase de reconquête, quasiment simultanément avec le coup d'arrêt sur les pick-up de tête des djihadistes. Ils l'ont fait avec l'appui militaire des Tchadiens (2 000 hommes commandés par le fils du président Idriss Déby) et de quelques éléments maliens épars soudainement ragaillardis en se trouvant enfin du côté des gagnants. Le travail français a été facilité par les drones de surveillance américains, par le transport stratégique de quelques pays européens et par la décision de l'Algérie et du Niger de fermer le plus hermétiquement possible leurs frontières. Pris dans la nasse, les djihadistes n'avaient plus qu'à mourir sur place. Ce qu'ils ont fait.

Tandis que les commandos et l'aviation des forces spéciales, les Mirage et Rafale de l'armée de l'air, les Atlantic 2 de la marine armés de torpilles engagent une course-poursuite avec les hommes d'al-Qaida, les forces conventionnelles assurent la conquête et la maîtrise des anciennes places fortes de la coalition terroriste. Deux cents légionnaires du 2e REP (régiment étranger de parachutistes) sautent sur Tombouctou dans la nuit du 27 au 28 janvier pour coiffer l'aéroport et sécuriser les environs afin de permettre l'arrivée de renforts. A l'Elysée, le général Benoît Puga, chef d'état-major particulier du président Hollande, n'est pas peu heureux de cette opération (officier du 2e REP, ce jeune lieutenant[15] avait sauté sur Kolwezi [ex-Zaïre] en 1978). Les commandos des forces spéciales procèdent également à des assauts par les airs dans le réduit des djihadistes dont les accès sont minés et chèrement défendus. Ailleurs, sur l'aéroport de Gao, autre fief terroriste, les avions

15. Adepte des assauts verticaux, il avait comme patron des forces spéciales convaincu en 2007 le général Jean-Louis Georgelin (chef d'état-major des armées) de faire sauter ses hommes sur Birao, en Centrafrique, pour bloquer *in extremis* une avancée rebelle et désenclaver au passage des éléments français retenus au sol. Un succès peu connu.

de transport de l'escadron Poitou (FS), avec l'aide de leurs camarades commandos Air des forces spéciales (CPA10), vont procéder à des posés d'assaut[16] avec une prise de risque maximale. Les terroristes ont semé sur la piste des engins de terrassement détruits, des carcasses de véhicules brûlées qui normalement interdisent tout atterrissage. C'est sans compter avec l'adresse des pilotes français, qui posent leur C-160 Transall en s'arrêtant à quelques mètres à peine des obstacles.

Sans vouloir minimiser le rôle des forces conventionnelles venues de métropole (3e brigade mécanisée commandée par le général Barrera) ou de toute la région (Tchad, Côte d'Ivoire, Sénégal), le rôle de l'armée de l'air et des forces spéciales a été crucial. C'est sans doute pour cela que quand on évoque *Serval* avec le chef d'état-major de l'armée de l'air, le général Denis Mercier, et avec le patron des forces spéciales d'alors, le général Christophe Gomart[17], ils affichent le même large sourire en affirmant à l'unisson que dans cette affaire « pratiquement tous les savoir-faire de leur outil ont pu être utilisés avec un plein succès ». Le général de Saint-Quentin vante pour sa part « la culture expéditionnaire française forgée par quarante années d'opérations extérieures » qui conjugue haute valeur technique des matériels et endurance du soldat. Quant au général Hervé Char-

16. Cela permet le débarquement par la rampe arrière, en quelques secondes, d'une patrouille de plusieurs véhicules à même de délivrer une grande puissance de feu.

17. Remplacé à l'été 2013 par… le général Grégoire de Saint-Quentin.

pentier[18], qui fut ces dernières années responsable de la mise en condition opérationnelle des forces, il souligne combien la qualité des formations au combat données dans les différents centres d'instruction, plus l'aguerrissement des dernières opérations (Balkans, Asie centrale, Afrique) ont permis aux soldats français de faire face à une opération particulièrement éprouvante et mouvante. Leur maturité opérationnelle et leur capacité à durer et à endurer en milieu hostile ont joué à plein dans un contexte marqué par une grande complémentarité des forces (terre, air, mer) et un commandement opératif autour du général de Saint-Quentin permettant de traduire le plus intelligemment possible les objectifs stratégiques de l'état-major des armées en ordres opérationnels cohérents pour le niveau tactique[19].

A Paris, des réunions de cadrage et de coordination se sont tenues à l'hôtel de Brienne trois fois par jour autour du directeur de cabinet du ministre de la Défense, Cédric Lewandowski. Une première depuis… 1956 et l'opération de Suez. Un pilotage rênes courtes « pour éviter la déperdition d'information et de synergie », soulignait-on alors dans l'entourage de Jean-Yves Le Drian. Il traduisait également la volonté du ministre de la Défense

18. Aujourd'hui gouverneur militaire de Paris (GMP).

19. C'est ce que l'on appelle « le niveau opératif » qui fait la jonction entre le stratégique et le tactique pour assurer au niveau du général de Saint-Quentin la cohérence de l'ensemble. Le PC opératif planifie et ordonne la façon dont les différentes composantes (terre, air, mer) vont être employées et coordonne cet emploi avec les autres acteurs du théâtre (alliés, forces africaines, armée malienne, etc.).

de mettre sa marque et de rompre avec l'effacement de ses prédécesseurs sous l'ère sarkozienne. Ces réunions avaient vocation à préparer les conseils de défense autour du chef de l'Etat où les décisions stratégiques étaient prises[20]. A plus de 4 000 kilomètres de la rue Saint-Dominique, siège de la Défense, la température extérieure n'était pas la même. Dans les sables maliens, il a fallu vivre et combattre dans des conditions d'une extrême rusticité. Dans les VBCI (véhicule blindé de combat d'infanterie), la température intérieure ne baissait qu'à 35 °C malgré la climatisation. A l'extérieur, elle était de 65 °C. Et tous les véhicules engagés n'étaient pas climatisés... Dans le nord, les véhicules tout-terrain des forces spéciales ont dû parfois contourner des dunes immenses faute de pouvoir les aborder de face... comme le faisaient les Touaregs[21] qui les accompagnaient avec leurs propres

20. Etaient présents, outre Cédric Lewandowski : le conseiller spécial et sherpa du ministre Jean-Claude Mallet, le conseiller communication du ministre Sacha Mandel, le chef du cabinet militaire le général Antoine Noguier, le général Didier Castres, sous-chef Opérations (état-major des armées), le général Didier Bolelli (Direction du renseignement militaire/DRM), le général Frédéric Beth (Direction générale de la sécurité extérieure/DGSE), le général Christophe Gomart (forces spéciales), le général Jean-Pierre Bosser (Direction de la protection et de la sécurité de la défense/DPSD). Le Quai d'Orsay était également représenté à haut niveau.

21. Membres du Mouvement national de libération de l'Azawad (MNLA). Allié temporaire des djihadistes en 2012, ils se sont finalement opposés à eux quand ils ont constaté qu'ils ne voulaient pas l'indépendance du Nord mais qu'ils

véhicules. Les forces conventionnelles venues de métropole ont vu la semelle de leurs rangers se décoller sous l'effet de la chaleur extrême. L'approvisionnement en eau étant crucial, il fallait que la logistique déverse tous les jours 20 tonnes d'eau pour que chaque homme puisse boire ses 10 litres. La nuit, les combattants entendaient les pierres craquer sous l'effet du différentiel de température avec la journée. Dans le Nord, les légionnaires ont trouvé tout seuls un excellent complément alimentaire. Ils ont mangé les oignons riches en vitamines des potagers d'AQMI. L'approvisionnement en bière ne leur a jamais manqué. Le général Barrera y a veillé personnellement. Ce dernier, commandant les éléments terrestres, confirme les propos du général Charpentier : « L'entraînement au combat dans les centres de formation en France a développé une capacité d'adaptation qui a joué à plein sur un théâtre particulièrement hostile. »

Pendant la phase active des combats, engagements sophistiqués et combats rapprochés se sont juxtaposés. Modernité et rusticité ! Avec ses avions et ses hélicoptères de combat, son artillerie puissante (le canon Caesar[22]), ses capacités de renseignement, sa logistique performante, la France a imposé sa puis-

---

souhaitaient transformer le pays en Etat islamique radical. Ecrasés militairement par les djihadistes, ils se sont félicités de l'arrivée des Français.

22. Camion équipé d'un canon d'artillerie de 155 mm qui peut tirer jusqu'à 40 kilomètres avec une précision métrique. C'est une arme d'appui qui a été employée fréquemment en Afghanistan.

sance avec l'aide de quelques alliés[23]. Au sol, les hommes de *Serval* ont parfois combattu à très courte distance. C'est à 15 mètres qu'un soldat du 92e RI a abattu avec son pistolet automatique un djihadiste qui venait de se découvrir pour tirer une roquette sur une citerne à essence. Par chance, elle a explosé derrière le véhicule. Ailleurs, après une nuit passée sur une zone de combats rapprochés, des Français sont attaqués au saut du lit par un djihadiste qui les rafale à la kalachnikov. Il a passé toute la nuit sous les corps de ses camarades tués la veille. Il est abattu sans pertes à déplorer du côté français. « Un vrai coup de bol à cette distance ! », commente un colonel.

A l'assaut du donjon

Les combats pour prendre le donjon d'AQMI ont été parmi les plus violents. En février, les Français frappent du sol et du ciel les positions des terroristes identifiées par le renseignement dans le massif des Ifoghas. Les deux premières frappes ne donnent rien de particulier. Il y a peut-être des dépôts d'armes et de munitions mais pas de combattants. La troisième frappe fait mouche (28 février). Les services d'écoute relèvent instantanément un grand nombre d'émissions téléphoniques satellitaires qui partent vers des pays de la région (y compris Libye, Tunisie)… et vers l'Europe. Ils sont là. Il faut les déloger. L'artillerie et les hélicoptères de combat Tigre pilonnent, l'infanterie monte à l'assaut. Les Tchadiens en savent

23. Notamment les drones de surveillance américains.

quelque chose. Dans la vallée d'Amettetaï (Adrar de Tigharghâr), ils progressent à l'est vers le donjon des djihadistes, en tenaille avec les Français à l'ouest et au nord. Plus habitués au rezzou fulgurant qu'au lent combat à pied, les farouches soldats tchadiens attaquent groupés et frontalement : ils perdent en quelques heures une trentaine de combattants et ils déplorent plus de 60 blessés. Parfaitement retranchés dans un dédale de pierrailles et de blocs lunaires, les tireurs d'élite d'AQMI visent systématiquement la tête ou le ventre. La chaîne médicale française (personnels soignants, convoyeuses de l'air, équipages) fait un travail remarquable pour traiter les blessés, les stabiliser et les évacuer des zones de combat. Les forces spéciales, de leur côté, agissent de préférence de nuit. Leurs tireurs d'élite éliminent un à un, à grande distance, les *snipers* d'en face. Les combats sont intenses, les djihadistes se font tuer sur place ou se font sauter. Les Tchadiens revendiquent la mort de l'un des leaders historiques d'al-Qaida, Abou Zeid[24]. La France confirme sa mort après examen de l'ADN du corps retrouvé. Dans le sanctuaire des fous d'Allah, Français et Tchadiens découvrent une petite cité, avec ses potagers, ses ateliers de réparation et de confection d'IED (engins explosifs), ses dépôts d'armes, ses bases vie avec groupes électrogènes, ses centres d'instruction. Un engin de terrassement a permis de creuser abris et

24. De son vrai nom Mohammed Ghdiri. Cet Algérien, ancien du GSPC, commandait une des deux grandes katibas d'AQMI. Il était responsable de nombreux enlèvements d'Occidentaux.

tranchées. Il y a également des dispensaires bien équipés dans lesquels Français et Tchadiens trouvent des blessés sous perfusion morts de leurs blessures durant le « siège ». Consternés, ils réalisent que les djihadistes ont su rallier à leur cause des gamins (de 10 à 14 ans), souvent drogués, qui leur servaient de *boy* et de chair à canon. Un certain nombre ont été tués lors des assauts. Le ministère de la Défense reste imprécis sur le bilan : les combats auraient fait plusieurs centaines de tués (500 à 600) et 450 prisonniers du côté djihadiste.

« La détermination des terroristes à défendre leur sanctuaire a été totale, explique le général de Saint-Quentin. Ils ont choisi de se défendre jusqu'à la dernière extrémité sur des positions bien préparées. Après la fin des combats, nous avons découvert une organisation que nous n'imaginions pas. On ne soupçonnait pas à quel point leurs réseaux, leur organisation militaire et organique était aboutie. » Pour le nouveau chef des forces spéciales, les Français et leurs alliés africains n'ont pas seulement cassé la colonne vertébrale d'AQMI au Sahel, ils ont aussi « brisé psychologiquement la puissance d'un mythe » qui aux yeux de la population semblait invincible. Quant au général Barrera, il aura la grande joie de défiler le 14 juillet 2013 sur les Champs-Elysées, aux côtés du général Jean-Jacques Borel, son homologue pour l'armée de l'air[25]. Portant au cou la cravate de l'ordre national malien

25. Chef de l'état-major du commandement de la défense aérienne et des opérations aériennes basé à Lyon-Mont-Verdun.

remise par le président du Mali, il est félicité par tous les chefs d'Etat africains venus admirer leurs troupes défilant à Paris avec la force Serval. Et il s'entend dire à chaque rencontre : « Merci, la France n'a pas sauvé que le Mali, c'est tout le Sahel qu'elle a sauvé du péril djihadiste ! »

Les effets stratégiques de l'opération *Serval* sont indéniables. Si les métastases islamo-djihadistes sont encore nombreuses au Sahel, et jusqu'aux lèvres de la Méditerranée, un foyer cancéreux extrêmement virulent a été détruit en quelques semaines après s'être propagé tranquillement dans le corps mou du Nord-Mali pendant dix ans. Au passage, les Maliens ont retrouvé leur unité territoriale et un président de la République élu démocratiquement dans la foulée de la libération du territoire. Si tout reste néanmoins d'une grande fragilité, compte tenu notamment de l'hostilité historique entre « Sud noir » et « Nord à la peau claire », de la fracturation du mouvement touareg et des tensions internes à l'armée malienne[26], bien peu d'observateurs auraient pu imaginer de telles avancées un an plus tôt.

---

26. En 2012, un putsch militaire avait chassé du pouvoir le président Amadou Toumani Touré (surnommé « ATT »). L'homme fort de la junte, le capitaine Sanogo, a été promu… général de corps d'armée en 2013, après la libération du Mali. Pour autant, des tensions demeurent encore au sein de ce qui reste de l'armée entre troupes restées fidèles à ATT et anciens putschistes… quand ce ne sont pas des problèmes de soldes non payées qui jettent dans les rues de Bamako des soldats en colère (octobre 2013). Un programme de *training* européen œuvre à la reconstruction *ex nihilo* de l'armée malienne pour pouvoir lui redonner cohérence et capacité combattante tout

Il n'en reste pas moins que la présence de la France[27] sera durable dans la région. Au mois de novembre 2013, elle a dû renforcer sa présence militaire à Kidal, bastion nordiste des Touaregs, où deux journalistes français de RFI avaient été enlevés puis lâchement assassinés quelques kilomètres plus loin. Une action portant la marque de fabrique d'AQMI, réalisée par ses relais touaregs islamisés quelques jours à peine après la libération inespérée de quatre otages français (« les quatre d'Arlit »). A la même époque, avec les premiers bataillons de la nouvelle armée malienne et des forces de l'ONU, la force Serval traquait les foyers terroristes dans la boucle du Niger, détruisant stocks d'armes et ateliers de fabrication de bombes artisanales pour kamikazes. L'opération avait reçu un nom bien choisi : opération *Hydre*. L'Hydre de Lerne, animal mythologique au corps de chien et aux têtes multiples monstrueuses qui se dédoublaient quand elles étaient tranchées… L'un des douze travaux d'Hercule. Aujourd'hui celui des forces de paix qui œuvrent au Sahel. Ce n'est donc pas en années qu'il faut compter pour espérer couper toutes les têtes mais plutôt… en décennies.

Pierre SERVENT

---

en l'aidant à réintégrer le giron de la nouvelle démocratie malienne issue des urnes.

27. A l'automne 2013, Paris négociait avec Bamako des accords de défense.

LE SIÈCLE DE SANG

Bibliographie sélective

Thomas Flichy (dir.), *Opération Serval au Mali. L'intervention française décryptée*, Lavauzelle, 2013.

Isabelle Lasserre et Thierry Oberlé, *Notre guerre secrète au Mali*, Fayard, 2013.

Général Grégoire de Saint-Quentin, « Premières leçons opératives de l'opération *Serval* », *Revue Défense nationale*, n° 763, octobre 2013.

Chronologie sélective

par Alexia Eychenne

1914

28 juin	L'assassinat de l'archiduc François-Ferdinand à Sarajevo déclenche la Première Guerre mondiale.

1916

21 février	L'Allemagne lance une offensive à Verdun, l'une des plus longues et des plus meurtrières de la guerre : quelque 162 000 soldats français et 143 000 Allemands y laissent la vie, auxquels s'ajoutent plus de 400 000 blessés, jusqu'à la victoire française neuf mois plus tard.

1917

7 novembre	La révolution d'Octobre porte Lénine et les bolcheviks au pouvoir en Russie. La guerre civile russe oppose pendant trois ans l'Armée rouge aux troupes blanches partisanes du tsarisme. Les combats, la « terreur », les famines et les épidémies provoquent environ 8 millions de morts.

1918

11 novembre	Formé après la fuite de l'empereur Guillaume II, le gouvernement de la République allemande signe l'armistice à Rethondes. Le bilan de la Première Guerre mondiale s'élève à près de 20 millions de victimes.

1919

21 janvier — Le parlement irlandais proclame l'indépendance de l'Irlande. L'Armée républicaine irlandaise (IRA) attaque les Britanniques et leurs soutiens. Le 6 décembre 1921, le traité anglo-irlandais crée l'Etat libre d'Irlande, le nord de l'île restant lié au Royaume-Uni.

Février — Des combats éclatent entre des unités polonaises et l'Armée rouge soviétique. La Pologne lance l'offensive en mars. En août 1920, les Russes sont repoussés sur la Vistule. Le traité de Riga met fin à la guerre russo-polonaise le 18 mars 1921.

15 mai — L'armée grecque débarque à Smyrne, en Anatolie, au nom du traité de Moudros qui signe la capitulation de l'Empire ottoman. Les Turcs stoppent son avancée en janvier 1921. Le 11 octobre 1922, l'armistice de Moudanya met fin au conflit.

19 mai — Le débarquement de Mustafa Kemal, dit Atatürk, à Samsun marque le début de la guerre d'indépendance turque entre les révolutionnaires au pouvoir et les Alliés de la Première Guerre mondiale. Elle prend fin avec l'armistice de Moudanya. La république de Turquie est créée le 29 octobre 1923.

1927

12 avril — Le massacre de communistes à Shanghai par les nationalistes du Guomindang de Tchang Kaï-chek ouvre la guerre civile chinoise. La guerre sino-japonaise de 1937 force nationalistes et communistes à s'allier, mais les affrontements reprennent en 1945, jusqu'à la création de la République populaire de Chine le 1er octobre 1949.

1932

Juin — La guerre du Chaco oppose la Bolivie et le Paraguay, à la recherche de pétrole dans ce désert. Le traité de Buenos Aires y met un terme en juillet 1938, et signe la victoire du Paraguay, qui garde le contrôle d'une grande partie du Chaco. Bilan : quelque 100 000 victimes.

CHRONOLOGIE SÉLECTIVE

1936

17 juillet	Coup d'Etat de généraux contre le gouvernement espagnol du Front populaire. Début de la guerre civile qui oppose les nationalistes soutenus par l'armée au camp républicain. Le 28 mars 1939, Franco installe une dictature à Madrid, qui s'achève à sa mort le 20 novembre 1975 ; 360 000 civils et militaires périssent dans le conflit.

1937

7 juillet	Le Japon, qui a envahi la Mandchourie et plusieurs régions chinoises dès 1931, profite d'un incident sur un pont de Pékin pour lancer l'offensive dans la capitale. Début de la seconde guerre sino-japonaise qui oppose l'empire du Soleil-Levant aux nationalistes chinois et aux communistes. Plus de 8 millions de civils et 3 millions de militaires meurent dans le conflit, qui s'achève en 1945.

1939

3 septembre	La France et le Royaume-Uni déclarent la guerre à l'Allemagne deux jours après l'invasion de la Pologne par la Wehrmacht. Début de la Seconde Guerre mondiale.
Automne	Hitler reporte son offensive vers l'ouest après l'occupation de la Pologne. Début de la « drôle de guerre », sept mois sans opérations militaires majeures. L'offensive reprend en mai 1940. La France occupée signe l'armistice le 22 juin.

1940

Juillet	La Luftwaffe lance la bataille d'Angleterre et bombarde quotidiennement Londres à partir de septembre. Les Britanniques résistent victorieusement, obligeant l'Allemagne à se désengager progressivement.

1941

22 juin	Lancement de l'opération *Barbarossa*. L'Allemagne envoie 4 millions d'hommes combattre l'URSS. La contre-offensive soviétique de décembre marque le début d'une longue guerre d'usure.

7 décembre	Un raid aérien japonais sur la base militaire de Pearl Harbor provoque l'entrée des Etats-Unis dans le conflit.

1942

Septembre	L'Allemagne lance l'offensive contre la ville russe de Stalingrad. Les combats de rue durent jusqu'à la reddition des troupes allemandes, le 2 février 1943. Un demi-million de soldats allemands et 200 000 Russes périssent dans les affrontements.

1943

Juillet	Mussolini est arrêté et le parti fasciste italien dissous. Le nouveau gouvernement signe l'armistice avec les Alliés le 3 septembre suivant, mais l'Allemagne envahit le nord et le centre du pays et installe le Duce à Salò. La petite république fasciste ne sera défaite qu'en avril 1945.

1944

6 juin	Des divisions alliées maritimes et aéroportées – plus de 150 000 hommes au total – débarquent en Normandie. Paris est libéré le 25 août.

1945

8 mai	L'Allemagne capitule. La Seconde Guerre mondiale, la plus meurtrière de l'histoire, fait environ 50 millions de morts.
6 août	Sur décision du président américain Harry Truman, une bombe atomique est larguée sur la ville japonaise d'Hiroshima, puis sur Nagasaki trois jours plus tard, pour mettre fin à la guerre dans le Pacifique. Les attaques tuent plus de 150 000 civils. Le Japon capitule le 2 septembre.

1946

Automne	Les communistes grecs, qui ont résisté contre l'Allemagne, forment un gouvernement en opposition au régime de Georges II, soutenu par le Royaume-Uni puis les Etats-Unis. La guerre civile qui s'ensuit est gagnée par la monarchie le 29 août 1949. Elle fait plus de 150 000 victimes.

23 novembre La France bombarde Haiphong pour rétablir son autorité sur l'Indochine, contre le Viêt-minh d'Hô Chi Minh. La défaite de Diên Biên Phu précipite la fin de la guerre. En 1954, la conférence de Genève coupe le Vietnam en deux : le Nord communiste d'Hô Chi Minh, et le Sud du nationaliste Ngô Dinh Diêm, aidé par les Etats-Unis.

1947

2 novembre Après la partition de l'Inde mi-août, l'invasion du Cachemire par le Pakistan déclenche la première guerre indo-pakistanaise. Le 1er janvier 1949, l'ONU coupe en deux le territoire revendiqué par les deux pays et place la ligne de cessez-le-feu sous mandat international.

1948

Février Le refus de reconnaître la victoire du chef de l'opposition Otilio Ulate Blanco à l'élection présidentielle déclenche une guerre au Costa Rica. Deux mille personnes perdent la vie en quarante-quatre jours d'affrontements. L'abolition de l'armée est décrétée le 1er décembre et perdure aujourd'hui.

15 mai L'Egypte, la Jordanie, la Syrie, le Liban et l'Irak déclarent la guerre à Israël, Etat nouvellement proclamé. Les quatre premiers signent des armistices à partir de février 1949. Israël conserve les territoires acquis. L'Egypte administre Gaza, la Transjordanie occupe Jérusalem-Est et la Cisjordanie. Plus de 500 000 réfugiés palestiniens fuient vers les pays voisins.

1950

25 juin La Corée du Nord envahit la Corée du Sud en franchissant le 38e parallèle qui les sépare. Les Etats-Unis, le Royaume-Uni et la France soutiennent le Sud, alors que la Chine épaule le Nord. Le conflit s'achève le 27 juillet 1953 après la mort de 2 millions de civils et militaires.

7 octobre — La Chine pénètre au Tibet. Le dalaï-lama fuit à la frontière indienne. Ses représentants et l'armée chinoise signent le 23 mai 1951 un accord en 17 points sur la « libération pacifique du Tibet », qui reconnaît la souveraineté chinoise.

1954

Novembre — La « Toussaint sanglante » marque le début de la guerre d'Algérie qui oppose les nationalistes du Front de libération nationale (FLN) au pouvoir français. En 1956, les affrontements s'étendent à tout le territoire. La France mobilise plus d'un million d'appelés. Les accords d'Evian reconnaissent l'Etat algérien le 18 mars 1962. Bilan : plus de 300 000 morts algériens et près de 30 000 dans le camp français, dont 27 500 militaires.

1955

18 août — Une insurrection éclate dans le sud du Soudan, moins d'un an avant l'indépendance prévue par le Royaume-Uni. En 1972, un accord de paix accorde une autonomie au Soudan du Sud, mais la guerre civile reprend en 1983 ; 500 000 personnes sont mortes dans la première partie du conflit.

1960

Une guérilla d'extrême gauche se forme au Guatemala. Attaques et assassinats politiques sont organisés contre le pouvoir, qui réprime violemment les rebelles. La guerre civile s'achève en décembre 1996, après plus de 200 000 morts, notamment dans les villages mayas dont plus de 600 auraient été le théâtre de massacres.

1961

Septembre — Début de la guerre d'indépendance de l'Erythrée, incorporée à l'Ethiopie en 1952. En 1991, la chute du général Hailé Mariam permet aux indépendantistes de négocier leur souveraineté, obtenue par référendum en 1993. Un accord de paix est signé le 18 juin 2000. Deux millions de personnes sont mortes des combats ou de la famine.

1962

27 septembre	Le coup d'Etat d'Abdullah as-Sallal contre le roi Muhammad al-Badr marque le début de la guerre du Yémen. Mars 1963 : l'Egypte lance l'offensive contre les monarchistes, soutenus par l'Arabie saoudite. Guerre d'usure jusqu'à la prise de Sanaa par les républicains. Un cessez-le-feu sera signé en novembre 1970. Plus de 100 000 personnes ont péri, dont plusieurs milliers d'Egyptiens.
20 octobre	La Chine envahit l'Inde et prend possession de zones frontalières. Un cessez-le-feu est déclaré le 20 novembre, mais la Chine conserve l'Aksai Chin, au Cachemire, toujours revendiqué par l'Inde. Environ 2 000 soldats indiens et 1 000 Chinois auraient été tués.

1965

7 février	Les Etats-Unis bombardent le Nord-Vietnam puis interviennent au Sud, lançant la guerre du Vietnam. L'enlisement du conflit conjugué à la contestation pacifiste obligent Richard Nixon à entamer un retrait fin 1968. Un cessez-le-feu est signé à Paris le 27 janvier 1973. La République socialiste du Vietnam voit le jour le 2 juillet 1976 après l'invasion du Sud-Vietnam par le Nord.
22 août	Le Pakistan lance une incursion au Cachemire indien, provoquant la deuxième guerre indo-pakistanaise. L'armée indienne franchit la frontière vers Lahore. Fin du conflit le 23 septembre et retrait des troupes jusqu'aux frontières antérieures. Bilan : 3 000 victimes côté indien et 4 000 au Pakistan.

1966

Août	Début de la guerre de la frontière sud-africaine qui oppose l'Afrique du Sud et l'Angola. En janvier 1988, les armées angolaise et cubaine affrontent l'Union nationale pour l'indépendance de l'Angola (Unita), appuyée par l'Afrique du Sud, sans qu'aucun camp l'emporte. Accord de paix signé le 22 août 1988.

1967

30 mai — Le Biafra, région du sud-est du Nigeria, fait sécession. La France et la Chine soutiennent le mouvement, contrairement aux Etats-Unis, au Royaume-Uni et à l'URSS. Capitulation des sécessionnistes signée le 12 janvier 1970. Un million de personnes périssent dans le conflit.

5 juin — Israël attaque en six jours l'Egypte, la Syrie et la Jordanie. L'offensive aérienne puis terrestre mène à l'occupation de Gaza, du Sinaï, de Jérusalem-Est, de la Cisjordanie et du Golan. L'ONU exige un cessez-le-feu le 7 juin. La résolution 242 du 22 novembre prévoit le retrait des territoires occupés, mais elle ne sera pas respectée.

1970

Avril — Les Etats-Unis et le Sud-Vietnam interviennent au Cambodge pour y empêcher une invasion communiste en marge de la guerre du Vietnam. Le Nord-Vietnam lance à son tour l'offensive. La guerre, qui a fait autour de 500 000 victimes, s'achève avec le renversement du gouvernement cambodgien et l'arrivée au pouvoir des Khmers rouges, le 17 avril 1975.

17 septembre — La Jordanie bombarde des camps de réfugiés palestiniens pour réaffirmer son autorité sur les zones contrôlées par l'Organisation de libération de la Palestine (OLP) et en représailles à plusieurs attentats. De 3 000 à 10 000 personnes auraient été tuées, en majorité des civils.

1971

26 mars — Le Pakistan oriental fait sécession et devient le Bangladesh. Le Pakistan occidental y envoie l'armée. L'Inde soutient les indépendantistes et obtient la victoire en quelques jours. Le Pakistan reconnaît le nouveau pays l'année suivante. Un à trois millions de civils auraient péri.

1973

Le Tchad et la Libye s'affrontent pour le contrôle de la bande d'Aozou. Le régime de Muammar Kadhafi envahit le Tchad et pousse au pouvoir, en 1981, le rebelle Goukouni Oueddei. En août 1983, la France intervient contre la Libye. Cessez-le-feu signé en 1988. La Cour internationale de justice tranche en faveur du Tchad en 1994.

6 octobre — L'Égypte et la Syrie attaquent Israël le jour du Yom Kippour. Le 22 octobre, l'ONU réclame un cessez-le-feu, accepté par Israël et l'Égypte ; 7 000 casques bleus sont dépêchés sur place. La guerre aurait fait plus de 10 000 morts.

1974

20 juillet — La Turquie envahit Chypre après la tentative de coup d'Etat d'officiers grecs de la garde nationale contre le président chypriote, et prend le contrôle de plus de 30 % de l'île. Une ligne démilitarisée sépare depuis ce territoire de la république de Chypre, et traverse la capitale Nicosie.

1975

13 avril — Au Liban, des passagers d'un bus en majorité palestiniens sont tués par des phalangistes. Des représailles s'ensuivent entre ces miliciens chrétiens maronites et les Palestiniens alliés à la gauche libanaise, entraînant la première guerre du Liban. Des troupes syriennes entrent dans Beyrouth un an plus tard, avec le soutien des Etats-Unis et d'Israël.

17 avril — Les Khmers rouges dirigés par Pol Pot prennent le pouvoir au Cambodge et créent la République démocratique du Kampuchéa. Deux millions de personnes meurent dans le génocide qui s'ensuit.

Novembre — Le Maroc et la Mauritanie reprennent le contrôle du Sahara occidental décolonisé par l'Espagne. Résistance du Front Polisario, groupe indépendantiste créé en 1973, soutenu par l'Algérie et la Libye. Un accord est signé avec la Mauritanie en août 1979 et avec le Maroc le 6 septembre 1991, mais aucun plan de paix n'aboutit. Bilan : autour de 16 000 victimes.

Novembre — L'indépendance de l'Angola, en guerre avec le Portugal depuis 1961, déclenche une guerre civile entre les deux principaux mouvements indépendantistes : le MPLA, soutenu par l'URSS, et l'Unita par les Etats-Unis. Un cessez-le-feu intervient le 4 avril 2002 après la mort du chef de l'Unita, Jonas Savimbi ; 500 000 personnes périssent pendant les vingt-sept ans de guerre.

7 décembre — L'Indonésie envahit le Timor-Oriental, nouvellement indépendant du Portugal. Les combats opposent l'armée à la résistance est-timoraise jusqu'au référendum sur l'indépendance organisé en 1999. Plus de 100 000 civils et militaires du Timor-Oriental disparaissent dans le conflit.

1977

Début de la guerre civile du Mozambique, entre la dictature communiste du Front de libération du Mozambique et la Résistance nationale du Mozambique, soutenue par l'Afrique du Sud. Accord de paix signé à Rome le 4 octobre 1992. 800 000 personnes sont mortes.

Mars — L'assassinat d'un dignitaire druze relance la guerre au Liban. Israël envahit le sud du pays en février 1978. Une force de l'ONU, la FINUL, est envoyée sur place. Le Conseil de sécurité demande un cessez-le-feu le 21 juillet.

23 juillet — L'armée somalienne envahit la région éthiopienne de l'Ogaden. L'Ethiopie, aidée par Cuba, reprend le dessus en janvier 1978 et obtient le contrôle de l'Ogaden au mois de mars suivant.

1979

25 décembre — L'URSS envahit l'Afghanistan mais s'y enlise face à une guérilla soutenue par les Etats-Unis et l'Arabie saoudite. L'accord du 14 avril 1988 prévoit leur retrait, mais la guerre se mue en conflit entre islamistes fondamentalistes et modérés, tout en se

conjuguant à des rivalités ethniques. Le conflit aurait fait 1,8 million de morts, dont plus de 500 000 civils.

1980

22 septembre — L'Irak attaque l'Iran. Mis en difficulté, le régime de Saddam Hussein accepte un cessez-le-feu en août 1988, puis un retour au statu quo. La guerre cause environ 700 000 morts.

1981

Février — Des groupes formés d'anciens opposants au président Idi Amin Dada attaquent le gouvernement ougandais. En 1985, coup d'Etat contre le chef du gouvernement Milton Obote. Un accord est signé en décembre, mais le régime chute face à un nouvel assaut le mois suivant ; 500 000 personnes auraient péri.

1982

2 avril — L'armée argentine débarque sur l'archipel des Malouines pour récupérer ces îles situées au large de ses côtes, territoire britannique depuis 1833. Le Royaume-Uni de Margaret Thatcher réplique et remporte le conflit le 14 juin. La guerre provoque la chute de la junte au pouvoir à Buenos Aires.

Juin — Israël envahit le Liban. L'Organisation de libération de la Palestine (OLP) quitte Beyrouth bombardé. Les troupes israéliennes y pénètrent et autorisent les phalangistes à entrer dans les camps palestiniens. Plusieurs centaines de réfugiés sont tués le 16 septembre à Sabra et Chatila.

1983

23 juillet — La rébellion séparatiste tamoule prend les armes contre le gouvernement cingalais de Colombo et s'empare du nord-est du Sri Lanka. La guerre civile s'achève en août 2009, après une offensive meurtrière de l'armée et la mort du chef des Tigres tamouls, Velupillai Prabhakaran. Le conflit aurait provoqué plus de 60 000 morts.

1984

26 avril — L'état d'urgence est déclaré au Soudan, alors que la guerre civile reprend après une première phase achevée en 1972. Les séparatistes du Sud s'opposent au gouvernement central dans un conflit qui se termine en janvier 2005. Bilan : autour de 2 millions de victimes et plusieurs millions de déplacés.

1985

Juin — Des combats entre une milice chiite proche de la Syrie et les Palestiniens du Liban font environ 20 000 victimes. Accord de Taef signé le 5 novembre 1989. Il prévoit un cessez-le-feu, le retrait des troupes syriennes du Liban et le démantèlement des milices. En quinze ans, la guerre civile libanaise a fait 150 000 morts.

1987

9 décembre — Un accident entre un camion israélien et une voiture palestinienne marque le début de la première intifada. « Guerre des pierres » contre l'armée israélienne, grèves et manifestations se succèdent pendant plus de quatre ans. Plus de 1 100 Palestiniens et 160 Israéliens auraient péri dans ces affrontements qui se terminent avec les accords d'Oslo signés en septembre 1993.

1989

24 décembre — A la tête du Front national patriotique du Liberia, Charles Taylor lance une offensive contre le gouvernement et déclenche la guerre civile du Liberia. L'intervention d'une force d'interposition africaine en août 1990 met fin au conflit qui a fait plus de 200 000 victimes. Charles Taylor est élu président le 19 août 1995 après une série d'accords.

1990

2 août — L'Irak déclenche la guerre du Golfe en envahissant le Koweït. A la tête d'une force internationale sous mandat de l'ONU, les Etats-Unis lancent l'opération *Tempête du désert* en janvier 1991. L'Irak est

vaincu et occupé ; 100 000 Irakiens et plus de 250 soldats de la coalition auraient péri.

1991

Janvier — Des rebelles prennent Mogadiscio, provoquant la fuite du président somalien Mohamed Siad Barre. Une guerre civile éclate entre chefs de guerre. Enclenchée le 9 décembre 1992, l'opération *Restore Hope* a pour finalité de restaurer la paix et lutter contre la famine. Les soldats de l'ONU quittent le pays sur un échec en 1995. Les élections de 2000 ne mettent pas fin à la guerre, qui prend la forme d'une insurrection islamiste. Plus de 300 000 personnes sont mortes.

23 mars — L'attaque d'un poste-frontière proche du Liberia déclenche la guerre civile de Sierra Leone. Charles Taylor, chef des rebelles du Front national patriotique du Liberia, est accusé d'en être l'instigateur. Fin de la guerre en janvier 2002. Bilan : autour de 100 000 morts et de nombreuses victimes d'exactions, dont des amputés.

25 juin — La Croatie et la Slovénie déclarent leur indépendance de la Yougoslavie, suivies par la Bosnie et la Macédoine. Les Serbes et le gouvernement fédéral répliquent en 1992. Des opérations de nettoyage ethnique en Bosnie poussent l'Otan à intervenir. En 1995, les accords de Dayton mettent fin au conflit qui a fait plus de 200 000 victimes. S'ensuit l'inculpation de plusieurs chefs militaires pour crimes contre l'humanité. Le Serbe Slobodan Milošević meurt pendant son procès.

Décembre — L'armée algérienne annule les élections législatives par peur d'une victoire du Front islamique du salut (FIS) et instaure l'état d'urgence. Assassinats, attentats islamistes et répression violente de l'armée se succèdent pendant quinze ans. Le 29 septembre 2005, une charte amnistie les islamistes ayant déposé les armes. La guerre civile algérienne a fait 100 000 morts.

1993

21 octobre	Un coup d'Etat militaire au Burundi déclenche une guerre civile entre ethnies hutu et tutsi. En octobre 2001, une nouvelle Constitution prévoit que les deux groupes se partagent le pouvoir par alternance. Accord de paix signé en mai 2005. Le conflit a fait 260 000 morts.

1994

6 avril	L'attentat contre l'avion du président rwandais Juvénal Habyarimana marque le début du génocide contre l'ethnie tutsi et les opposants hutu, par des miliciens hutu soutenus par les forces armées rwandaises. Le 22 juin, l'ONU autorise une intervention armée. Formation d'un gouvernement d'union le 19 juillet. Le Tribunal pénal international pour le Rwanda voit le jour en novembre pour juger les responsables du génocide ; 800 000 personnes ont été massacrées.
4 mai	Une guerre civile éclate au Yémen. Le sud du pays proclame la création d'un nouvel Etat et bombarde la capitale Sanaa. Le Nord réplique en attaquant la ville d'Aden, dont elle reprend le contrôle le 7 juillet. La guerre fait plus de 7 000 morts.
Décembre	La Russie envoie son armée en Tchétchénie, où des affrontements opposent, depuis 1992, le gouvernement et des opposants. Elle bombarde puis occupe Groznyï. La ville est reprise par les Tchétchènes un an plus tard. Le 31 août 1996, l'accord de Khassaviourt prévoit le retrait des Russes et l'autonomie de la Tchétchénie ; 80 000 Tchétchènes et 4 000 soldats russes auraient péri.

1996

Février	Le Parti communiste du Népal lance des attaques contre le pouvoir monarchique et demande le départ du roi. Le conflit fait plus de 12 500 victimes jusqu'à l'accord de paix du 21 novembre 2006. Il prévoit l'intégration des combattants maoïstes dans les institutions et l'élection d'une assemblée constituante.

1998

22 mars	L'Armée de libération du Kosovo (UÇK) créée en 1996 prend le contrôle d'un tiers du territoire. Un an plus tard, l'Otan bombarde les infrastructures militaires et économiques de la Yougoslavie. Belgrade accepte l'administration provisoire de la province par l'ONU ; 10 000 Albanais du Kosovo seraient morts dans les opérations de nettoyage ethnique.
Août	Des groupes armés appuyés par le Rwanda et l'Ouganda lancent l'offensive contre le gouvernement en République démocratique du Congo, lui-même soutenu par l'Angola, la Namibie et le Zimbabwe. Un à trois millions de personnes auraient péri dans ce conflit régional, qui s'achève avec la formation d'un gouvernement de transition le 30 juin 2003.

1999

1er octobre	La Russie accuse des Tchétchènes d'avoir perpétré des attentats et envahit la Tchétchénie. En février 2000, Groznyï est abandonnée. Vladimir Poutine désigne le pro-Russe Akhmad Kadyrov à la tête de la Tchétchénie. Après neuf ans ponctués d'attentats, le conflit cesse officiellement le 16 avril 2009. Condamnation de la Russie par la Cour européenne des droits de l'homme pour des disparitions de civils – 25 000 d'entre eux auraient péri.

2000

Juillet	Début de la seconde guerre civile du Liberia après les attaques lancées depuis des pays voisins par des groupes d'opposants à Charles Taylor. Cessez-le-feu signé le 17 juin 2003 à Accra. Charles Taylor démissionne le 11 août et s'exile au Nigeria.
28 septembre	La visite du chef du Likoud israélien, Ariel Sharon, sur l'esplanade des Mosquées à Jérusalem déclenche la seconde intifada. Les affrontements entre Palestiniens et forces de sécurité israéliennes gagnent la Cisjordanie et Gaza. L'armée quitte cette dernière en 2005, mais les tensions perdurent. Plus de 4 500 personnes sont mortes, dont une majorité de Palestiniens.

2001

7 octobre En réponse au 11 Septembre, les Etats-Unis envahissent l'Afghanistan. Le 27 novembre, un accord prévoit la création d'un gouvernement dirigé par Hamid Karzai, élu président en 2004. Le conflit s'enlise face à la guérilla des talibans et des djihadistes d'al-Qaida. 10 000 civils afghans auraient été tués, ainsi que 3 400 soldats de la coalition dont 2 300 Américains.

2002

19 septembre Tentative de coup d'Etat en Côte d'Ivoire contre le président Laurent Gbagbo. Les rebelles prennent plusieurs villes du Nord. Après l'intervention de troupes africaines et françaises, l'accord de Marcoussis de janvier 2003 prévoit un gouvernement de réconciliation. En novembre 2004, la reconquête du Nord ravive les tensions, qui restent fortes.

2003

Février Les rebelles du Darfour, dans l'ouest du Soudan, appellent à renverser le régime de Khartoum. En juillet, l'ONU dénonce les exactions des miliciens alliés au pouvoir. Des négociations sont toujours en cours. 200 000 personnes sont mortes dans le conflit. Le président Omar el-Béchir est poursuivi par la CPI pour génocide, crimes contre l'humanité et crimes de guerre.

19 mars Les Etats-Unis et le Royaume-Uni attaquent l'Irak accusé de détenir des armes de destruction massive. La chute du régime le 7 avril provoque une guérilla et des affrontements entre chiites, sunnites et Kurdes. Saddam Hussein est pendu le 30 décembre 2006. Les Etats-Unis quittent le pays fin 2012. Bilan provisoire : plus de 100 000 Irakiens et 4 000 soldats américains tués.

2008

7 août La Géorgie lance une offensive en Ossétie du Sud, province séparatiste. La Russie intervient, alors que l'Abkhazie, autre région indépendantiste, entre en guerre. Un cessez-le-feu est signé le 16 août.

Plusieurs centaines à un millier de civils auraient péri dans le conflit, toujours latent depuis.

2010

Novembre — La présidentielle contestée en Côte d'Ivoire débouche sur une nouvelle guerre civile qui se solde par l'arrestation de Laurent Gbagbo et la victoire d'Alassane Ouattara.

2011

15 février — Après les Printemps arabes en Tunisie et en Égypte, une insurrection secoue la Libye, violemment réprimée. L'ONU autorise l'usage de la force contre le régime. Les premiers bombardements sous commandement de l'Otan interviennent le 19 mars. Le pouvoir du colonel Kadhafi s'effondre en août et le dictateur est tué le 20 octobre.

2013

11 janvier — A la demande du Mali, la France intervient contre l'offensive de groupes djihadistes. Les armées française et africaines regagnent peu à peu le contrôle du Nord. Le 18 juin, autorités et rebelles touaregs du Nord signent un accord qui ouvre la voie à la présidentielle du 28 juillet.

Notices biographiques des intervenants

Jean-Christophe BUISSON, 45 ans, spécialiste des Balkans et du monde slave, est rédacteur en chef Culture et Art de vivre du *Figaro Magazine*. Il est l'auteur de plusieurs ouvrages dont *Il s'appelait Vlassov*, *Mihailović*, *Histoire de Belgrade* et *Assassinés*.

Officier et docteur en histoire, Ivan CADEAU est chercheur au Service historique de la Défense. Spécialiste des guerres d'Indochine et de Corée, il enseigne auprès de différents organismes de l'armée de terre. Il vient de publier *La Guerre de Corée 1950-1953* aux éditions Perrin.

Marc EPSTEIN est rédacteur en chef du service Monde de *L'Express*.

Alexia EYCHENNE est journaliste pour la presse écrite et multimédia, et collabore avec différents journaux et magazines sur des sujets internationaux, économiques et sociaux.

Officier des Troupes de marine, breveté de l'Ecole de guerre et docteur en histoire, le colonel Michel GOYA dirige le bureau recherche du Centre de doctrine d'emploi des forces de l'armée de terre. Il est l'auteur de plusieurs ouvrages dont *Irak. Les armées du chaos*, *L'Invention de la guerre moderne (1871-1918)* et *Sous le feu. La mort comme hypothèse de travail.*

Emmanuel HECHT est rédacteur en chef du service Livres de *L'Express*.

Vincent HUGEUX est grand reporter au service Monde de *L'Express*. Son dernier livre publié s'intitule : *Reines d'Afrique. Le roman vrai des Premières Dames*, aux éditions Perrin.

Pierre JOURNOUD, docteur en histoire, spécialiste de l'Asie du Sud-Est – et particulièrement du Vietnam –, est chercheur à l'Institut de recherche stratégique de l'Ecole militaire (IRSEM). Il est l'auteur de *De Gaulle et le Vietnam* et, avec Hugues Tertrais, de *Paroles de Diên Biên Phu : les survivants témoignent*.

Docteur en histoire, enseignant à Sciences-Po Paris, Grégoire KAUFFMANN travaille sur l'histoire des droites radicales. Il prépare un ouvrage consacré aux collaborateurs français exilés en Espagne après la Seconde Guerre mondiale.

Dominique LAGARDE est grand reporter au service Monde de *L'Express*. Son dernier livre publié s'intitule *Algérie, la désillusion* (éd. L'Express Roularta).

Jean-Yves LE NAOUR est devenu en quelques années l'un des meilleurs historiens de la Grande Guerre, à laquelle il a consacré de nombreux ouvrages, dont *Les Soldats de la honte*. *1914. La grande illusion* et *1915. L'enlisement* viennent de paraître aux éditions Perrin.

Jean-Louis MARGOLIN, ancien élève de l'Ecole normale supérieure, agrégé d'histoire, est maître de conférences à l'université Aix-Marseille et chercheur à l'Institut de recherches asiatiques de Marseille. Il travaille notamment sur les violences politiques en Asie orientale depuis la fin du XIXe siècle et a publié *L'Armée de l'empereur : violences et crimes du Japon en guerre, 1937-1945*. Il prépare actuellement chez Perrin un ouvrage sur la guerre de l'Asie-Pacifique.

Pierre PELLISSIER, parallèlement à une carrière de journaliste politique marquée par deux passages au *Figaro* (1960 à 1975 puis 1985 à 1995) et une parenthèse radiophonique (RMC puis France Inter), s'est consacré à des ouvrages historiques. Il a notamment signé des biographies de Robert Brasillach et Prosper Mérimée. Il est également l'auteur, aux éditions Perrin, de *La Bataille d'Alger*, *Diên Biên Phu* et d'ouvrages sur le maréchal de Lattre de Tassigny et les généraux Massu et Salan.

Pierre RAZOUX est directeur de recherches à l'Institut de recherche stratégique de l'Ecole militaire (IRSEM). Il a récemment publié chez Perrin *La Guerre Iran-Irak* en 2013.

Pierre SERVENT, historien militaire et spécialiste des conflits contemporains, a enseigné pendant vingt ans à l'Ecole de guerre. Colonel de réserve, il est le « consultant militaire » de France 2 et collabore à un grand nombre de médias écrits et audiovisuels. Il a publié une dizaine d'ouvrages, parmi lesquels, chez Perrin, *Von Manstein* et *Le Complexe de l'autruche. Pour en finir avec les défaites françaises 1870-1914-1940*…

Professeur à l'Ecole normale supérieure de Cachan et membre senior de l'Institut universitaire de France, Olivier WIEVIORKA est spécialiste de la Seconde Guerre mondiale. Il a notamment publié une *Histoire du Débarquement* (Seuil, 2007 ; rééditée en version illustrée, 2014) ainsi que, plus récemment, une *Histoire de la Résistance. 1940-1945* (Perrin, 2013).

Composition et mise en pages
Nord Compo à Villeneuve-d'Ascq

Dépôt légal : mai 2014